이 도서의 국립중앙도서관 출판시도서목록(CIP)은 서지정보유통지원시스템 홈페이지(http://seoji.nl.go.kr)와 국가자료공동목록시스템(http://www.nl.go.kr/kolisnet)에서 이용하실 수 있습니다. (CIP제어번호: CIP2015008839)

수학선생님도 궁금한

101가지 초등수학 질문사전

글 김남준 김잔디 김혜임 이재영 정연숙 최미라

그림 심차섭

북멘토

머리말

수학은 무한 상상입니다
수학으로 세상을 봅니다

"선생님, 질문 있어요!"
"어떤 수에 0은 곱해도 되는데, 0으로 나누는 건 왜 안 되나요?"
"A4 종이는 왜 암호처럼 영어 알파벳과 숫자가 붙어 있나요?"

왁자지껄, 우당탕탕, 모든 것이 궁금한 초등학생 여러분을 위해 여섯 분의 수학을 사랑하는 초등학교 선생님이 나섰어요. 그동안 여러분이 궁금해 했던 수학 질문들을 모아 한 권의 책으로 펴냈어요.

여러분은 '수학' 하면 어떤 생각이 떠오르나요?

수학을 복잡한 식이나 도형으로 가득 찬 문제로 떠올리는 친구도 있을 거예요. 하지만 우리가 잘 느끼지 못할 수도 있겠지만 수학은 우리 생활 주변에 늘 친구처럼 가까이 있어요. 여러분은 수학 탐정이 되어 곳곳에 숨어 있는 수학을 발견할 수도 있고, 조용한 의자에 앉아 상상의 수학 나라로 여행을 떠날 수도 있어요.

여러분이 어디에서 어떤 일을 하든 그곳에는 늘 수학이 있어요. 우리가 수학이라고 생각하지 못하는 것도 수학자의 눈으로 보면 아주 아름답고 신비로운 수학이 될 수 있어요. 이 책은 수학에 호기심이 많은 여러분을 위해 쓰였어요. 평소 궁금했던 수학 질문을 하나씩 읽고 해결하다 보면 어느새 수학과 친구가 되고, 우리 주변에 있는 많은 '수학'들을 하나씩 발견하게 될 거예요.

초등학생 중 몇몇은 오로지 수학 문제집을 통해 수학을 만난 경우가 있어요. 이런 친구들은 수학에 대한 상상의 폭이 좁을 수밖에 없어요. 생활 곳곳에 있는 수학을 찾아내려면 수학 책 읽기를 통해 수학에 대한 이해력과 상상력을 키워 나가야 해요. 그러면 수학에 대한 호기심과 질문이 더 늘어나게 되겠지요.

선생님은 '수학은 노래나 시처럼 자유롭습니다' 이 말을 참 좋아해요. 작곡가가 노래를 만들 때 기본적인 형식은 지키지만 그 규칙 속에서 무한한 자유를 누려요. 또 시인이 시를 지을 때에도 자신의 상상력을 자유롭게 발휘하지요. 수학도 마찬가지예요. 수학책이나 익힘책에 있는 수학문제는 수학의 아주 작은 부분이에요. 우리가 해야 할 일은 수학을 통해 작곡가나 시인이 그랬던 것처럼 자유롭게 상상하는 것이에요. 생활 속에 수학이 있고, 과학 속에 수학이 있고, 예술 속에 수학이 있어요. 수학은 자유로운 상상을 위한 훌륭한 도구이지요.

이 책은 읽는 순서가 따로 정해져 있지 않아요. 첫 장부터 한 장씩 차례대로 읽어도 좋고, 목차를 보고 평소 궁금했던 질문을 따로 모아서 읽어도 좋아요. 그동안 궁금했던 수학 질문들을 하나씩 해결해 나가다 보면 어느새 수학과 친구가 되어 있을 거예요. 이 책을 읽고 나면 101가지 수학 질문으로 해결하지 못한 새로운 질문들이 계속해서 더 떠오르게 될 거예요. 그러면 거기서 멈추지 말고 그 질문에 대한 답을 찾기 위해 노력해 보세요. 새로운 질문을 떠올리고 그 질문에 하나씩 답을 찾아나가다 보면 수학이 저절로 즐거워질 거예요.

2015년 3월

김남준, 김혜임, 김잔디, 이재영, 정연숙, 최미라

차례

수와 연산

001 옛날 사람들은 어떻게 수를 세었나요? …… 14
002 매듭으로도 수를 셀 수 있나요? …… 17
003 옛날 사람들은 숫자를 어떻게 썼나요? …… 20
004 숫자 '0'은 어떻게 발명되었나요? …… 24
005 숫자 '0'에는 특별한 의미가 있나요? …… 27
006 사람들은 왜 십진법을 사용하나요? …… 29
007 분수는 어떻게 만들어졌나요? …… 33
008 소수는 어떻게 만들어졌나요? …… 36
009 옛날에도 구구단을 외웠나요? …… 39
010 구구단을 쉽게 외우는 방법은 없나요? …… 41
011 사칙연산 기호는 누가 만들었나요? …… 44
012 구구단을 못 외워도 곱셈을 할 수 있나요? …… 47
013 곱셈을 하는 방법도 여러 가지가 있나요? …… 50
014 0으로 나누면 왜 안 되나요? …… 54
015 옛날에도 계산기가 있었나요? …… 57
016 숫자 7에 어떤 비밀이 숨어 있나요? …… 60
017 일주일은 왜 7일이 되었나요? …… 63
018 세상에서 가장 큰 수가 무엇인가요? …… 65
019 숫자로 마술을 할 수 있나요? …… 68
020 페르마의 마지막 정리가 뭔가요? …… 71
021 무한히 방이 많은 호텔이 있다고요? …… 74

도형

022 점과 선도 도형인가요? ······ 78
023 삼각형으로 팔각형을 만들 수 있나요? ······ 81
024 세 개의 선분만 있으면 삼각형을 만들 수 있나요? ······ 84
025 건물은 왜 대부분 사각형 모양인가요? ······ 87
026 가장 완전한 도형은 무엇인가요? ······ 90
027 직선보다 더 긴 곡선이 더 빠를 수도 있나요? ······ 93
028 사이클로이드를 생활에서 볼 수 있나요? ······ 96
029 모든 도형은 연필을 종이에서 떼지 않고 한 번에 그릴 수 있나요? ······ 98
030 어떤 모양의 기둥이 가장 튼튼한가요? ······ 101
031 정다면체의 종류는 5개뿐인가요? ······ 103
032 우주가 정다면체라고요? ······ 107
033 빙글빙글 팽이의 축은 어느 곳으로 해야 하나요? ······ 109
034 물건이 저절로 거슬러 올라가는 길이 있다고요? ······ 112
035 안과 밖의 구분이 없는 띠가 있나요? ······ 115
036 안과 밖의 구분이 없는 병도 있나요? ······ 118
037 정다면체끼리도 짝꿍이 있나요? ······ 120
038 아르키메데스가 사랑한 입체도형은 무엇인가요? ······ 123

측정

039 수학에서 단위가 왜 중요한가요? …… **128**
040 미터(m)가 모든 단위의 기초라고요? …… **131**
041 물은 왜 100°C에서 끓나요? …… **134**
042 1mm보다 짧은 길이는 어떻게 재나요? …… **137**
043 지구 둘레의 길이는 어떻게 구하나요? …… **140**
044 TV 화면 크기는 왜 인치 단위로 나타내나요? …… **143**
045 나무에 올라가지 않고 높이를 잴 수 있나요? …… **147**
046 넓이가 같은데 둘레가 다를 수 있나요? …… **149**
047 A4용지 이름에는 왜 영어 알파벳과 숫자가 붙었나요? …… **153**
048 그림자로 시간을 알 수 있어요? …… **156**
049 해시계는 왜 30분 느린가요? …… **159**
050 물도 시계가 될 수 있나요? …… **162**
051 1시간은 왜 60분인가요? …… **165**
052 달력은 해마다 다른가요? …… **167**
053 원의 넓이를 직사각형의 넓이로 바꿀 수 있나요? …… **171**
054 산의 넓이를 헥타르(ha)로 나타내는 이유는 뭔가요? …… **173**
055 사과의 겉넓이도 구할 수 있나요? …… **175**
056 부피와 들이는 어떻게 다른가요? …… **178**
057 고등어는 왜 한 손에 두 마리인가요? …… **181**
058 어림하기도 수학인가요? …… **184**
059 세종대왕이 거리를 측정하는 수레도 만들었나요? …… **187**
060 수학자들의 올림픽이 있다고요? …… **189**
061 조선시대에도 수학자가 있었나요? …… **191**

규칙성

062 게임에서 항상 이길 수 있는 방법이 있다면서요? …… **196**
063 일곱 개의 다리를 한 번에 건널 수 있는 방법이 있나요? …… **200**
064 4가지 색깔로 지도를 칠할 수 있나요? …… **204**
065 '도레미파솔라시도'에도 수학의 비밀이 숨겨져 있다고요? …… **208**
066 달력이 없어도 요일을 맞힐 수가 있다고요? …… **212**
067 로마 숫자는 몇 개만 외우면 되나요? …… **215**
068 바코드에는 어떤 비밀이 숨어 있나요? …… **218**
069 원판을 다 옮기면 지구의 종말이 온다고요? …… **221**
070 자연을 닮은 수가 있다고요? …… **225**
071 쌀 한 톨로 부자가 되었다고요? …… **228**
072 우리 집 욕실 타일에도 수학이 담겨 있다고요? …… **231**
073 사다리타기를 하면 왜 겹치지 않나요? …… **235**
074 파스칼의 삼각형은 파스칼이 만들었나요? …… **238**
075 직선이 모여 곡선을 만들 수도 있나요? …… **242**
076 수가 도형이 될 수도 있나요? …… **246**
077 60갑자가 무엇인가요? …… **250**
078 마방진을 빨리 푸는 방법이 있나요? …… **253**
079 중요한 것에는 왜 별표를 하나요? …… **257**
080 시계 속에는 어떤 수학이 숨어 있나요? …… **261**
081 두 번 모두 높았는데 더하면 왜 낮아져요? …… **265**

확률과 통계

082 도박에서 수학이 생겨났다고요? ······ 270
083 가능한 것과 불가능한 것을 구별하는 것도 수학인가요? ······ 273
084 주사위를 여섯 번 굴리면 2는 꼭 한 번 나오나요? ······ 276
085 바꾸면 후회하지 않을까요? ······ 279
086 비가 올 확률이 50%이면, 우산을 들고 가야 하나요? ······ 282
087 단짝 친구와 같은 반이 될 수 있을까요? ······ 285
088 옷을 골라 입는 것도 수학과 관계가 있나요? ······ 287
089 타율은 왜 할푼리로 읽나요? ······ 290
090 모나 윷은 왜 잘 나오지 않나요? ······ 292
091 나뭇가지 그림이 무엇인가요? ······ 296
092 월드컵에서 축구 경기는 모두 몇 번 열리나요? ······ 299
093 평균이 높으면 공부를 잘하나요? ······ 303
094 수학을 잘하면 과학도 잘하나요? ······ 306
095 히스토그램은 막대그래프와 다른가요? ······ 310
096 우리는 하루에 숨을 몇 번 쉬나요? ······ 313
097 우리 학년에서 나와 생일이 같은 학생이 꼭 있을까요? ······ 316
098 친구가 실패를 뽑으면 내기 성공을 뽑을 수 있나요? ······ 319
099 여론조사는 믿을 수 있나요? ······ 322
100 그래프도 거짓말을 하나요? ······ 326
101 머피의 법칙도 수학인가요? ······ 329

머리말 ······ 4

학년별 교과 연계표 ······ 332

찾아보기 ······ 341

- 자연수
- 분수
- 소수
- 사칙 계산

수와 연산

001 수와 연산

초1 100까지의 수, 초2 세 자리 수, 네 자리 수, 초4 큰 수

옛날 사람들은 어떻게 수를 세었나요?

우리는 수나 숫자라고 하면 0, 1, 2, 3, …, 9와 같이 인도-아라비아 숫자를 가장 먼저 떠올리게 돼요. 그런데 인도-아라비아 숫자가 발명되기도 훨씬 이전의 옛날 사람들은 어떻게 수를 세고 셈을 했나요?

돌멩이와 새김눈으로 세다!

아주 오랜 옛날에는 숫자가 없었어요. 그렇지만 사람들은 수를 세는 방법을 생각해 내었고 다양한 방법으로 수를 세기 시작했어요. 우리가 글자를 몰라도 말을 할 수 있는 것과 비슷한 원리겠죠. 가장 먼저 생각해 낸 방법은 작은 돌멩이를 사용하여 수를 헤아리는 거예요. 양치기 소년이 양을 한 마리씩 풀어 놓으면서 돌멩이를 한 개씩 주머니에 넣으면 주머니에 든 돌멩이의 개수만큼 양이 있

다는 것을 알 수 있겠지요.

돌멩이 말고 나뭇가지나 동물의 뼈에 홈을 판 새김눈을 이용하기도 했어요. 우간다 국경 근처에 있는 콩고의 에드워드 호수에서 약 2만 년 정도 된 '이상고 뼈'가 발견되었는데, 여기에는 가는 선 모양으로 숫자가 새겨져 있어요. 이걸로 보아 이 시대의 사람들은 뼈에 가는 선 형태로 금을 새겨 숫자로 사용했다는 것을 알 수 있어요.

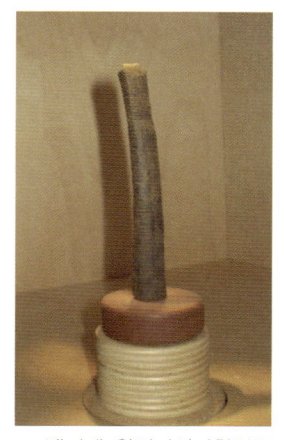

▲ 벨기에 왕립자연과학연구소에 전시 중인 이상고 뼈

몸으로 세다!

만약 돌멩이나 새김눈이 없다면 무엇을 이용하면 좋을까요? 이때는 우리 몸을 이용하여 셀 수 있어요. 가장 손쉽게 손가락과 발가락을 수와 일대일로 짝을 짓거나 수를 헤아리기 시작했을 거예요. 언제 어디서나 수를 세고 셈할 수 있기 때문에 가장 널리 쓰인 방법이지요. 특히 남태평양 뉴기니 섬의 파푸스 족은 신체의 각 부위에 1부터 41까지의 수를 짝 지어 사용했어요. 먼저 오른손의 새끼손가락부터 하나씩 짚어 나가기 시작하여 오른손을 모두 센 다음, 어깨, 귀, 눈, 코, 입을 지나 왼손 새

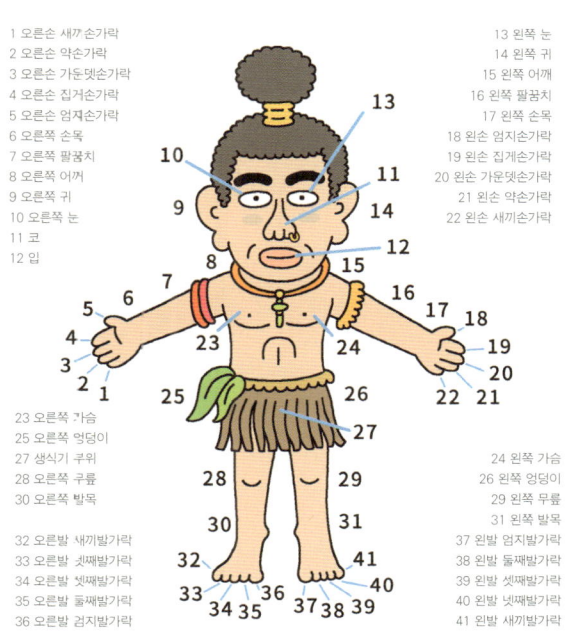

▲ 파푸스 족이 신체를 이용하여 수를 세는 방법

끼손가락까지 와요. 이렇게 몸 전체를 이용하여 1부터 41까지의 수를 나타낼 수 있어요.

묶어 세다!

사람들의 생활이 점점 복잡해지면서 사람들은 큰 수를 나타내기 위해 묶어 세는 방법을 생각해 냈어요. 아마도 손가락이 열 개이기 때문에 10을 기본수*로 하는 수 세기가 발달했을 거예요. 그래서 10씩 묶어 세는 방법을 생각해 냈어요. 하나씩 세는 것보다 묶어 세면 훨씬 더 많은 것을 쉽고 빠르게 셀 수 있겠죠. 이것은 오늘날 우리가 사용하고 있는 십진법의 기본이 되었어요.

기본수
수를 묶어서 셀 때 묶음의 단위. 고대 이집트, 인도, 아라비아, 중국 등 여러 문명에서 가장 많이 선택한 수가 바로 10이에요.

수를 세지 못하는 사람도 있나요?

아마존의 열대우림 지역에 살고 있는 피라니아 족은 수를 둘까지만 세고 이보다 큰 수는 모두 '많다'라고 표현해요. 또 탄자니아에 살고 있는 핫자 족은 셋까지만 셀 수 있다고 해요. 아마도 이들은 둘 또는 셋 이상의 큰 수가 전혀 필요하지 않기 때문에 큰 수를 사용하지 않았겠죠. 그래도 모두 잘 살고 있어요.

초1 100까지의 수, 초2 세 자리 수, 네 자리 수, 초4 큰 수

매듭으로도 수를 셀 수 있나요?

002
수와 연산

고대 잉카 제국의 사람들은 발달된 문명을 가지그 있었으며 뛰어난 건축술로 마추픽추와 같은 아름다운 도시를 세웠다고 해요. 그런데 이렇게 문명은 발달했지만 수를 나타내는 문자(숫자)가 없었다고 해요. 그래도 수는 세었다는데 어떻게 한 것인가요?

매듭으로 수를 기록하다!

약 500~600년 전 남아메리카 지역어는 태양의 나라, 황금의 나라로 알려져 있는 잉카 제국*이 있었어요. 잉카 제국은 문명이 크게 발달하였지만 수를 나타내는 숫자가 없었어요. 그 이유가 무엇인지는 아직도 풀리지 않는 수수께끼라고 해요. 그래서 잉카 사람들은 수를 기록할 때 색깔이 다른 끈을 이용하거나 매듭의 위치를 다르게 하는 방법을 사용했어요. 매듭의 수와

잉카 제국
수도였던 '마추픽추'는 '나이 든 봉우리'라는 뜻인데 산자락에서는 그 모습을 보기 어려워 '공중도시'라고 불리며 세계의 불가사의 중 하나로 꼽혀요.

▲ 잉카 시대에 사용한 키푸

키푸
잉카어로 '매듭' 또는 '매듭을 맨다'라는 뜻이에요.

위치, 끈의 색깔 등에 따라 나타내는 수가 달랐다고 해요. 1은 매듭 한 개, 2는 매듭 2개, 이런 식으로 말이에요. 321을 나타내어 보면 매듭 세 개짜리, 두 개짜리, 한 개짜리를 자리에 맞춰 한 줄로 연결해서 나타내면 돼요. 색깔이 서로 다른 줄을 사용하기도 했는데 금색은 금, 하얀색은 은, 초록색은 곡물, 빨간색은 병사 등으로 구별했다고 해요. 이것을 '매듭을 묶는다' 하여 결승문자 또는 키푸(Quipu)*라고 해요.

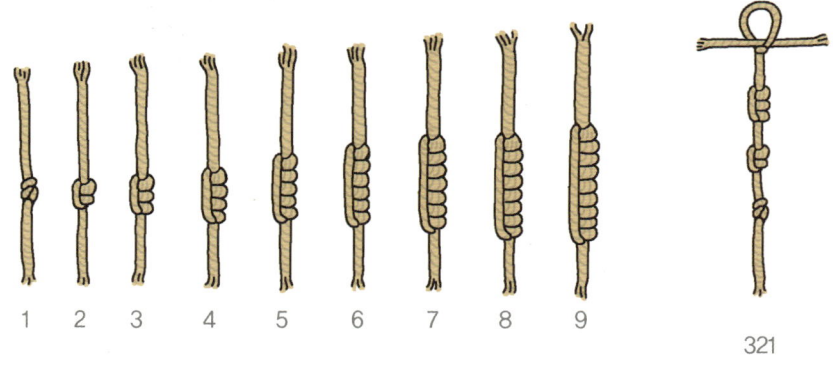

잉카 사람들은 달력 대신 키푸를 사용하기도 하였고, 또 키푸를 이용해 다른 사람들에게 메시지를 전달하기도 했다고 해요. 오늘날에도 페루나 볼리비아에 사는 인디언들은 키푸와 비슷한 방법으로 끈을 묶어 수를 나타낸다고 해요.

매듭으로 수를 세어 볼까요?

2543처럼 큰 수는 어떻게 매듭으로 나타냈을까요? 끈의 맨 아래쪽부터 일의 자리 숫자, 십의 자리 숫자, 백의 자리 숫자, 천의 자리 자리 숫자만큼 매듭을 지어 만들어요. 즉 가장 아래에는 매듭 3개, 순서대로 그 위에는 매듭 4개, 매듭 5개, 가장 위에는 매듭 2개를 만들면 돼요. 이때 0의 개념도 있었는데 0을 표현하기 위해 자리를 비워 두었다고 해요. 205의 경우 10의 자리에 매듭을 만들지 않았겠죠. 매듭으로 기록된 수가 얼마인지 읽을 때는 끈의 위에서부터 아래로 내려가면서 차례로 매듭의 개수를 읽어 주면 돼요.

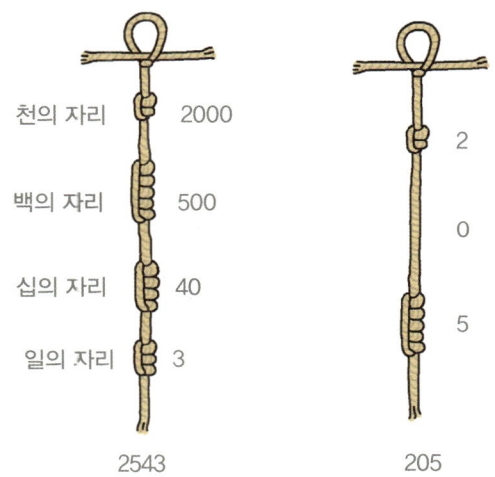

잉카 제국에 숫자가 없었던 진짜 이유가 궁금해요!

당시 잉카 문명의 능력이라면 문자와 숫자를 만들고도 남았어요. 하지만 문자와 숫자를 만들면 자연히 태양을 닮은 동그라미가 들어가게 될 텐데, 이것은 자신들의 태양신에 대한 모욕이라고 생각하였어요. 문자 또한 없었던 잉카 시대는 당연히 역사적 기록도 없기 때문에 이렇게 추측할 뿐이에요.

003 옛날 사람들은 숫자를 어떻게 썼나요?

초1 100까지의 수, 초2 세 자리 수, 네 자리 수, 초4 큰 수

지금은 세계 대부분의 나라에서 인도-아라비아 숫자를 쓰고 있어요. 그런데 인도-아라비아 숫자가 없던 옛날에는 어떻게 숫자를 썼는지 궁금해요.

바빌로니아 숫자(메소포타미아 문명)

메소포타미아 문명은 두 개의 강, 즉 티그리스 강과 유프라테스 강 사이의 기름진 땅에서 번영한 고대 문명이에요. 이곳에서 고대 바빌로니아 인들은 진흙으로 만든 판자 위에 쐐기 모양의 문자를 새겨서 썼는데, 이러한 문자를 쐐기* 문자라고 불러요. 숫자도 이와 비슷한 모양으로 만들어졌어요. 오로지 1과 10을 나타내는 딱 2개의 숫자만 있었는데, 막대기 하나만 있으면 편리하게 찍어서 표시할 수

쐐기
나무를 고정시킬 때 박는 뾰족한 모양의 물체

있었어요. 가장 큰 특징은 1과 60의 표시가 같은 60진법을 사용한 것이에요. 그런데 자릿수의 원리는 있었지만 0의 개념이 없어서 수를 정확히 표현하기는 어려웠어요.

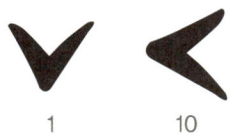  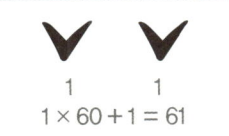

▲ 바빌로니아 숫자

이집트 숫자(이집트 문명)

이집트 문명은 '나일 강의 선물'이라 할 만큼 나일 강의 영향을 많이 받았어요. 자주 나일 강이 넘쳐 홍수가 일어나기 때문에 농사 시기를 조절하기 위해 천문학과 태양력이 발전하면서 수도 더욱 발달할 수 있었어요.

이집트 사람들은 1, 10, 100, 1000, … 등의 숫자를 그림으로 나타냈어요.

막대기 또는 한 획	뒤꿈치 뼈	감긴 밧줄	연꽃	가리키는 손가락	올챙이	놀란 사람 또는 신을 경배하는 모습
1	10	100	1000	10000	100000	1000000

▲ 이집트 숫자

로마 숫자(로마 문명)

약 3000년의 역사를 지닌 로마는 고대 세계의 중심지였고 중세 르네상스, 바로크 시대를 통해서 유럽 문명의 발상지가 된 곳이에요. 이곳에서 발전한 로마 숫자는 사물의 모양을 본떠서 만들었어요. 5를 나타내는 V는 엄지를 편 손의 모양이고, 10을 나타내는 X는 V를 2개 합치거나 막대기를 10개 묶은 모양이에요.

가장 큰 특징은 덧셈과 뺄셈을 이용하여 수를 표현하는 것이지요. 5를 나타내는 V를 기준으로 숫자 오른쪽에 5보다 작은 숫자를 쓰면 그만큼을 더하라는 뜻이고, 반대로 왼쪽에 쓰면 빼라는 뜻이 돼요. 그러나 0이 없어서 큰 수를 나타내기가 불편하고 계산하기가 어렵다는 단점이 있어요. 그래서 우리나라 주판과 비슷하게 생긴 선수판*이라는 계산 도구를 사용했어요.

선수판
기원전 600년 무렵 그리스와 로마 등에서 사용하였어요. 판자 위에 여러 개의 줄을 긋고, 그 줄 위에 바둑돌을 놓아 계산하였어요.

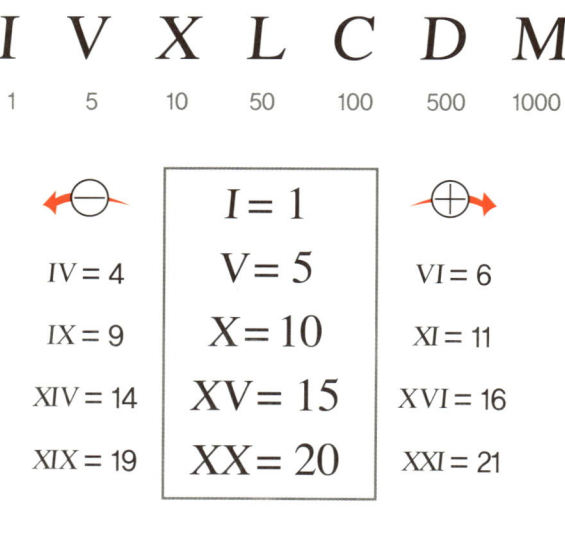

▲ 로마 숫자

중국 숫자(황하 문명)

옛날 중국에서는 1부터 4까지는 그 수만큼 막대를 사용하여 가로쓰기로 나타내고, 5가 되면 새로운 기호를 썼어요. 이것은 메소포타미아, 이집트, 고대 로마와 같아요. 그렇지만 6부터는 숫자의 모양이 크게 달라지고 십진법을 사용하였으나 0과 자릿값의 개념이 없었어요. 점점 그것이 변하여 아래와 같은 한자 표기가 자리 잡았어요.

1	2	3	4	5	6	7	8	9	10	100	1000	10000
一	二	三	四	五	六	七	八	九	十	百	千	萬

三百二十一	321
十萬二百十	1002`0

인도-아라비아 숫자(인더스 문명)

인더스 문명은 인더스 강 유역에서 발전하였는데 건축기술, 도시계획, 무게와 측정, 단위의 통일 등 주목할 만한 유산을 많이 남겼어요. 인도에서 시작되고 아라비아 상인의 손을 거쳐 유럽에 전해졌기 때문에 인도-아라비아 숫자라고 해요. 유럽에 처음으로 전해졌을 때는 환영받지 못하였지만 0의 발명되고 '위치적 기수법'*이 완성되면서 오늘날 전 세계에서 가장 많이 쓰이는 숫자가 되었어요.

> **위치적 기수법**
> 424에서 숫자 4가 두 번 쓰이지만 첫 번째 4는 400, 다음의 4는 4를 나타내어요. 즉 같은 숫자라도 위치에 따라 그 값을 달리하지요.

유럽식	0	1	2	3	4	5	6	7	8	9
아라비아-인도식	٠	١	٢	٣	٤	٥	٦	٧	٨	٩

초1 100까지의 수, 초2 세 자리 수, 네 자리 수, 초4 큰 수

004 수와 연산

숫자 '0'은 어떻게 발명되었나요?

옛날 0이 없던 시절에는 수를 나타내려면 매우 불편했을 거예요. 하지만 아무것도 없다는 것을 숫자로 나타내는 방법을 찾는 것은 굉장히 어려운 일이었을 거예요. 그런데 숫자 0은 어떻게 만들어졌나요?

숫자 0의 발명

수를 나타낼 때 각 숫자들이 놓인 위치에 따라 값이 결정되도록 하는 것을 위치적 기수법이라고 하지요. 숫자 0의 발견은 수학 발전에 중요한 역할을 했어요.

아주 먼 옛날 0이란 개념이 없었을 때는 505를 나타낼 때 5와 5 사이에 공간을 두어 표현했어요. 그래서 때로는 55인지 505인지 구분이 잘 안 되는 경우도 있었을 거예요. 특히 상인들 사이에서 돈 거래를 할 때 0의 개념이 없어서 구분이 잘 안 된다면 억울한 일이

많이 일어났겠죠? 그래서 숫자 0은 상인들의 필요에 의해 만들어졌다고 해요. 또한 0은 인류의 아주 뛰어난 발명품 중의 하나이며, 문명의 발전에 가장 큰 영향을 끼친 숫자라고 하지요.

역사 속의 숫자 0

고대 바빌로니아의 점토판에 새겨진 쐐기 문자에서 숫자 0에 해당하는 기호를 찾을 수 있어요. 이 기호는 수를 표기할 때 비게 되는 자리를 채우는 기호였다고 해요. 마야 문명에서는 그림 문자로 숫자를 나타내는 방법이 있었는데 '아래턱에 손을 괸 얼굴' 같은 재미있는 그림으로 표시하기도 했어요.

▲ 0을 표현하는 방법

인도-아라비아 숫자가 시작된 인도에서도 처음에는 어떤 자리에 해당하는 숫자가 없으면 그 칸을 비워 놓고 표현을 했어요. 그러다 6세기 초에 빈 칸을 없애고 빈 자리를 메우기 위해 슈냐(sunya)라는 말에 해당하는 작은 동그라미(●이나 ○)를 사용하기 시작했어요.

이렇게 작은 동그라미가 발전하여 지금의 숫자 0이 되었어요. 그동안 숫자 0은 빈 자리를 메우기 위한 기호였지만 6세기 말부터는 '아무것도 없음'을 나타내는 하나의 '숫자'로 인정받게 되었지요. 이때부터 숫자 0을 기준으로 더 작거나 큰 수를 나타낼 수 있고, 수를 표현하는 범위가 넓어졌어요.

이후에 아랍인들이 이것을 받아들이고, 유럽에 이슬람 문화가 전해지면서 숫자 0은 유럽으로 퍼졌어요.

숫자 0이 어느 날 사라진다면 어떻게 될까요?

아마도 문명이 발달되기 이전의 원시 시대로 돌아가지 않을까요? 우선 십진법의 숫자 표현을 사용할 수 없겠지요. 십진법을 사용하려면 빈 자리를 나타내는 0이 있어야만 해요. 만약 0이 없다면, '2 3'이라고 적힌 수가 '23'인지, '203'인지, 아니면 '2003'인지 구별할 수가 없기 때문이에요. 수를 제대로 표현할 수 없다면 수학이 발전하기 어려울 것이고, 더 이상 문명이 발전할 수 없을 거예요. 또한 이진법, 즉 숫자 0과 1만을 사용하는 컴퓨터 역시 존재할 수가 없겠지요.

초1 100까지의 수, 초2 세 자리 수, 네 자리 수, 초4 큰 수, 중1 정수와 유리수

숫자 '0'에는 특별한 의미가 있나요?

005

수와 연산

숫자 0은 처음에는 단순히 빈 자리를 나타내는 기호였지만 '아무것도 없다'는 의미가 생기면서 수학과 문명의 발전에 큰 공헌을 했대요. 그런데 숫자 0에는 다양한 의미가 들어 있다고 하던데 어떤 특별한 뜻이 숨어 있나요?

빈 자리를 나타내는 숫자 0

숫자 0은 우선 빈 자리를 나타내요. 저축을 하기 위해 은행으로 가 볼까요? 저축통장의 이자를 살펴보니까 2.7%와 2.07% 두 가지 종류가 있어요. 2.07%의 숫자 0은 빈 자리를 나타내지요.

아무것도 없음을 나타내는 숫자 0

숫자 0은 '아무것도 없다(無)'는 의미로도 쓰여요. 통장에 돈이 하나도 없을 때 잔액에 0이라는 숫자가 적혀 있겠죠. 이때 숫자 0은

아무것도 없다는 뜻이에요. 마찬가지로 은행에서 대기표를 뽑을 때 대기 인원이 0이라면 대기 인원이 아무도 없다는 의미겠죠.

시작점을 나타내는 숫자 0

숫자 0은 시작점을 나타내기도 해요. 마라톤 선수들이 달리기를 할 때 운동장 한가운데서 시작하든 가장자리에서 시작하든 시작하는 지점을 '0m'라 하고, 시작점에서 얼마나 뛰었는지를 표시해요. 이때 0은 시작점을 나타내지요.

기준점을 나타내는 숫자 0

마지막으로 숫자 0은 양수와 음수를 가르는 기준점이 돼요. 숫자 0을 기준으로 0보다 큰 수를 양수라 하고, 0보다 작은 수를 음수라고 하지요. 우리 생활 속에서는 건물의 층을 표시할 때 지면(0)을 기준으로 위로 첫 층을 지상 1층, 지상 2층, …으로 표시하지요. 그리고 지면(0) 아래로는 첫 층을 지하 1층, 지하 2층, …으로 표시해요. 이때 숫자 0은 기준점을 의미하지요.

0은 짝수인가요, 홀수인가요?

짝수 개의 사탕을 두 명의 친구가 나누어 먹는다면 누구도 더 많지도 적지도 않게 나누어 먹을 수 있어요. 2로 나누어떨어지는 수가 바로 짝수이기 때문이에요. 그렇다면 0개의 사탕을 두 명의 친구에게 나누어 준다면 아무것도 없기 때문에 나눠 줄 수는 없지만 하나도 남지 않겠죠. 그러니 숫자 0은 짝수일 수밖에 없지요?

초1 100까지의 수, 초2 세 자리 수, 네 자리 수, 초4 큰 수, 중1 정수와 유리수

사람들은 왜 십진법을 사용하나요?

006

수와 연산

어떤 사람들은 12를 하나로 묶어서 12진법을 사용하고, 어떤 사람들은 60을 하나로 묶어서 60진법을 사용해요. 그런데 우리는 왜 10개씩 묶는 십진법을 사용하게 되었나요?

다양한 진법*

인류 최초로 숫자를 사용하고, 기록을 남긴 고대 수메르 인과 바빌로니아 인들은 60진법을 사용했어요. 1시간을 60분, 1분을 60초로 하는 것이나 각도를 360도 (60의 6배)로 정하여 사용하는 것은 60진법이라고 볼 수 있어요. 60진법을 사용하여 수를 표현한 이유에 대해서 학자들은 60이 많은 약수를 갖고 있기 때문이라고 추측해요. 약수가 많다는 것은 수를 표현하는 데 편리하기 때문이에요.

진법
수를 묶어서 표현하는 방법

비슷한 이유로 유럽에서는 아직까지 12진법을 많이 사용해요. 자릿수를 바꾸지 않고 두 개의 수가 더 생기는 것도 편리하고, 정확히 나누어떨어지는 수가 많기 때문이에요.

연필 12자루를 한 다스로 하는 것, 12시간을 기본으로 하여 하루를 오전과 오후로 나누는 것, 1년이 12개월인 것, 길이를 나타내는 단위*인 라인, 인치, 풋과 무게를 나타내는 단위*인 온스, 파운드 등은 모두 12진법에서 나온 것이에요.

2진법은 동양의 음양 사상에서 찾아볼 수 있는데 음양 사상이란 태양과 달, 남자와 여자, 홀

길이를 나타내는 단위
12라인은 1인치이며, 어른 검지손가락 한 마디의 길이인 2.54cm이에요. 12인치는 1풋이며 약 30cm예요.

무게를 나타내는 단위
12온스는 1파운드이며 약 373g이에요.

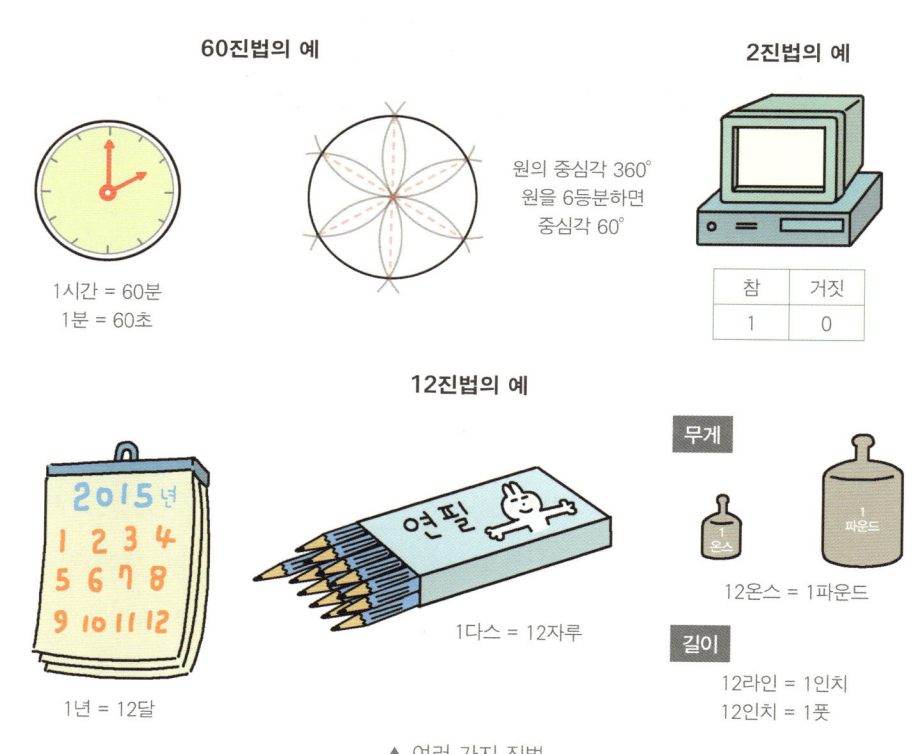

▲ 여러 가지 진법

수와 짝수와 같이 세상의 모든 것을 음과 양의 두 가지로 분류해서 생각하는 것이에요.

같은 원리로 신호가 들어오는 경우(1)와 들어오지 않는 경우(0)만 받아들이고 판단하는 2진법을 사용하는 컴퓨터의 수학적 원리가 태어났어요.

십진법을 사용하는 이유

십진법은 0, 1, 2, ⋯, 9의 10개의 숫자를 사용하여 수를 나타내는 방법으로 한 자리씩 올라갈 때마다 자릿값이 10배씩 커져요. 고대 이집트 문명에서 처음으로 시작되었고, 인도에서 우리가 현재 사용하고 있는 위치적 기수법의 모습으로 완성되어 현재 쓰이고 있어요.

다양한 진법들 중 십진법이 가장 많이 쓰이는 이유는 사람의 손가락이 10개인 것과 관계가 있어요. 옛날 사람들은 수를 셀 때, 세는 수와 사물을 하나씩 짝을 지었어요.

예를 들어 돌멩이나 나뭇가지 등으로 수를 나타내기도 하였는데 언제 어디서나 가장 쉽게 사용할 수 있는 도구는 바로 사람의 신체였어요. 지금도 뉴기니 섬의 원주민들은 신체의 각 부분(손가락, 눈, 코, 입 등)을 수와 대응시켜 수를 세기도 해요. 그러나 손가락을 제외한 신체의 다른 부분들은 수를 세기가 쉽지만은 않아요. 그래서 오랜 세월 동안 사람들은 양 손가락을 접어서 수를 나타내는 방법에 익숙해졌어요. 그래서 10을 기본수로 하고, 10이 넘으면 한 자리를 올리는 십진법을 사용하게 된 것이에요.

십진법의 매력

십진법의 가장 큰 장점은 아무리 큰 수라도 쉽게 쓸 수 있다는 것이에요. 우리는 0, 1, 2, 3, 4, 5, 6, 7, 8, 9라는 열 개의 숫자만 가지고 모든 수를 편리하고 간단하게 나타낼 수 있어요. 우주에 있는 원자의 총합보다도 더 큰 수까지도 얼마든지 나타낼 수 있어요. 숫자 뒤에 0을 계속 붙이면 점점 더 큰 수를 만들 수 있고, 이것을 거듭제곱*으로 나타내면 더욱 간단하지요.

거듭제곱
같은 수나 식을 거듭 곱하는 일. 또는 그렇게 하여 얻어진 수. 제곱, 세제곱, 네제곱 따위가 있어요.

십진법이 아니라 다른 진법을 쓰면 어떻게 될까요?

십진법 대신 8진법을 쓰려고 시도했던 때도 있었어요. 1716년 스웨덴의 왕 찰스 12세는 학자들에게 64진법을 연구하도록 했는데 64에 제곱수(8의 제곱), 세제곱수(4의 세제곱)가 모두 포함되기 때문이었어요. 그러나 학자들은 64진법이 너무 복잡하다고 생각하여 8진법을 쓰자고 건의했고 8진법에 알맞은 새로운 기호를 만들어 잠시 십진법 대신 사용했어요. 8진법에서는 숫자를 나타내는 기호가 8개이고, 구구단은 7단까지만 외우면 되겠죠. 물론 다시 십진법으로 돌아왔어요.

초3 분수와 소수, 초4 분수의 덧셈과 뺄셈, 초5 분수의 곱셈, 분수와 소수, 분수의 나눗셈, 초6 분수의 나눗셈

분수는 어떻게 만들어졌나요?

007
수와 연산

수학 문제 중에서도 분수와 관련된 문제는 너무 어렵고 복잡해요. 자연수만으로도 충분히 수를 세고, 계산도 할 수 있을 텐데 어렵기만 한 분수는 도대체 왜 만들었을까요?

분수의 유래

분수는 고대 이집트에서 처음으로 그 모습을 드러냈어요. 기원전 1650년경 남겨진 것으로 알려진 '린드파피루스*'에서 그 기록을 찾아볼 수 있어요. 고대 사람들에게 분수가 필요했던 이유는 물건을 똑같이 나누는 과정에서 1보다 작은 수가 필요했기 때문이에요. 처음에는 분자가 1인 분수만 사용하여 나타냈는데 왜 분자가 1인 분수만 사용하였을까요? 그 이유는 이집

린드파피루스
BC1650년경에 만들어진 것으로 알려진, 가장 오래된 수학책의 하나예요. 일상생활과 관련된 내용이 담긴 수학책이지요.

트 신화에 나오는 신인 호루스의 눈을 분할한 데서 분수를 생각했기 때문이에요. 분자가 1인 분수를 단위분수*라고 하는데, 이집트에서는 단위분수를 '호루스 분수'라고 부르기도 해요. 호루스의 눈 전체를 1로 하여 각 부분에 단위분수를 배치하였는데 부족한 $\frac{1}{64}$은 지혜의 신이 보충한다고 믿었어요.

> **단위분수**
> 분수는 전체에 대한 부분의 크기를 나타내는 수예요. 그중 $\frac{1}{2}, \frac{1}{3}, \frac{1}{4}$과 같이 분자가 1인 분수를 단위분수라고 해요.

$$\frac{1}{2}+\frac{1}{4}+\frac{1}{8}+\frac{1}{16}+\frac{1}{32}=\frac{63}{64}$$

$$\frac{63}{64}+\boxed{\frac{1}{64}}=\frac{64}{64}=1$$

지혜의 신

고대 이집트의 분수와 오늘날의 분수

고대 이집트 사람들이 사용한 분수와 오늘날 우리가 사용하는 분수는 나타내는 방법이 조금 달라요. 고대 이집트에서는 단위분수는 분모 위에 타원 모양의 상형 문자로 표시하였는데 예외적으로 $\frac{2}{3}$는 특별한 기호로 나타내었어요.

단위분수로 나타낼 수 없는 경우에는 단위분수의 합을 이용하여 나타내었어요. 합에 대한 기호는 + 대신 빈 칸을 이용하여 나타냈어요. 예를 들어 2개의 사과가 있는데 3명이 똑같이 나누어 먹는 경우를 생각해 봐요. 고대 이집트에서는 먼저 2개의 사과를 각각 2등분하여 $\frac{1}{2}$짜리를 1개씩 나누어 주고, 남은 $\frac{1}{2}$을 다시 3으로 나누어 $\frac{1}{6}$씩 나누어 줘요. 즉, $\frac{2}{3} = \frac{1}{2} + \frac{1}{6}$과 같이 단위분수의 합으로 나타낼 수 있어요.

그러나 오늘날에는 2개의 사과를 각각 3등분하여 전체의 $\frac{2}{3}$씩 나누어 먹으면 된다고 생각하지요.

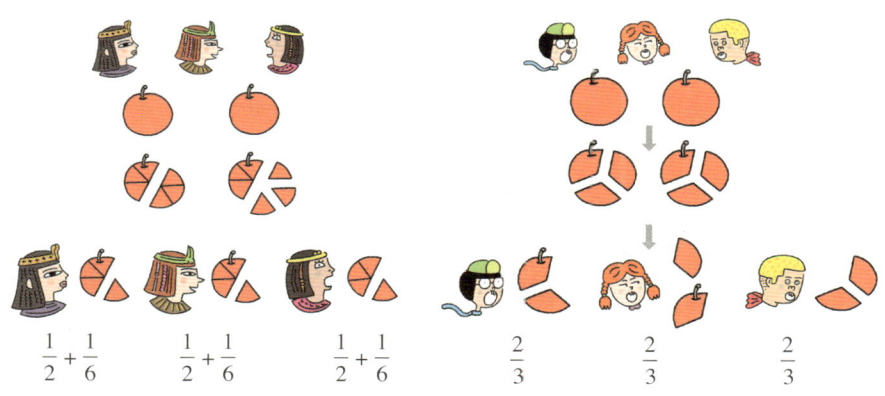

▲ 고대 이집트 세 명의 아이가 사과 2개를 사이좋게 나누어 먹는 모습

▲ 오늘날 세 명의 아이가 사과 2개를 사이좋게 나누어 먹는 모습

오늘날 우리가 쓰고 있는 분수는 언제부터 사용했나요?

분수는 고대 이집트를 거쳐 그리스와 로마 시대에도 사람들의 생활 속에서 중요하게 활용되었어요. 오늘날 우리가 쓰는 분수의 표현 방법은 인도에서 찾을 수 있어요. 인도에서는 오늘날 분수 표현과 비슷하게 분모와 분자를 이용하여 표현하지만 가운데에 －를 쓰지 않았다는 점이 조금 다르지요.

초3 분수와 소수, 초4 소수의 덧셈과 뺄셈, 초5 소수의 곱셈, 소수의 나눗셈, 초6 소수의 나눗셈

008 수와 연산

소수는 어떻게 만들어졌나요?

0보다 작은 수는 분수로 나타낼 수 있다고 배웠어요? 그런데 우리는 0.1, 0.01, 0.001, …처럼 소수*도 사용해요. 왜 오랫동안 사용한 분수가 있는데도 소수를 사용하게 되었나요? 이러한 소수는 누가 어떻게 만들었나요?

소수의 유래

우리는 처음에 자연수를 배웠고 다음으로 분수를 배웠어요. 그런데 가끔은 분수로 계산하는 것이 복잡하고 어려울 때가 있어요. 그 어려움을 해결하기 위해 소수가 나타나게 되었어요. 16세기 후반 네덜란드의 수학자이자 장교였던 시몬 스테빈은 군대에서 복잡한 계산을 할 때마다 골치가 아팠어요. 그 당시에는 분수로 이자를 계산하였는데 $\frac{1}{10}$은 간단하지만 $\frac{1}{11}$, $\frac{1}{12}$과 같은 경우에

소수
0보다 크고 1보다 작은 수로 일의 자리보다 작은 자릿값을 가진 수. 0.1, 0.2, 0.3, 0.4, …와 같은 수를 소수라고 해요.

는 계산이 굉장히 어렵고 복잡했지요. 그런데 이자가 $\frac{1}{10}$일 때 계산하기 쉬운 이유를 떠올려 보니 분모가 10의 배수라 통분하기 쉽기 때문이었어요. 그래서 분모를 10, 100, 1000, …과 같은 10의 배수로 만들어 통분하기 쉽게 하여 이자 계산도 쉽게 할 수 있도록 하였어요.

소수의 발명

$$\frac{123}{1000} \; ? \; \frac{12345}{100000}$$

하지만 스테빈에게는 아직 한 가지 어려움이 남아 있었어요. 분모의 크기가 다른 두 분수의 경우 크기가 어느 쪽이 더 큰 수인지 한눈에 알아보기가 쉽지 않은 거예요. 그는 고민 끝에 더 쉽고 편리하게 나타내는 방법을 생각해 내었어요.

$\frac{1}{10}$을 1①로, $\frac{1}{100}$을 1②로, $\frac{1}{1000}$을 1③으로, $\frac{1}{10000}$을 1④로, … 표현하는 방법이에요. 예를 들어 4.321은 4⓪3①2②1③으로 나타낼 수 있어요. 이것은 분모에 0이 몇 개 있는지, 또 분자가 몇 자리의 수인지 한눈에 알아볼 수 있고, 이자 계산도 쉽게 할 수 있는 놀라운 발명이었어요. 그는 이러한 방법으로 소수를 이용한 이자 계산표를 책으로 만들어 많은 사람들이 쉽고 편리하게 이자를 계산할 수 있도록 하였어요.

$$4.321 = 4⓪3①2②1③$$

소수점을 찍다!

그런데 스테빈이 발명한 소수의 모습은 오늘날 우리가 사용하는 것과는 모습이 다를뿐더러 불편했어요. 그렇다면 오늘날과 같은 소수점을 찍게 된 건 언제부터일까요? 스테빈이 소수를 발명한 이후에 많은 수학자들이 계속해서 소수 표기법을 궁리한 끝에 |, , . 등으로 소수점을 표시하는 방법이 계속 발명되었답니다. 오늘날 대부분의 나라들이 사용하고 있는 ' · ', 즉 가운뎃점은 1616년에 영국의 수학자 네이피어가 처음으로 사용했어요. 하지만 아직도 소수를 나타내는 방법은 나라마다 조금씩 달라요.

나라	소수점	소수 표기법의 예
한국, 미국	. (아랫점)	1.234
영국	· (가운뎃점)	1·234
프랑스, 이탈리아, 독일	, (콤마)	1,234

소수에 다른 이름이 있나요?

스테빈이 최초로 발명한 소수(decimal)는 0보다 크고 1보다 작은 수를 말해요. 그런데 또 다른 이름의 소수(prime number)는 1과 자기 자신만으로 나누어떨어지는 1보다 큰 자연수를 말해요. 예를 들어 2, 3, 5, 7, 11, 13, 17, 19, 23, 29, 31, … 등은 모두 소수(prime number)예요.

초2 곱셈, 곱셈구구

옛날에도 구구단을 외웠나요?

009

수와 연산

구구단을 잘 외워 두면 생활에 아주 편리해요. 물건의 개수를 빠르게 세거나 물건 값을 계산할 때 구구단을 쓰면 쉽고 빠르게 구할 수 있지요. 그런데 구구단은 언제부터 외우기 시작했나요? 옛날 사람들도 구구단을 외웠나요?

구구단의 발명

구구법*은 중국에서 만들어졌다고 하는데 2000여 년 전 중국 한나라 시대에 이미 구구단을 사용했다고 해요. 그것이 1200년 전 우리나라로 전해져 신라시대 때 이미 구구단을 외웠다고 해요. 《춘향전》에 등장하는 '이팔청춘'이라는 표현은 열여섯을 가리키는 말인데 $2 \times 8 = 16$을 나타내어요. 구구단을 몰랐다면 그런 말을 썼을 리 없겠죠.

구구법(九九法)

구구단(九九段)이라고도 하며, 1부터 9까지의 두 수를 곱한 9×9 곱셈표를 가리켜요. 곱해지는 수에 따라 2단, 3단, …, 9단이라는 이름이 붙었어요.

1299년에 중국 원나라 주세걸이 지은 《산학계몽(算學啓蒙)》이라는 고대 수학책에는 석구수법(釋九數法)이라는 내용이 나와요. 석구수법은 오늘날의 구굿셈을 말해요. 세종대왕 시대의 한글학자였던 정인지는 이 책으로 산학과 구구단을 공부했다고 해요.

구구단은 2단부터 시작하는데 왜 구구단인가요?

우리는 구구단을 2단부터 외우고 있어요. 그런데 신라시대에는 9단의 9×9=81부터 외우도록 하였다고 해요. 그것은 옛날 중국에서 '구구 팔십일'부터 시작하였기 때문에 신라 사람들도 그대로 받아들여 9단부터 거꾸로 외웠던 거예요. 그래서 구구법 또는 구구단이라고 해요. 아마도 아무나 외울 수 없다는 생각이 들도록 일부러 거꾸로 외워서 어렵게 보이려고 그렇게 했을 것이라는 거예요. 구구법은 귀족 사회에서만 사용되었는데, 어찌나 편리한지 일반 서민층에게는 절대로 누설되어서는 안 된다고 생각했어요. 만일 '일일은 일'부터 시작했었다면 '구구법'을 '일일법'이라 했을지도 모르겠지요?

옛날 사람들은 구구단을 어떻게 외웠나요?

구구단의 원리는 옛날이나 지금이나 모두 같아요. 두 가지 방법으로 외웠는데 첫째는 구구단을 말할 때 지금처럼 '일일은 일'이라고 하지 않고, 한문을 써서 '일승일여일'이라고 하는 거예요. 여기서 '승'은 곱을 뜻하고, '여'는 같다는 뜻이에요. 그러니까 '1곱하기 1은 1과 같다'라는 뜻이지요. 둘째는 2단이 아닌 9단부터 외웠다는 거예요. 그럼 옛날로 돌아가 구구단을 외워 볼까요? 9단부터 거꾸로 '구구 팔십일'을 '구승구 여팔십일'이라고 하면 되겠죠?

초2 곱셈, 곱셈구구

구구단을 쉽게 외우는 방법은 없나요?

010

수와 연산

구구단은 우리 생활뿐만 아니라 수학을 계산할 때도 아주 편리해요. 그런데 구구단을 외우는 일은 너무 귀찮게만 느껴져요. 구구단을 좀 더 쉽고 재미있게 외울 수 있는 방법은 없나요?

구구단에 숨어 있는 규칙을 찾아라!

2단의 끝 숫자를 잘 살펴보면 숫자들이 반복되고 있음을 발견할 수 있어요. 2단은 '2, 4, 6, 8, 0'이 반복돼요. 2단처럼 끝의 숫자가 반복되고 있는 단은 또 몇 단이 있을까요?

4, 6, 8단은 끝의 숫자가 반복되고 있어요. 그런데 2, 4, 6, 8단의 끝 숫자에는 한 번도 나타나지 않는 숫자가 있어요. 바로 1, 3, 5, 7, 9예요. 그 이유는 곱해지는 수가 짝수이므로 결과가 짝수만 나오기 때문이지요.

2×1=2	3×1=3	4×1=4	5×1=5	6×1=6	7×1=7	8×1=8	9×1=9
2×2=4	3×2=6	4×2=8	5×2=10	6×2=12	7×2=14	8×2=16	9×2=18
2×3=6	3×3=9	4×3=12	5×3=15	6×3=18	7×3=21	8×3=24	9×3=27
2×4=8	3×4=12	4×4=16	5×4=20	6×4=24	7×4=28	8×4=32	9×4=36
2×5=10	3×5=15	4×5=20	5×5=25	6×5=30	7×5=35	8×5=40	9×5=45
2×6=12	3×6=18	4×6=24	5×6=30	6×6=36	7×6=42	8×6=48	9×6=54
2×7=14	3×7=21	4×7=28	5×7=35	6×7=42	7×7=49	8×7=56	9×7=63
2×8=16	3×8=24	4×8=32	5×8=40	6×8=48	7×8=56	8×8=64	9×8=72
2×9=18	3×9=27	4×9=36	5×9=45	6×9=54	7×9=63	8×9=72	9×9=81

이번에는 3단의 끝 숫자를 살펴보면 '3, 6, 9, 2, 5, 8, 1, 4, 7'로, 1부터 9까지의 숫자가 골고루 한 번씩 나와요. 3단처럼 모든 숫자가 끝에 나오는 단은 또 몇 단이 있을까요? 7단과 9단이에요. 7단은 7, 4, 1, 8, 5, 2, 9, 6, 3이고, 9단은 9, 8, 7, 6, 5, 4, 3, 2, 1이에요. 이렇게 구구단에는 재미있는 규칙들이 숨어 있지요. 구구단의 재미있는 규칙들을 기억한다면 좀 더 쉽게 잘 외울 수 있을 것 같아요.

9단의 비밀

이러한 구구단 중 9단에는 더 특별한 비밀이 숨어 있어요. 고대 그리스 인들은 9를 영원히 죽지 않고 사는 신의 상징으로 생각했는데, 그 이유는 9가 항상 자기 자신으로 돌아오는 수이기 때문이에요. 구구단의 9단에서 9가 어떻게 자기 자신으로 돌아오는지 살펴볼까요? 9단의 곱셈구구 결과의 각각의 자릿수를 모두 더하면 모두 9가 돼요. 예를 들어 9×2=18에서 1과 8을 더하면 9가 되고, 9×3=27에서 2와 7을 더해도 9가 되지요.

9×1=9 → 0+9=9
9×2=18 → 1+8=9
9×3=27 → 2+7=9
9×4=36 → 3+6=9
9×5=45 → 4+5=9
9×6=54 → 5+4=9
9×7=63 → 6+3=9
9×8=72 → 7+2=9
9×9=81 → 8+1=9

이러한 9단에서는 특별한 규칙이 하나 더 있는데 9단의 곱셈구구 결과 앞자리는 0으로 시작해 오름차순*으로 이어지고, 뒷자리는 9로 시작해 내림차순*으로 끝나는 것을 알 수 있어요.

오름차순, 내림차순

작은 것부터 큰 것의 차례로 줄을 세우는 것을 오름차순이라 하고, 반대로 큰 것부터 줄 세우는 것을 내림차순이라고 해요.

```
9 × 1  = 09
9 × 2  = 18
9 × 3  = 27
9 × 4  = 36
9 × 5  = 45
9 × 6  = 54
9 × 7  = 63
9 × 8  = 72
9 × 9  = 81
9 × 10 = 90
```

9에 어떤 수를 곱해도 모두 자기 자신으로 돌아오나요?

9에 1~9까지의 수가 아닌 더 큰 수들을 곱해 보아요. 그리고 각각의 자릿수를 더하면 역시 9가 돼요.

9 × 349 = 3141 → 3 + 1 + 4 + 1 = 9

9 × 135 = 1215 → 1 + 2 + 1 + 5 = 9

그런데 9가 되지 않는 경우도 있다고요? 각각의 자릿수의 합이 10을 넘으면 다시 각각의 자릿수를 더해 보세요. 27의 각각의 자릿수를 더하면 역시 9가 되지요.

9 × 865 = 7785 → 7 + 7 + 8 + 5 = 27 → 2 + 7 = 9

011 수와 연산

초1 덧셈과 뺄셈, 초2 덧셈과 뺄셈, 곱셈, 초3 곱셈, 초4 곱셈과 나눗셈, 혼합계산

사칙연산 기호는 누가 만들었나요?

수학 하면 우선 덧셈, 뺄셈, 곱셈, 나눗셈 같은 사칙연산이 떠올라요. 그런데 옛날에는 우리가 지금 사용하는 '+, -, ×, ÷'의 기호들이 하나도 없었다고 해요. 대신 모든 계산을 일일이 글로 풀어서 썼다고 하죠. 정말 복잡하고 힘들었겠어요. 그렇다면 이러한 수학 기호는 누가 어떻게 만들게 되었나요?

+, - 기호의 유래

더하기 기호 '+'와 빼기 기호 '-'는 1487년에 독일의 수학자 비트만이 쓴 《산술책》에 처음으로 등장했어요. 계산의 왕이라고 불렸던 비트만은 정부나 상인들의 숫자 계산을 대신해 주기도 하였는데 글로 쓰인 수학 계산을 할 때마다 지치곤 했어요. 그래서 고민하던 끝에 기호를 사용하여 간단하게 쓰면 좋겠다고 생각했어요. 그런데 비트만이 처음 사용한 +와 - 기호는 오늘날의 기호와 모양은 같지만 그 의미는 조금 달랐어요. 더하기 빼기의 의미가 아니라 +는 '넘

치다', -는 '부족하다'는 뜻으로 쓰였어요.

그 뒤 이탈리아의 수학자 파치올리는 1494년 《산술집성》이라는 그의 저서에서 덧셈 뺄셈의 기호와 개념을 더욱 발전시켰어요. 이후에 이탈리아 수학자 레오나르도 피사노가 7 더하기 8을 '7 et* 8'로 쓴 것에서 et를 빠르게 줄여 쓰면서 + 모양으로 바뀌었다고 해요. 뺄셈 기호 −는 뺀다는 뜻의 minus를 간단히 쓴 m을 사용하다가 필기체처럼 빠르게 쓰다 보니 − 모양으로 바뀌었다고 해요.

et
'그리고' 또는 '~와'라는 뜻의 라틴어예요.

$$et \to et \to 大 \to 大 \to 大 \to 七 \to +$$

$$minus \to -m \to -$$

× 기호의 유래

곱하기 기호 (×)는 +, − 기호가 나오고 100여 년도 더 지난 후에야 만들어졌어요. 영국의 수학자 윌리엄 오트레드는 수학 기호 만들기를 무척 좋아하였는데 1631년 《수학의 열쇠》라는 책을 쓰면서 무려 150개가 넘는 수학 기호들을 만들어 발표했어요. 곱하기 기호 ×는 이 책에 처음 사용되었어요. 이때 × 기호는 십자가 모양을 비스듬히 뉘어서 만든 모양으로 처음 사용되다가 미지수*를 나타내는 문자 x와 헷갈려서 잘 사용되지 않았어요. 이후 19세기 후반에 이르러서야

미지수
방정식에서 구하려고 하는 수. 또는 그것을 나타내는 글자

지금의 모양처럼 바뀌어 널리 사용되었지요.

÷ 기호의 유래

×가 처음 사용된 지 30여 년 뒤인 1659년 스위스의 수학자 요한 하인리히 란이 처음으로 나누기 기호 (÷)를 만들어 사용했어요. ÷의 가로 선(-)은 분수 표시이고, 위·아래 찍은 점은 분수에서 가로 선 아래, 가로 선 위의 수를 점으로 표현하여 분수 모양을 추상화한 것이라고 해요. 예를 들어 2 나누기 3은 분수 $\frac{2}{3}$로 나타내는데 2와 3을 점으로 나타내면 ÷와 비슷한 모양이겠죠. 처음부터 ÷ 기호가 널리 사용되지는 않았으나 10여 년 뒤 존 벨이 수학책에 ÷를 사용한 것을 보고 사람들이 널리 사용하기 시작했어요. 그런데 ÷ 기호는 전 세계가 공통으로 사용하는 것이 아니라 영국, 미국, 일본, 한국 등에서만 사용해요. 프랑스와 같은 나라는 아직까지 분수를 이용하여 나눗셈을 나타내고 있어요.

왜 곱셈과 나눗셈부터 먼저 계산해야 하나요?

주어진 식을 문장으로 만들어 보면 쉽게 이유를 알 수 있어요.
예를 들어 2+3×4라는 식을 문장으로 만들면 "사과 2개와 사과 3개씩 4묶음을 더하면 얼마인가?"이지요. 물론 답은 14개예요.
만약 덧셈부터 계산하는 문장을 만든다면 사과 2개와 사과 3개를 더한 다음 4배하여야 하는데, 이것은 (2+3)×4에 해당하지요.

초1 덧셈과 뺄셈, 초2 덧셈과 뺄셈, 곱셈, 곱셈구구, 초3 곱셈, 초4 곱셈과 나눗셈

구구단을 못 외워도 곱셈을 할 수 있나요?

012

수와 연산

곱셈 계산은 지루하고 복잡해요. 그런데 옛날 사람들은 우리와 조금 다른 방법으로 곱셈 계산을 했다고 해요. 구구단을 몰라도 곱셈을 할 수 있다고 하는데 옛날 사람들은 도대체 어떻게 곱셈 계산을 했나요?

이집트 사람들의 곱셈법

인도-아라비아 숫자를 쓰기 이전에도 곱셈을 할 수 있었을까요?

고대 이집트는 거대한 피라미드를 지을 수 있을 정도로 일찍이 수학과 과학이 발달한 나라였어요. 농업을 기초로 상업이 발달하면서 세금을 걷고 관리하기 위해 다양한 계산이 필요했지요.

기본적으로 십진법을 사용하였지만 곱셈에는 이진법을 사용했어요. 곱셈을 할 때 2배하는 방법을 사용하여 같은 수를 반복해서 썼어요. 1부터 2배하는 것을 시작하면 1, 2, 4, 8, …처럼 2를 여러 번

곱한 것과 같은 수를 얻을 수 있지요. 어떤 수든지 2를 여러 번 곱한 형태(거듭제곱)의 합으로 나타내고, 그 결과를 합하여 답을 얻었어요.

		1	26
		2	52
	∨	**4**	**104**
84 × 26		8	208
	∨	**16**	**416**
		32	832
	∨	**64**	**1664**

84 = 64 + 16 + 4이므로
84 × 26 = 1664 + 416 + 104
= 2184

예를 들어 84 × 26의 곱셈을 해 보면 곱셈식에서 앞에 있는 수 84를 1과 2의 거듭제곱의 합으로 이뤄지도록 나타내고, 해당하는 숫자에 ∨표를 하여 구분해요. 즉, 84 = 64 + 16 + 4가 되지요. 다음으로 뒤에 있는 수 26을 계속 2배씩 하여 나온 값을 차례로 써요. 마지막으로 ∨표한 곳에 해당하는 26의 배수를 모두 더하면 곱셈의 결과가 돼요.

러시아 농부들의 곱셈법

러시아 농부들은 고대 이집트와 비슷한 방법으로 곱셈을 해요.
2배하거나 2로 나누는 방법으로 곱셈을 하지요. 곱해지는 수는 1이 될 때까지 계속하여 반으로 나누고, 대신에 곱하는 수는 계속하여 2배를 하는 방법이에요. 고대 이집트 사람들의 곱셈법과 조금 달라 보이지만 본질적으로 수를 2로 분해한다는 점은 똑같아요.

	⟨ 13 × 5 ⟩	
∨	13	5
	6	10
∨	3	20
∨	1	40

$$5 + 20 + 40 = 65$$

	⟨ 38 × 25 ⟩	
	38	25
∨	19	50
∨	9	100
	4	200
	2	400
∨	1	800

$$50 + 100 + 800 = 950$$

예를 들어 13 × 5의 곱셈을 해 보아요. 왼쪽의 곱해지는 수는 2로 나누어 반씩 줄어들어요. 그런데 곱해지는 수가 홀수일 경우는 1을 뺀 다음 2로 나누어요. 반대로 오른쪽의 곱하는 수는 2배씩 늘려요. 마지막으로 왼쪽 수에서 홀수만 찾아 ∨표시를 하고, 표시한 곳의 오른쪽 수를 더하면 곱셈의 결과가 돼요.

뜬금있는 질문

이진법은 우리 생활 속에서 어디에 사용되나요?

컴퓨터는 신호가 들어오는 경우와 들어오지 않는 단 두 가지 경우만 받아들이고 판단하기 때문에 이진법을 사용해요. 여러 가지 숫자를 읽을 수 없는 대신 0과 1, 이 두 숫자로 모든 것을 나타내고 이해할 수 있지요. 이 이진법은 1600년 무렵 독일의 수학자 라이프니츠가 만들었어요.

013 수와 연산

초2 곱셈, 곱셈구구, 초3 곱셈, 초6 비례식과 비례배분

곱셈을 하는 방법도 여러 가지가 있나요?

곱셈은 보통 세로셈으로 하잖아요? 그런데 곱셈 방법도 여러 가지가 있다고 하던데, 어떤 방법들이 있는지 궁금해요.

격자무늬를 이용한 곱셈법

인도 사람들은 십진법을 사용하였기 때문에 어렵고 복잡한 계산도 잘 해낼 수 있었어요. 이것은 아라비아를 통해 유럽으로 전해졌는데 《산술집성》*이라는 책은 인도에서 전해진 8가지 곱셈 방법을 소개하고 있어요. 그중 한 가지는 격자무늬로 곱셈표를 만들어 계산하는 '격자곱셈'이에요. 격자무늬 곱셈법으로 23×14의 곱셈을 계산해 볼까요?

《산술집성》
이탈리아의 수도사인 파치올리(1445~1515)가 인도에서 전해진 여러 가지 계산 방법을 모아서 소개한 책. 수학과 관련한 다양한 지식을 소개하고 있어요.

① 곱하는 수와 곱해지는 수만큼 가로, 세로 칸을 만들고 두 수를 써요.

② 각 칸에서 만나는 두 숫자를 곱해요.

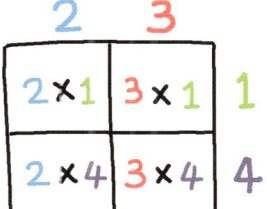

③ 격자무늬를 만들고 네모 칸 안에 가로 세로로 만나는 두 수의 곱을 십의 자리와 일의 자리로 구분하여 적어 격자 곱셈표를 만들어요.

④ 대각선의 수를 합하여 곱셈의 결과를 구할 수 있어요. 이때 대각선의 합이 10 이상이 되면 받아올리고, 왼쪽 위부터 차례로 읽어요. 곱셈 결과는 322예요.

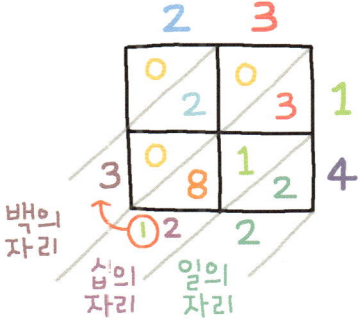

직사각형의 넓이를 이용한 곱셈법

항상 좌변과 우변의 식이 같은 등식을 항등식이라고 해요. 곱셈의 항등식에는 특별한 성질이 있는데 분배법칙*과 결합법칙*이 성립하지요. 분배법칙과 결합법칙을 생각하며 사각형 곱셈표를 만들어 17 × 13의 곱셈을 계산해 볼까요?

분배법칙

두 수의 합에 다른 한 수를 곱한 것이 그것을 각각 곱한 것의 합과 같다는 법칙

결합법칙

세 수를 더하거나 곱할 때 앞의 두 수 또는 뒤의 두 수를 먼저 더하거나 곱하고 그 결과에 나머지 한 수를 더하거나 곱해도 결과는 같다는 법칙

① 가로로 17만큼 세로로 13만큼 그린 후 10과 몇으로 갈라요.

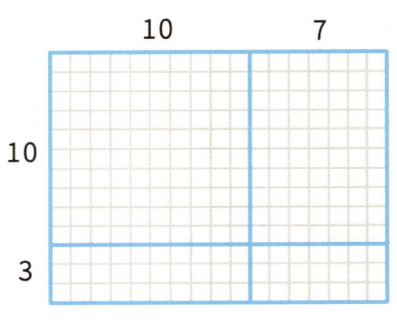

② 각 칸의 곱을 구한 후 그 곱을 모두 더해요.
100 + 70 + 30 + 21 = 221이에요.

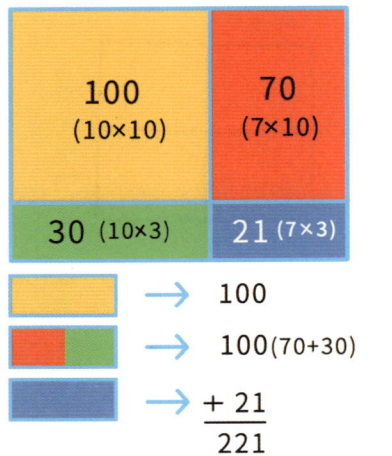

이것을 식으로 나타내면 다음과 같이 계산할 수 있어요.

$$17 \times 13 = (10 + 7) \times (10 + 3) = (10 + 7 + 3) \times 10 + 7 \times 3$$
$$= 20 \times 10 + 21 = 221$$

```
      1 7
    × 1 3
    ─────
      2 1   ← (7×3)을 적는다.
    2 0     ← (10+7+3)을 적는다.
    ─────
    2 2 1   ← 곱셈 결과
```

선긋기를 이용한 곱셈법

곱셈을 덧셈으로 바꾸어 계산하는 원리를 이용한 것으로 곱하는 수와 곱해지는 수만큼 직선을 긋고 해당 직선의 교차점의 개수에 따라 수를 더하면 결과가 나오는 방법이에요. 몇 개의 선을 긋는 것만으로도 복잡한 곱셈을 손쉽게 계산할 수 있어요.

선긋기로 21 × 14의 곱셈을 계산해 보세요.

곱하는 수를 십의 자릿수와 일의 자릿수로 분리하여 숫자만큼 직선을 그어요. 십의 자리는 2개, 일의 자리는 3개의 직선을 그으면 되겠죠.	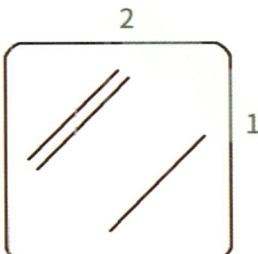
곱해지는 수도 같은 방법으로 십의 자릿수와 일의 자릿수로 분리하여 숫자만큼 직선을 그어요. 이때 앞서 그린 직선에 직각으로 교차하도록 그려요. 십의 자리는 1개, 일의 자리는 4개의 직선을 그으면 되겠죠.	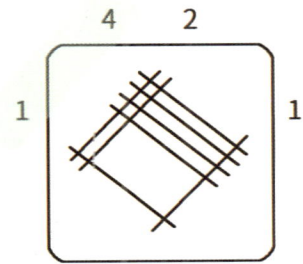
곱하는 수와 곱해지는 수의 직선들이 교차하는 점을 찾아 각각의 자릿수에 따라 개수를 세어요. 100의 자리에는 2개, 10의 자리에는 9개, 1의 자리에는 4개이므로 모두 더하면 200 + 90 + 4 = 294예요.	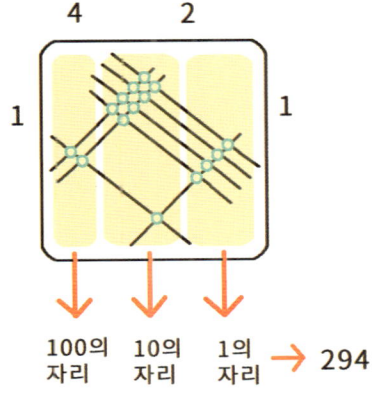

014 0으로 나누면 왜 안 되나요?

초3 나눗셈, 초4 곱셈과 나눗셈

0은 굉장히 재미있는 수예요. 어떤 수에 더해도 빼도 변함이 없어요. 그러나 곱하면 순식간에 모든 수를 0으로 만들어 버리지요. 그렇다면 0으로 나누면 어떻게 되나요? 그런데 0으로 나누면 안 된다고만 하잖아요. 덧셈, 뺄셈, 곱셈 모두 가능한데, 도대체 왜 0으로 나누면 안 되나요?

(어떤 수) ÷ 0

어떤 수를 0으로 나누면 어떻게 될까요?

$$12 \div 3 = 4 \Leftrightarrow 4 \times 3 = 12$$

먼저 12를 0이 아닌 수인 3으로 나누면 몫이 4가 되어요. 답이 맞는지 검산하려면 3과 4를 곱해서 12가 되는지 확인해 보면 되지요. 나눗셈의 결과(몫)에 나누어 준 수를 곱하면 원래의 수(나누어진 수)

를 구할 수 있어요. 이것은 나눗셈은 곱셈의 역연산*이기 때문이에요.

> **역연산**
> 역산이라고도 하며, 계산을 한 결과를, 계산을 하기 전의 수 또는 식으로 되돌아가게 하는 계산. 뺄셈은 덧셈의 역연산, 나눗셈은 곱셈의 역연산이에요.

$$12 \div 0 = \triangle \Leftrightarrow \triangle \times 0 = 12$$

이번에는 0으로 나누고 검산을 해 볼까요? $12 \div 0$은 얼마일까요? 만약 $12 \div 0 = \triangle$라면 $\triangle \times 0 = 12$도 성립하겠죠.

그런데 $\triangle \times 0 = 12$에서 $\triangle$에 맞는 수가 있을까요? $\triangle$가 어떤 수이더라도 0이라는 수를 곱하면 0이 되기 때문에 절대로 12가 나올 수 없어요. 즉 $12 \div 0 = \triangle$을 만족하는 $\triangle$는 없어요. 그래서 결론은 어떤 수든지 0으로 나누면 그 답은 숫자로 나타낼 수 없어요.

$0 \div 0$

그렇다면 0을 0으로 나누면 어떻게 될까요?

$$0 \div 0 = \square \Leftrightarrow \square \times 0 = 0$$

만약 $0 \div 0 = \square$가 된다면 $\square \times 0 = 0$이 되겠지요.

그런데 $\square \times 0 = 0$에서 $\square$가 어떤 수든 0을 곱하기 때문에 결과는 항상 0이 되지요. 즉, $\square$에는 어떤 수나 들어갈 수 있어요. 따라서 $0 \div 0 = \square$을 만족하는 $\square$는 '바로 이것이다'라고 정할 수 없어 그 값을 말할 수 없어요.

결국 어떤 수든지 0이 아닌 수를 0으로 나누면, 아무리 나누고 싶어도 몫을 구할 수 없으므로 나눗셈이 불가능해요. 0을 0으로 나눌 경우 0으로 나눈 값을 정할 수 없으므로 몫도 정할 수 없지요. 그래서 나눗셈이 안 되는 것이에요.

혹시 컴퓨터라면?

그래도 혹시 0으로 나눌 수 있는 다른 방법이 있지 않을까요? 컴퓨터는 가능하지 않을까요? 그러나 아무리 성능이 뛰어난 슈퍼컴퓨터라도 0으로 나누라고 하면 해내지 못해요. 컴퓨터는 프로그램 수행 중에 긴급 상황이 발생하면 중앙처리장치로 '인터럽트'라는 것을 보내 프로그램을 잠시 멈추고 우선 처리하는데 인터럽트가 발생하는 상황 중 가장

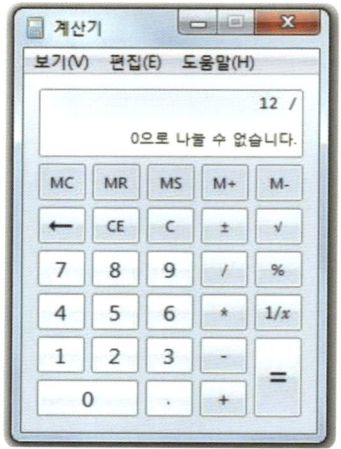

상위에 있는 것이 바로 '0으로 나누기'예요. 프로그램이 0으로 나눌 것을 요청하면 중앙처리장치에서는 '0으로 나누는 것은 오류', '0으로 나눌 수 없습니다'라는 결과를 내보내게 되어 있어요. 컴퓨터는 실제로 나눗셈을 할 때 나눗셈이 아니라 뺄셈을 반복해서 계산한다고 해요. 만약 0으로 나누려면 0을 빼는 일을 반복해야 하는데 0은 아무리 여러 번 빼도 값이 변하지 않으므로 0으로 나누는 것을 금지하게 된 것이에요.

0을 어떤 수로 나누는 것은 괜찮나요?

0÷(어떤수)=◇가 된다면 (어떤수)×◇=0이 돼요. 이때 ◇=0이 될 수밖에 없어요. 즉 아무것도 없는 상황인 0을 몇 명이 서로 나눠 가진다면 결국 한 사람이 갖는 양은 0일 수밖에 없겠죠. 즉 분모가 0이 아닌 자연수일 때, 분자가 0이면 그 수는 항상 0이에요.

초4 큰 수, 곱셈과 나눗셈

옛날에도 계산기가 있었나요?

015
수와 연산

요즘은 계산기와 컴퓨터가 발전하면서 복잡하고 어려운 계산도 순식간에 정확하게 할 수 있게 되었어요. 그런데 옛날에는 복잡하고 어려운 계산을 어떻게 했나요? 분명히 건물을 세우거나 세금을 걷는 등 복잡한 계산을 해야 하는 경우가 있었을 텐데 옛날에도 계산기가 있었나요?

셈판

고대 메소포타미아에서는 널빤지에 모래를 깔고 그 위에다 셈을 했다고 해요. 모래를 살짝 깐 널빤지나 쟁반이 셈판의 역할뿐만 아니라 종이의 역할도 했어요. 인도-아라비아 숫자 이전의 고대 숫자들은 주로 기록만을 위한 것이어서 계산을 할 때 이러한 셈판이 필요했어요. 지금까지 전해져 내려오는 셈판으로는 주판이 가장 대표적이에요. 주판은 산판이라고도 하며 여러 개의 막대에 작은 구슬을 끼운 것인데, 처음부터 지금의 주판과 같은 모양은 아니었어요.

수와 연산 | 57

아주 옛날에는 평평한 판 위에 모래를 뿌리고 각 자릿수를 나타내는 몇 개의 선을 그은 다음, 그 선 위에 작은 돌멩이를 늘어놓으면서 계산했어요. 시간이 흐르면서 사용하기 편하도록 모양이 바뀌고 5, 50, 500 등의 구슬도 추가되어 편리해졌어요.

옛날 중국에서도 산가지(산목)라는 대나무 막대도 사용했어요. 산가지로 수를 나타내는 데는 세로식과 가로식이 있어 일, 백, 만 등의 홀수 번째 자리의 수는 세로식으로 나타내고, 십, 천 등의 짝수 번째 자리의 수는 가로식으로 나타내어 수를 구분하였어요. 0이 있어야 할 곳은 비워서 표시하였는데 빈 공간이 분명하지 않아서 자주 헷갈렸다고 해요. 그래서 바둑판처럼 생긴 계산반 위에 늘어놓고 사용하였어요.

	0	1	2	3	4	5	6	7	8	9
일의 자리, 백의 자리	○	|	||	|||	||||	|||||	⊤	⊤	⊤	⊤
십의 자리, 천의 자리	○	—	=	≡	≣	≣	⊥	⊥	⊥	⊥

▲ 산가지 놓는 법

곱셈을 척척! 계산패

1600년대 영국의 수학자 네이피어는 곱셈을 쉽게 계산할 수 있는 막대를 발명했어요. 막대에는 1단부터 9단까지의 곱셈표가 그려져 있는데, 발명자의 이름을 따서 네이피어 막대라고 해요. 네이피어 막대는 셈판 이후 처음으로 제대로 된 계산 도구였는데, 막대를 가지고 다니면서 곱셈은 물론 나눗셈까지 척척 해낼 수 있었어요. 네이피

네이피어 막대
계산을 할 때는 각각의 숫자가 나타내는 자릿수에 조심해야 해요.

어 막대는 곱셈법의 획기적인 발명품이며, 오늘날 전자계산기의 밑바탕이 되었다고 해요.

이 네이피어 막대가 중국으로 전해졌는데, 중국의 수학자들이 새롭게 고쳐서 만든 것이 조선시대 때 우리나라에 전해져서 주산(珠算) 또는 계산패라고 불렸어요. 계산패는 네이피어 막대에 비해 계산 결과를 읽기가 쉬웠어요.

예를 들어 357과 7을 곱할 때는 3단, 5단, 7단의 막대를 세로로 나란히 놓고 오른쪽에서 7번째 줄에 있는 원 안의 수를 더해서 읽으면 돼요.

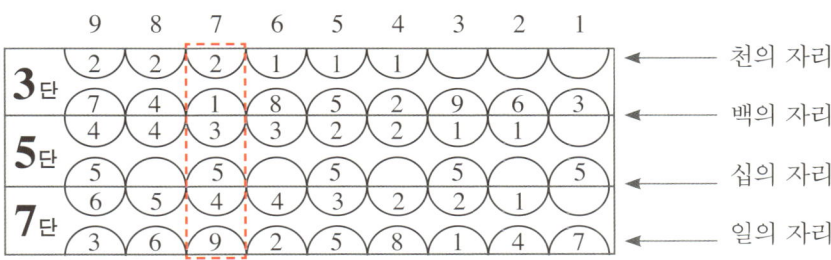

357 × 7에서 천의 자리는 2이고, 백의 자리는 1 + 3 = 4, 십의 자리는 5 + 4 = 9, 일의 자리는 9이므로 357 × 7 = 2499가 돼요. 이 계산패를 이용하면 아무리 복잡한 곱셈이라도 구구단 없이 풀 수 있어요. 곱셈식에 따라 알맞은 계산패를 골라 세로로 늘어놓고 읽기만 하면 되기 때문이지요.

▲ 네이피어 막대

초1 9까지의 수, 초2 규칙 찾기

016 수와 연산

숫자 7에 어떤 비밀이 숨어 있나요?

서양에서 숫자 7은 '럭키세븐'이라고 하여 행운의 숫자로 생각하잖아요? '럭키세븐'이라는 말은 야구에서 7회쯤 되면 팽팽했던 시합이 균형이 깨지기 시작하면서 안타나 홈런이 나오기 시작한다고 해서 탄생한 말이라고 해요. 숫자 7에는 또 어떤 비밀이 있나요?

신비한 숫자 7

수학에서는 숫자 7을 신비한 수로 여기는데 숫자 7에는 비밀이 숨어 있어요. 첫 번째로 1부터 7까지 곱한 값은 7부터 10까지 곱한 값과 같아요. 7을 빼고 1부터 6까지 곱한 값과 8부터 10까지 곱한 값도 같아지겠죠.

$$1 \times 2 \times 3 \times 4 \times 5 \times 6 \times 7 = 7 \times 8 \times 9 \times 10 = 5040$$

계산기를 이용하여 1부터 10까지의 수를 7로 나누어 볼까요? 나누어떨어져 몫이 1이 되는 7을 제외하고 나머지 수들은 처음 시작하는 수는 각각 다르지만 몫에 1, 4, 2, 8, 5, 7의 수들이 순서대로 끝없이 반복돼요. 10보다 큰 수들의 경우 7로 나누어도 나누어떨어지는 7의 배수를 제외한 나머지 수들은 마찬가지로 1, 4, 2, 8, 5, 7의 수들이 순서대로 끝없이 반복되겠죠.

$$\frac{1}{7} = 0.142857\cdots \qquad \frac{2}{7} = 0.285714\cdots$$

$$\frac{3}{7} = 0.428571\cdots \qquad \frac{4}{7} = 0.571428\cdots$$

$$\frac{5}{7} = 0.714285\cdots \qquad \frac{6}{7} = 0.857142\cdots$$

$$\frac{7}{7} = 1.000000\cdots \qquad \frac{8}{7} = 1.142857\cdots$$

$$\frac{9}{7} = 1.285714\cdots \qquad \frac{10}{7} = 1.428571\cdots$$

이번에는 7로 나눌 때 나오는 무한히 반복되는 수 142857*에 1부터 6까지의 수를 곱해 볼까요? 계산 결과는 신기하게도 어떤 수를 곱하도 142857 안의 숫자로만 이루어져요.

신비의 수 142857
수학자들에게는 오래전부터 알려졌지만 프랑스 소설가 베르나르 베르베르의 소설 《신》에 소개되면서 많은 사람들에게 알려졌어요.

142857 × 1 = 142857	142857 × 4 = 571428
142857 × 2 = 285714	142857 × 5 = 714285
142857 × 3 = 428571	142857 × 6 = 857142

숫자 7도 한 번 곱해 볼까요? 142857에 7을 곱하면 999999라는 숫자가 나와요. 한 가지 더 신기한 점은 142857을 세 자리씩 나눠 더하면 142+857=999라는 답이 나오고, 두 자리씩 나눠 더하면 14+28+57=99라는 답이 나오는 신기한 규칙도 발견할 수 있어요.

142857 × 7 = 999999	142 + 857 = 999 14+28 + 57 = 99

작도
눈금 없는 자와 컴퍼스만을 이용해 여러 가지 도형을 그리는 고전 기하학의 여러 가지 문제. 이때 자는 직선을 긋는 데만 쓰고, 컴퍼스는 원을 그리거나 선분의 길이를 옮기는 데에 써요.

마지막으로 눈금 없는 자와 컴퍼스만 있으면 정삼각형, 정사각형, 정오각형, 정육각형은 작도*할 수 있지만 정칠각형은 만들 수 없어요. 숫자 7에는 우리가 모두 알 수 없는 신비함이 깃들어 있는 것 같지 않아요?

왜 눈금 없는 자와 컴퍼스로 정칠각형은 그릴 수 없나요?

정칠각형은 7개의 변으로 둘러싸인 정다각형으로 꼭짓점과 각도 각각 7개씩 있어요. 먼저 원의 중심각은 360이고, 정칠각형의 중심각의 합도 360도예요. 따라서 정칠각형을 작도하려면 중심각 360도를 7개의 각으로 나누어야 해요. 그런데 360도는 7로 나누어떨어지지 않아요. 즉, 눈금 없는 자와 컴퍼스로는 작도가 불가능하다는 뜻이에요.

초1 9까지의 수, 초2 시각과 시간

일주일은 왜 7일이 되었나요?

017 수와 연산

고대 이집트 사람들에게 일주일은 10일이었다고 해요. 중국에서도 한 달을 초순, 중순, 하순으로 나누어 일주일을 10일로 여겼다고 하잖아요? 또 아프리카 어떤 부족은 일주일이 4일이었다고 해요. 이렇게 다양한데 언제부터 일주일은 7일이 되었나요?

일주일의 탄생

아주 오래전 사람들에겐 일주일이라는 개념이 없었을 거예요. 점차 문명이 발달하면서 며칠마다 모여 장을 열 것인지 등 하루보다는 길고 한 달보다는 짧은 기간을 정할 필요가 있었을 거예요. 아마 사람들은 장날의 기간을 일주일 삼아 생활했겠지요. 고대 이집트나 그리스 인들은 한 달을 세 줄로 나누어 일주일이 10일이었고, 로마 인들은 9일마다 장을 열었기에 일주일이 9일. 아프리카의 어떤 부족은 일주일이 4일이었다고 해요.

일주일이 7일이 된 이유들

일주일이 7일이 된 이유에 대해서는 여러 가지 이야기가 있어요. 첫 번째로 달의 모양이 상현달, 보름달, 하현달, 그믐달의 차례로 약 7일 간격으로 변하기 때문에 7일이 되었다는 설이 있어요. 두 번째로 고대 바빌로니아 사람들이 숫자 7을 매우 신성하게 생각했기 때문에 일주일을 7일로 선택했다는 설도 있어요.

세 번째로 하늘에 7개의 천체가 존재하기 때문이라는 설도 있는데 현재 사용하는 요일의 이름이 천체의 이름과 연관이 있다는 점에서 가장 근거 있는 이유로 여겨지고 있어요.

바빌로니아 사람들의 생각

기록에 따르면 일주일을 7일로 생각한 것은 바빌로니아 사람들이 처음이라고 해요. 망원경이 나오기 전까지 사람들은 별을 제외하고 하늘에는 7개의 천체가 있다고 생각했어요. 7개의 천체란 해, 달, 수성, 금성, 화성, 목성, 토성이에요. 7개의 천체가 우주의 시간과 공간을 주관하고 날짜를 지배한다고 믿으며 각 요일에 각각의 행성의 차례로 이름을 나열한 것이지요. 영어로 된 요일명은 신화에 나오는 신의 이름에서 따온 것이에요.

태양	달	화성	수성	목성	금성	토성
일	월	화	수	목	금	토
Sunday	Monday	Tuesday	Wednesday	Thursday	Friday	Saturday
Sun	Moon	Mars	Mercury	Jupiter	Venus	Saturn

초4 큰 수, 중1 정수와 유리수

세상에서 가장 큰 수가 무엇인가요?

밤하늘에 뜬 별은 몇 개쯤 될까요? 바닷가에 모래알은 몇 개쯤 있을까요? 분명히 정해진 수가 있을 것 같지만 평생을 세어도 다 세지 못할 것 같아요. 그렇다면 세상에서 가장 큰 수는 무엇인가요?

큰 수를 찾기 위한 노력

큰 수를 나타내는 것은 옛날이나 지금이나 어려운 일이에요. 그러나 수많은 수학자들은 세상에서 가장 큰 수를 찾고 나타내기 위해 끊임없이 노력했어요. 아르키메데스는 하늘과 땅을 모래알로 모두 채우려면 얼마나 많은 모래알이 필요한지 궁금했어요. 그래서 생각 끝에 10을 51번 곱한* 10^{51}이라는 큰 수를 생각해 냈어요.

거듭제곱
같은 수나 식을 여러 번 곱하는 것. 곱하는 횟수에 따라 제곱, 세제곱, …이라고 해요.

동양에서도 그런 노력이 계속되었는데 특별히

큰 수를 찾아 이름을 붙여 나갔어요. 옛날 중국에서는 10을 48번 곱한 '극'이라는 수가 가장 크다고 여겼는데, 인도에서는 '극'보다 더 큰 수를 찾았어요. 갠지스 강 가의 모래알 수보다도 많다는 '항하사'는 10을 무려 52번이나 곱한 수예요.

도저히 셀 수 없을 만큼 많은 수라는 '무량수'는 인도와 중국을 비롯한 동양의 여러 나라에서 가장 큰 수로 생각했었죠. 하지만 무량수도 세상에서 제일 큰 수는 아니었어요. 사실 수는 끝이 없어요. 현대 수학에서는 수는 끝이 없다는 뜻으로 무한대라고 부르고, 기호로 ∞로 표시해요.

큰 수의 이름

억 10^8	자 10^{24}	정 10^{40}	아승기 10^{56}
조 10^{12}	양 10^{28}	재 10^{44}	나유타 10^{60}
경 10^{16}	구 10^{32}	극 10^{48}	불가사의 10^{64}
해 10^{20}	간 10^{36}	항하사 10^{52}	무량수 10^{68}

열 개의 숫자 0, 1, 2, …, 9를 사용해서 거대한 수들도 간편하게 나타낼 수 있어요. 그런데 수를 읽으려면 수에 이름이 있어야 해요. 동양에서는 오래전부터 매우 다양한 수의 이름을 가지고 있었어요. 커지는 순서로 나열하면, 일, 십, 백, 천, 만, 억, 조, 경, 해, 자, 양, 구, 간, 정, 재, … 등이에요. 재까지는 당시의 수학책에 실려 있는데, 재 다음에 나오는 수사*인 극, 항하사, 아승기, 나유타, 불가사의, 무량수는 불교와 인도의 영향을 받았음을 알 수 있어요. 인도에서 중국으로 불교가 전파되면서 이러한 수사가 불경을 통해 도입되었기 때문이에요. 항하사는 갠지스 강의 모래,

수사
수를 부르는 이름

아승기는 불경 '화엄경'에서 나온 말인데 '헤아릴 수 없이 많은 시간'을 뜻해요.

구골과 구골플렉스

'무량수'보다도 훨씬 더 큰 구골(googol)은 10을 100제곱한 수인데, 1뒤에 0을 무려 100개나 붙여야 해요. 이것은 우주의 원자들을 모두 합한 것보다도 큰 수예요. 여기에 그치지 않고, 10을 다시 구골로 제곱한 수를 구골플렉스(googolplex)라고 해요. 검색사이트인 구글(google)은 처음에 구골(googol)로 등록하려다가 실수로 잘못 표기하는 바람에 구글(google)로 등록하여 지금까지 쓰고 있다고 해요. 이름에서 알 수 있듯이 구골만큼 많은 인터넷 사이트를 연결하여 세계 최대의 검색사이트가 되겠다는 의지를 나타낸 표현이라고 하지요.

수는 끝이 없나요?

1, 2, 3, …, 항하사, 무량수, …, 구골, 구골플렉스, … 이처럼 수는 끝없이 무한하게 계속되어요. 만약 끝이 없다면 그걸 어떻게 증명할 수 있을까요? 이탈리아의 수학자 페아노는 다음과 같이 선언했어요.

> 자연수가 무한하게 이어지는 것은 공리이다.

지금까지 경험한 것으로 미루어 수는 언제나 계속되기 때문에 앞으로도 끝없이 이어질 것이므로 증명할 수 없는 약속, 즉 공리라는 뜻이에요.

초2 규칙 찾기, 중1 정수와 유리수

019 숫자로 마술을 할 수 있나요?

수와 연산

재미있고 신기한 마술을 숫자로도 간단히 할 수 있다고 하던데요. 그리고 숫자로 마음까지 읽을 수 있다고 해요. 숫자로 어떤 마술이 가능한가요?

숫자마술 1

1~9까지의 숫자 가운데 마음에 드는 숫자를 골라 보세요. 그 다음 그 숫자에 9를 곱해 보세요. 이제 마지막으로 곱하여 나온 수에 12345679를 곱해 보세요. 12345679가 너무 큰 수라 곱하는 데 시간이 좀 걸린다면 계산기를 사용해도 좋아요. 답을 구하면 놀라운 일이 벌어질 거예요. 처음 골랐던 마음의 숫자가 계속 반복되는 답이 나올 거예요.

이 마술의 비밀은 9단에 있답니다. 12345679에 9를 곱하면

111111111이 나와요. 마음의 숫자에 111111111를 곱하면 당연히 마음의 숫자가 반복되는 결과가 나오게 되겠죠. 단 숫자 마술에서 꼭 기억해야 할 것은 처음에 반드시 1부터 9까지의 숫자 가운데 하나를 마음의 숫자로 고르도록 해야 해요.

$$12345679 \times 9 = 111111111$$

(마음의 숫자) × 12345679 × 9 ⇒ 마음의 숫자 …

숫자마술 2

이번엔 숫자카드 마술이에요. 여기 5장의 숫자카드가 있는데 각각에는 1부터 31까지의 숫자가 적혀 있어요. 상대방에게 1부터 31까지 숫자 중에서 아무 숫자나 하나만 속으로 생각하라고 해요. 그리고 다섯 장의 숫자카드를 한 장씩 보여 주면서 생각한 숫자가 그 숫자카드에 있는지를 물어보아요. 이때 상대방이 생각한 숫자가 있는 숫자카드만 따로 모아요. 그 숫자판의 맨 위 왼쪽 첫 번째 있는 숫자의 합이 바로 상대방이 생각한 숫자예요.

이진법(二進法, binary)
0과 1의 두 개의 숫자만을 이용하는 수 체계. 라이프니츠가 발명하였는데 십진법의 1은 이진법에서는 $1_{(2)}$, 십진법의 2는 이진법에서는 $10_{(2)}$, 십진법의 3은 이진법에서는 $11_{(2)}$이 돼요.

〈5장의 숫자카드〉

이것은 이진법*의 원리를 이용한 숫자마술인데 1부터 31까지의 숫자가 5장의 숫자카드 안에 어지럽게 적혀 있는 것 같지만 나름대로의 규칙이 있어요. 숫자카드의 규칙은 1에서 31까지의 수를 이진법으로 표현하여 각각의 자릿값을 포함하는 수끼리 분류하여 놓은 것이에요. 맨 위 왼쪽 첫 번째 있는 숫자는 그 자릿값을 나타내어요. 따라서 숫자카드 안에 마음속의 숫자가 있다는 것은 이진법으로 나타낼 때 그 숫자카드의 자릿값을 가지고 있다는 뜻이에요. 이진법으로 표현할 때 해당 자릿값을 나타내는 카드에 수가 있으면 1, 없으면 0으로 나타내기 때문에 자릿값을 가지고 있는 숫자카드의 자릿값을 모두 더하면 마음속에 생각한 숫자가 나오게 돼요.

예를 들어 상대방의 마음속의 숫자가 20이라면 상대방은 다음의 두 장의 숫자카드를 고르게 돼요. 20은 이진법으로 표현하였을 때 $10100_{(2)}$로 4의 자리와 16의 자리에 자릿값을 가지고 있으므로 4 + 16 = 20이 되어요.

4	5	6	7
12	13	14	15
20	21	22	23
28	29	30	31

16	17	18	19
20	21	22	23
24	25	26	27
28	29	30	31

4 + 16 = 20

조금 더 마술사답게 숫자마술을 선보이고 싶다면 자신이 분류한 카드의 순서만 기억하고 있으면 카드의 수를 보지 않더라도 해당 카드에 수가 있는지 없는지에 따라 자릿값을 더하기만 하면 되니까 상대방이 마음속으로 생각한 숫자를 알아맞힐 수 있어요.

초4 규칙과 대응, 초5 다각형의 넓이, 중3 피타고라스 정리

페르마의 마지막 정리가 뭔가요?

020

수와 연산

'피타고라스 정리'*는 들어 봤어요. 그런데 수학자 페르마는 피타고라스 정리를 보면서 의문이 생겼다고 해요. 그가 어떤 의문을 가졌나요? 그리고 '페르마의 마지막 정리'란 무엇인가요?

수학자 페르마의 궁금증

피에르 페르마는 17세기 최고의 수학자로 손꼽히고 있어요. 특히 그는 증명* 방법을 풀이하지 않고 후대의 수학자에게 많은 수학적 과제를 남겨서 이후의 수학 발전에 큰 영향을 끼쳤어요.

증명

특정 명제가 참임을 보이는 것. 이미 증명된 다른 주장을 바탕으로 논리적으로 옳고 그름을 따져 보는 것이에요.

페르마는 고대 그리스 디오판토스의 《산술론》이라는 수학책을 열심히 읽던 중 피타고라스의 수를 설명하는 부분에서 궁금증이 생겼어요. '그렇다면 세제곱일 경우는 어떨까? 또 네제곱일 경우는 어

수와 연산 | 71

피타고라스 정리

직각삼각형의 세 변의 길이 a, b, c 사이에는 $c^2 = a^2 + b^2$이라는 관계가 성립해요. 즉, 가장 긴 빗변의 길이의 제곱은 나머지 짧은 두 변의 길이의 제곱의 합과 같아요.

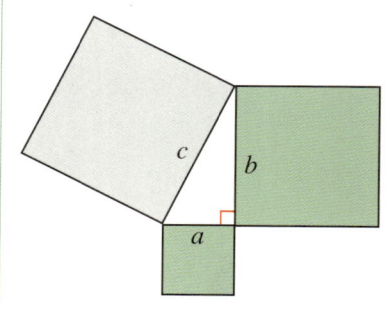

떨까?' 페르마는 이러한 궁금증에서 시작하여 피타고라스 정리가 세제곱 이상부터는 적용되지 않는다고 생각하고, 고심 끝에 멋진 증명 방법을 찾아내었어요.

페르마의 마지막 정리

페르마는 드디어 $c^3 = a^3 + b^3$이 성립하지 않는다는 것을 증명했고, 같은 방법으로 $c^4 = a^4 + b^4$도 성립하지 않는다는 것을 증명하였어요. 그리고 다음과 같은 결론을 얻었어요.

〈페르마의 마지막 정리〉

a, b, c가 0보다 큰 자연수이고, n이 2보다 큰 수일 때, $c^n = a^n + b^n$은 성립하지 않는다.

이것이 유명한 페르마의 마지막 정리인데 아쉽게도 책의 여백이 너무 좁아서 이것을 증명하는 과정을 남기지 않은 채 생을 마감하였어요.

페르마 이후

수백 년 동안 전 세계의 수많은 수학자들은 페르마의 마지막 정리를 증명하는 멋진 증명 방법을 찾기 위해 부단히 노력했어요. 그러나 페르마의 마지막 정리를 증명해 내는 일은 쉽지 않았어요. 젊

었을 때부터 이 문제와 씨름하다가 해결도 못하고 늙어 버린 수학자들도 많았어요.

그러던 중 영국의 수학자 앤드루 와일스는 1993년 6월 영국 뉴턴연구소 강연에서 이 정리의 증명 방법을 제시하였어요.

그 후 1994년 10월 수학자 리처드 테일러와 공동 연구를 통해 더욱 보완하여 그 내용을 1995년 《수학연보》에 발표하였어요. 이제 페르마의 마지막 정리는 공식적으로 증명된 거예요. 페르마가 처음으로 의문을 제기한 이후 무려 350년이 지나 드디어 해결된 거예요. 그런데 수많은 수학자들이 '페르마의 마지막 정리'를 증명하려는 노력 덕분에 수학은 크게 발전하였어요.

▲ 페르마 묘지의 동판에는 다음과 같이 새겨져 있어요. $a^n + b^n \neq c^n, n > 2$일 때

페르마는 왜 증명 과정을 적어 놓지 않았나요?

수학의 매력은 생각의 생각을 거듭하는 과정을 통해 수학적인 힘을 기르는 것이에요. 페르마는 자신이 증명을 해내면서 느꼈던 기쁨을 후배 수학자들도 같은 과정을 통해 느낄 수 있을 거라 믿었기 때문에 일부러 증명 과정을 적어 놓지 않았을 것이라는 추측이 있어요. 어쨌든 수많은 수학자들이 페르마의 마지막 정리를 증명해 내려고 애쓰면서 수학이 크게 발전하였어요.

초4 큰 수, 중1 정수와 유리수

021 수와 연산

무한히 방이 많은 호텔이 있다고요?

어떤 호텔에 다음과 같은 문구가 적혀 있다고 해요.
"우리 호텔은 자연수만큼의 방이 있습니다. 아무리 많은 분이 오셔도 항상 방은 준비되어 있습니다. - 힐베르트 호텔 주인 白"
정말 무한히 많은 손님이 와도 묵을 수 있는 방이 있을 수 있나요?

힐베르트 호텔

힐베르트 호텔은 언제 방문해도 묵을 수 있는 방이 항상 있기 때문에 지구뿐만 아니라 우주까지도 소문이 난 호텔이에요. 하늘에 떠 있는 모든 별들에게 방 한 개씩을 준다 해도 방의 수는 부족하지 않아요. 도대체 힐베르트 호텔은 어떤 호텔이고, 방의 수는 도대체 몇 개일까요?

온 우주에 소문이 자자한 이 호텔의 비결은 자연수의 개수에 있어요. 종업원이 어떻게 손님에게 방을 배정하는지 볼까요?

손님 : 모든 객실이 다 찼는데 제가 묵을 수 있을까요?

종업원 : 잠시만 기다리시면 됩니다.

(안내방송) 안내 말씀 드리겠습니다. 객실에 계시는 모든 손님들께서는 자기 객실 번호보다 하나 큰 번호의 객실로 이동해 주시면 감사하겠습니다.

종업원 : 자, 지금 오신 손님은 1호실로 가시면 됩니다.

이번에는 자연수만큼 많은 손님들이 한꺼번에 몰려왔네요. 이 손님들도 호텔에서 묵을 수 있을까요?

손님들 : 우리는 자연수만큼 무한히 많은데 모두가 묵을 방이 있을까요?

종업원 : 잠시만 기다리시면 됩니다.

(안내 방송) 안내 말씀 드리겠습니다. 객실에 계시는 손님들께서는 자기 객실 번호의 두 배가 되는 객실로 이동해 주시면 감사하겠습니다.

종업원 : 자, 지금 오신 손님들께서는 홀수 번호의 객실로 가시면 됩니다. 이전에 계셨던 모든 손님들은 짝수 번호의 객실로 이동하셨습니다.

그렇군요. 객실에 있던 손님들이 자기 객실 번호의 2배가 되는 번호의 객실로 이동을 하면 1호실은 2호실로, 2호실은 4호실로, 3호실은 6호실, … 과 같이 모두 짝수 번호의 객실로 이동을 하게 되는군요. 그러면 홀수 번호의 객실은 모두 비게 되니까 새로운 손님 중 첫 번째 손님은 1호실, 두 번째 손님은 3호실, 세 번째 손님은 5호실, … 등으로 이동하면 자연수만큼 많은 손님이 와도 방이 부족할 수가 없겠네요.

- 평면도형
- 입체도형의 구성 요소

도형

초2 여러 가지 도형, 초3 평면도형, 초4 각도와 삼각형, 중1 도형의 기초, 작도와 합동, 평면도형

022 도형

점과 선도 도형인가요?

교실이나 집에서 사각형을 흔히 볼 수 있어요. 창문, 문, 지우개, 공책, 교과서, 책 등은 모두 사각형이지요. 사각형은 네 개의 꼭짓점과 네 개의 변으로 이루어졌으므로 평면도형이지요. 그런데 사각형을 이루는 꼭짓점은 점이고 변은 선인데, 점과 선도 도형인가요?

위치를 나타내는 점

'점' 하면 대부분 몸에 있는 까만 점이 가장 먼저 생각이 날 거예요. 몸에 있는 점의 크기와 모양은 사람마다 다르지만 대부분 이렇게 작고 둥근 모양을 점이라고 해요.

수학에서도 같은 뜻일까요? 수학에서 점은 모양도 크기도 없이

'위치'를 나타내는 도형이어서 실제로는 나타낼 수가 없는 상상 속의 개념이에요. 눈을 감고 내가 원하는 위치에 모양도 크기도 없는 점을 찍어 보세요. 점이 어느 곳에 있는지는 나만 알 거예요. 그래서 그 위치를 누구나 알 수 있도록 까만 동그라미를 작게 그려 표시하지요. 또 점을 그린 후 서로 구별하기 위해 한글의 자음이나 영어 알파벳의 대문자로 이름을 붙여요.

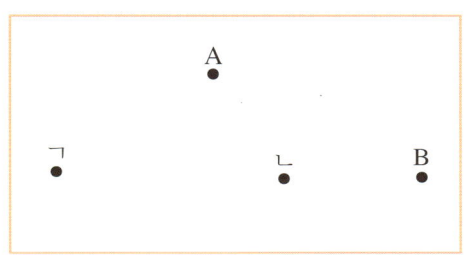

점 ㄱ과 점 ㄴ은 서로 떨어져 있다.
점 A와 점 B는 서로 다른 위치에 있다.

점이 움직여 생긴 선

한 점을 끊어지지 않게 계속 움직이면 어떻게 될까요? 한 점이 지나간 자리가 바로 선이에요. 즉, 선은 한 점이 끊어지지 않고 계속 움직인 자취이지요.

점은 모양과 크기가 없이 위치를 나타내는 도형이에요. 그래서 점이 끊어지지 않고 계속 움직여 만든 선은 길이는 있으나 굵기와 폭은 있을 수 없어요. 한 점이 부드럽게 구부러진 모양으로 움직이면 곡선이 되고, 곧게 뻗으면 직선이 되어요.

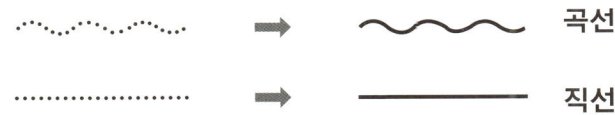

곧게 뻗은 직선은 선분, 직선, 반직선으로 나눌 수 있어요. 선분은 시작과 끝을 알 수 있어 그 길이를 정확히 알 수 있어요. 직선은 멈추지 않고 끝없이 계속되는 선이라 시작과 끝을 알 수 없어요. 반직선은 한 점에서 시작되지만 어떤 방향으로 계속 뻗어 나가 끝을 알 수 없는 선이랍니다.

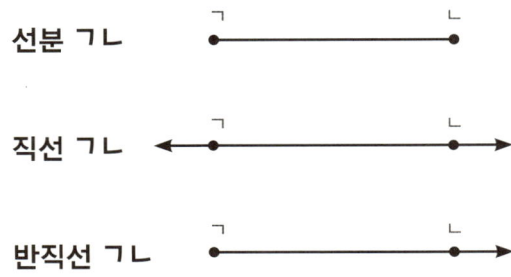

면은 무엇이 움직이면 만들어지나요?

선을 끊어지지 않게 계속 움직이면 면이 돼요. 그래서 면은 길이와 넓이를 가져요. 선이 얼마만큼 움직였는지에 따라 넓이가 달라지지요. 직선이 움직이면 평평한 평면이 만들어져요.

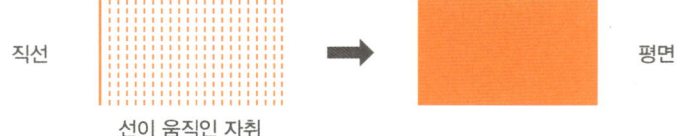

초2 여러 가지 도형, 초3 평면도형, 초4 각도와 삼각형 다각형, 중1 각도와 합동, 평면도형

삼각형으로 팔각형을 만들 수 있나요?

023
도형

삼각형은 세 개의 선분으로 둘러싸인 평면도형이에요. 그런데 삼각형만으로 원하는 다각형*을 다 만들 수 있나요?

가장 적은 개수의 점으로 만들 수 있는 평면도형, 삼각형

한 개의 점으로는 다른 도형을 만들 수 없어요. 점 그 자체인 것이지요. 그런데 두 개의 점으로는 선분이나 직선, 반직선을 만들 수 있어요. 그럼 세 개의 점으로는 무엇을 만들 수 있을까요? 세 개의 점으로는 평면도형인 삼각형을 만들 수 있어요. 다시 말하면 삼각형은 가장 적은 개수의 점으로 만들 수 있는 평면도형인 셈이지요.

다각형
3개 이상의 선분으로 둘러싸인 평면도형을 말해요. 변의 개수에 따라 삼각형, 사각형, 오각형 등으로 불러요.

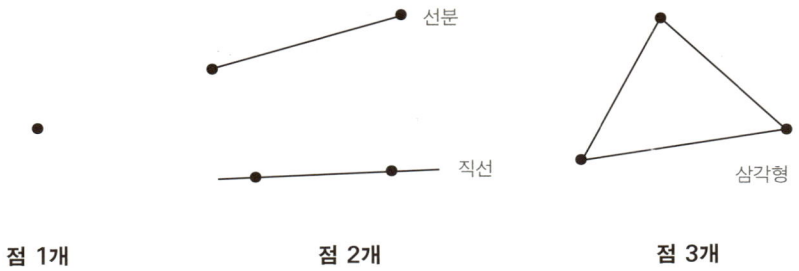

점 1개　　　　　점 2개　　　　　점 3개

삼각형으로 팔각형 만들기

삼각형만 있다면 원하는 다양한 다각형을 다 만들 수 있어요. 먼저, 삼각형 2개를 이어 붙여 사각형을 만들어 봐요.

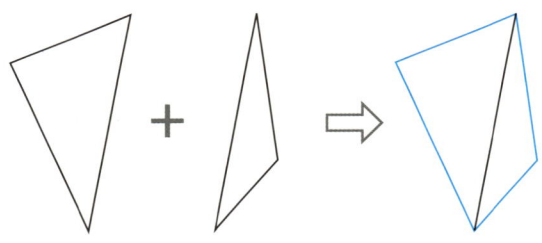

▲ 삼각형 2개로 사각형을 만들 수 있네!

삼각형 3개를 이어 붙이면 오각형을 만들 수 있어요.

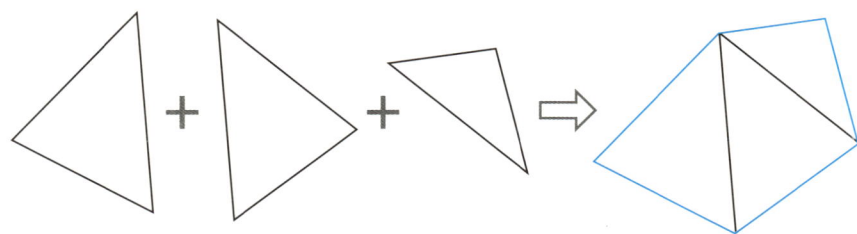

▲ 오각형은 삼각형 3개로 만들 수 있네!

삼각형 6개를 이어 붙이면 팔각형을 만들 수 있어요. 삼각형만 있다면 원하는 아주 다양한 다각형들을 무엇이든 만들 수 있기 때문에 삼각형을 기본도형이라고 부르기도 하지요.

육각형　　　　　칠각형　　　　　팔각형

삼각대의 다리는 왜 3개인가요?

사진을 찍을 때 사진기를 올려놓는 삼각대의 다리가 만약 2개라면 바로 넘어질 거예요. 다리가 4개, 아니 5개라면 더 잘 넘어지지 않을 것 같지만 카메라 삼각대의 다리는 3개예요. 그것은 3개일 때가 가장 안정적이기 때문이지요.

점이 3개 있으면 1개의 평면이 만들어져요. 삼각대 다리의 끝부분을 점으로 생각하면 3개의 다리는 항상 하나의 평면을 만들게 돼요. 그래서 다리가 3개 있으면 바닥이 편평하지 않고 경사가 있거나 울퉁불퉁해도 항상 땅에 닿기 때문에 흔들리지 않게 안정적으로 삼각대를 놓을 수 있어요. 그래서 장소를 옮겨 다니며 사용하는 카메라 삼각대, 악보를 놓는 보면대, 그림을 그릴 때 사용하는 이젤의 다리도 3개랍니다.

▲삼각대

초2 여러 가지 도형, 초3 평면도형, 초4 각도와 삼각형, 중1 도형의 기초, 작도와 합동, 평면도형

024 도형

세 개의 선분만 있으면 삼각형을 만들 수 있나요?

2cm, 3cm, 7cm인 3개의 선분으로 삼각형을 만들 수 있나요? 아무리 세 변을 이어서 삼각형을 만들려고 해도 만들어지지 않아요. 삼각형을 만들기 위한 조건이 있나요?

세 변의 길이

어떤 특정한 모양의 삼각형을 만들기 위해선 변과 각에 대해 일정한 조건이 주어져야 해요. 이처럼 삼각형의 크기와 모양을 하나로 결정할 수 있는 조건을 삼각형의 결정 조건이라고 해요. 다음 세 가지 삼각형의 결정 조건 중에서 하나만 주어지면 하나의 삼각형을 완성할 수 있어요.

우선 세 변의 길이를 알면 삼각형을 만들 수 있어요. 하지만 세 변의 길이를 안다고 무조건 삼각형을 만들 수 있는 것은 아니에요.

가장 긴 변의 길이가 나머지 두 변의 길이의 합보다 짧을 때 삼각형을 만들 수 있어요. 이때 가장 긴 변의 길이가 나머지 두 변의 길이의 합보다 짧아야 삼각형을 만들 수 있어요.

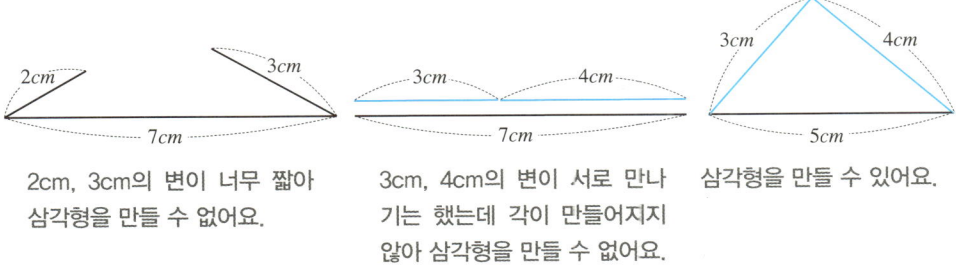

2cm, 3cm의 변이 너무 짧아 삼각형을 만들 수 없어요.

3cm, 4cm의 변이 서로 만나기는 했는데 각이 만들어지지 않아 삼각형을 만들 수 없어요.

삼각형을 만들 수 있어요.

두 변의 길이와 그 끼인각의 크기

두 변의 길이와 그 끼인각을 알면 삼각형을 만들 수 있어요. 두 변의 길이만 알면 다양한 모양의 삼각형을 만들 수 있지만 끼인각이 있다면 두 변이 벌어진 정도를 결정할 수 있어 삼각형 모양이 정해지지요.

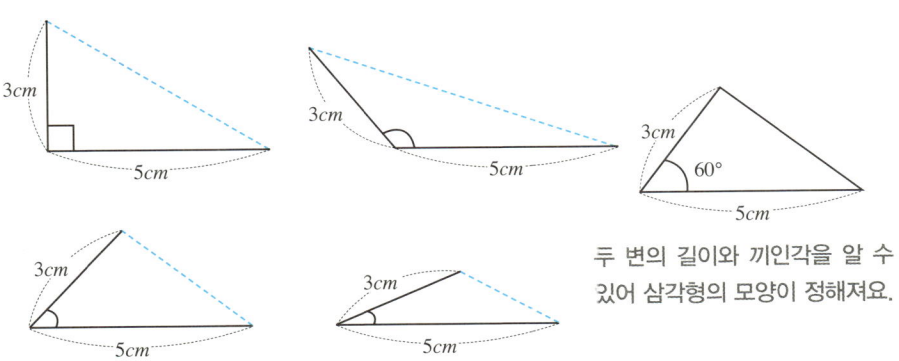

두 변의 길이와 끼인각을 알 수 있어 삼각형의 모양이 정해져요.

두 변의 길이만 알 때는 두 변 사이에 끼인각이 벌어진 정도에 따라 다양한 삼각형을 만들 수 있어요.

한 변의 길이와 그 양 끝각의 크기

한 변의 길이와 그 양 끝각의 크기를 알 때도 특정한 모양의 삼각형을 만들 수 있어요. 주어진 한 변만 있다면 양 끝각의 크기에 따라 여러 개의 삼각형을 만들 수 있어요. 그래서 어떤 특별한 삼각형을 만들려면 양 끝각의 크기도 알아야 해요.

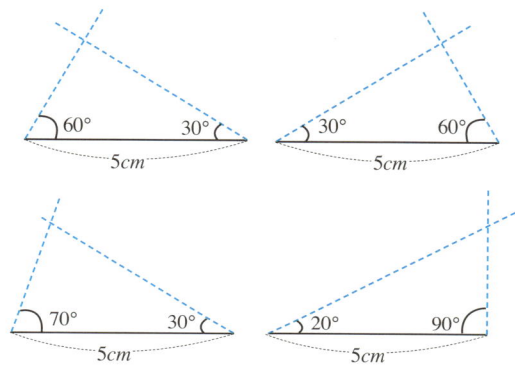

한 변의 길이만 알 때는 양 끝각의 크기에 따라 다양한 삼각형을 만들 수 있어요.

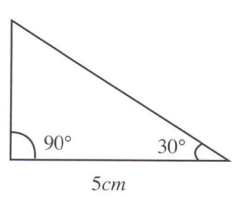

한 변의 길이와 양 끝각을 알아야 특정한 모양의 삼각형을 만들 수 있어요.

축구 경기를 할 때 왜 삼각전술을 쓰나요?

축구 경기에서는 공을 가진 선수에게서 공을 뺏기 위해 삼각전술을 사용해요. 3명의 수비수가 삼각형 모양으로 둘러싸 압박을 하면 하나의 면이 만들어지기 때문에 공격수는 개인기로 수비수를 따돌리기가 어렵고, 다른 선수에게 패스하기도 어려워져요. 또 여러 명의 선수가 한꺼번에 에워싸면 공을 뺏기 더 쉽겠죠? 하지만 이때 실수를 하면 역습을 당할 수 있어요. 그래서 선수들이 삼각형 모양을 만들면 공격과 수비를 모두 쉽게 할 수 있어요.

초2 여러 가지 도형, 초3 평면도형, 초4 각도와 삼각형, 다각형, 중1 평면도형

025 도형

건물은 왜 대부분 사각형 모양인가요?

교실도 사각형 모양이고, 우리 집의 방도 사각형 모양이에요. 그리고 어디를 가더라도 실내 공간의 모양은 대부분 사각형 모양이에요. 또 수많은 옛날 건물들도 사각형 모양을 하고 있어요. 특별한 이유가 있나요?

팔각형 모양의 건물

19세기 미국의 건축가 파울러는 원 모양의 건물이 가장 완벽하다고 생각했어요. 하지만 원 모양으로 집을 짓는 것이 아주 어려웠기 때문에 파울러는 원 대신 팔각형 모양으로 뉴욕에 대저택을 지었어요. 그 후, 많은 사람들이 파울러처럼 팔각형 모양의 집을 지었답니다. 학교와 교회, 마구간

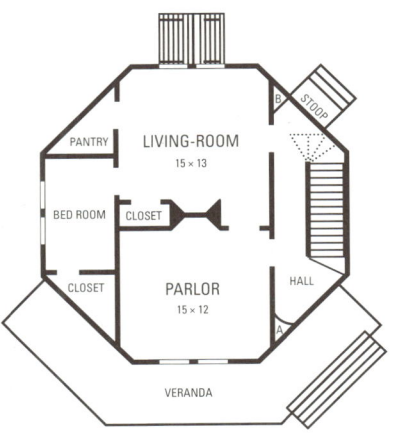

▲ 팔각형 모양의 집 평면도

도형 | 87

도 팔각형 모양으로 지었어요.

실용적인 사각형 모양의 건물

하지만 그 후, 사람들은 팔각형 모양의 집보다는 사각형 건물이 더 실용적이라는 것을 알고 대부분의 건물을 사각형 모양으로 지었어요. 왜 사각형 모양의 건물이 더 실용적일까요?

먼저, 여러분의 방에 있는 가구들의 모양을 생각해 보세요. 책상, 책꽂이, 침대, 서랍장 등 일상생활에서 사용하고 있는 가구는 대부분 사각형 모양이에요. 팔각형 모양의 방에 사각형 모양의 가구들을 배치하면 공간을 효율적으로 활용할 수 없겠죠?

또한 사각형 모양의 집은 원 모양이나 다각형 모양의 건물보다 쉽게 지을 수 있으며, 비용도 가장 적게 들어요. 이런 이유로 사람들은 사각형 모양의 건물을 많이 짓는답니다.

▲ 구글의 본사인 구글플렉스

아름다움과 예술성을 생각하는 건물

하지만 공간의 효율성이나 집을 짓는 데 필요한 비용보다 아름다움과 예술성을 중요하게 생각하는 건물들은 다양한 모양을 하고 있어요.

▲ 인도의 타지마할

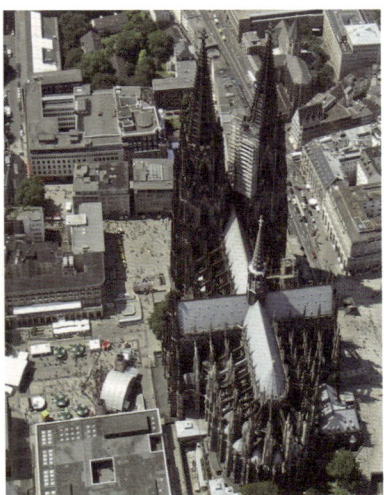
▲ 쾰른 대성당

정사각형 모양인 QR코드는 무엇인가요?

스마트폰을 사용하는 사람이 점점 늘어나면서 그림과 같이 정사각형 모양의 불규칙한 마크를 많이 사용하게 되었어요. 특수 기호 같기도 하고 바코드와 비슷한 이 마크를 'QR코드'라고 해요. QR은 'Quick Response'의 약자인데 '빠른 응답'을 얻을 수 있다는 뜻이에요. 스마트폰으로 QR코드를 읽으면, 이름처럼 정말로 빠르게 인식이 되어 해당하는 인터넷 사이트에 곧장 접속하여 사진이나 동영상 등의 상세한 추가 정보를 확인할 수 있어요.

▲ QR코드

초2 여러 가지 도형, 초3 평면도형, 원, 중1 평면도형

026 도형

가장 완전한 도형은 무엇인가요?

수학에서 가장 안정적이고 완전한 도형은 무엇인가요? 세 변의 길이가 같은 정삼각형인가요? 아니면 네 변의 길이가 같은 정사각형인가요?

가장 완전한 도형, 원

우리는 동그란 모양을 원이라고 생각해요. 수학에서는 평면 위의 고정된 한 점에서 같은 거리에 있는 점들의 모임을 원이라고 해요. 넓은 평면 위에 움직이지 않는 한 점(크기는 없는 위치를 나타내는 점)을 찍고, 그 점에서 같은 거리에 있는 점들을 모두 연결하면 원을 그릴 수 있어요. 여기에서 한 점은 원의 중심*이 되고, 일정한 거리는 원의 반지름이라고 해요. 한 원에서 원의 반지름은 무수히 많이 그릴 수 있는데, 원의 반지름의

원의 중심
원을 그릴 때, 중심이 되는 점을 원의 중심이라고 해요.

길이는 모두 같아요.

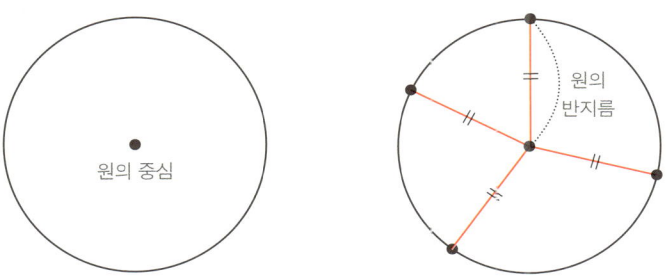

수학에서 가장 완전한 도형은 원이에요. 원은 지름을 지나는 무수히 많은 직선에 대하여 대칭*이며, 원의 중심을 기준으로 돌리거나 뒤집어도 처음 원 그대로예요. 또 모든 모양 중에서 최소한의 길이로 최대의 넓이를 가질 수 있는 것도 원이지요. 원은 자연과 인간이 만들어 낼 수 있는 가장 효율적인 모양이에요.

> **대칭**
> 한 점이나 한 직선, 한 면을 기준으로 같은 거리에서 마주 보고 있는 것을 대칭이라고 해요.

주변에서 찾을 수 있는 원 모양

우리 주변에는 둥근 모양을 하고 있는 것들이 많이 있어요. 동전, 반지, 자동차 바퀴, 굴렁쇠, 훌라후프, 맨홀 뚜껑 등이 있어요. 그런데 왜 다른 모양이 아닌 원 모양을 하고 있을까요?

▲ 훌라후프

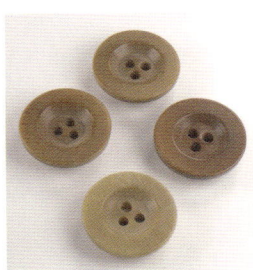
▲ 단추

▲ 맨홀 뚜껑

만약 바퀴가 삼각형이나 사각형 모양이라면 어떨까요? 삼각형이나 사각형으로 바퀴를 만들면 바퀴의 중심과 땅 사이의 거리가 계속 달라져서 바퀴가 잘 굴러가지 않아요. 하지만 원 모양의 바퀴는 바퀴의 중심(원의 중심)에서 땅에 이르는 거리가 항상 일정해서 덜컹거리지 않고 잘 굴러가겠지요.

도로에서 자주 볼 수 있는 맨홀* 뚜껑도 대부분 원 모양을 하고 있어요. 삼각형이나 사각형 뚜껑은 대각선의 길이가 변의 길이보다 길기 때문에 구멍 속으로 빠질 수 있어요. 하지만 원의 지름은 어느 방향으로나 똑같아서 구멍에 빠지지 않아요.

맨홀
맨홀은 땅 속에 있는 상수관이나 하수관을 청소하거나 점검할 때 사람이 드나들도록 만든 구멍이에요.

둘레가 같을 때, 어떤 모양의 테이블이 더 많은 접시를 올려놓을 수 있나요?

둘레가 같은 여러 가지 모양의 테이블 중에서 원 모양의 테이블에 가장 많은 접시를 올려놓을 수 있어요. 그것은 둘레가 같을 때, 원의 넓이가 가장 넓기 때문이지요. 또한 원 모양의 테이블은 사람들 사이의 평등을 나타낸다고 해요. 원 모양의 접시도 둘레가 같은 다른 모양의 접시보다 더 많은 음식을 담을 수 있어요.

초2 여러 가지 도형, 초3 평면도형, 원, 초4 각도와 삼각형, 다각형, 중1 도형의 기초, 평면도형

직선보다 더 긴 곡선이 더 빠를 수도 있나요?

027 도형

달리기를 하면 긴 거리보다는 짧은 거리를 더 빨리 달릴 수 있잖아요? 그러니 거리가 짧으면 당연히 더 빨리 갈 수 있는 게 아닌가요?

사이클로이드(cycloid)

자전거 앞바퀴에 껌이 붙어 있다고 생각해 봐요. 자전거 바퀴가 평평한 땅 위를 굴러 갈 때 껌은 하나의 곡선을 그려요.

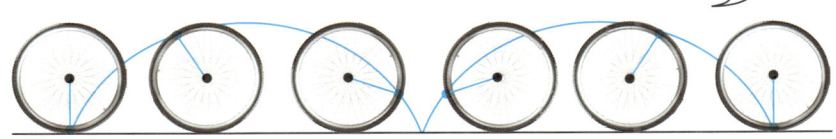

자전거 바퀴에 한 점을 찍고 자전거가 평평한 땅 위를 지나갈 때, 그 점은 일정한 곡선을 그리며 움직여요. 즉, 하나의 원이 직선 위

를 미끄러지지 않고 한 방향으로 굴러갈 때, 원 위의 한 점이 그리는 곡선을 사이클로이드라고 해요.

1599년경 갈릴레이가 이 곡선에 '사이클로이드'라는 이름을 붙였어요. 나중에 파스칼은 사이클로이드를 연구하면서 이가 아픈 것도 잊었다고 해요. 그만큼 사이클로이드는 신기한 곡선이에요.

가장 빠른 곡선, 사이클로이드

사이클로이드는 신비한 곡선이에요. 어떤지 살펴볼까요? 먼저, 직선과 사이클로이드를 따라 각각 공을 굴리면 어느 쪽의 공이 바닥에 먼저 도착할까요?

출발점과 도착점 사이의 거리를 생각하면 직선 위의 공이 먼저 도착할 것 같지만 사실은 사이클로이드 위의 공이 먼저 도착해요. 직선이 거리는 더 짧지만 걸리는 시간은 사이클로이드가 더 짧아요. 그것은 사이클로이드 위에서는 중력 때문에 아래로 떨어지는 속도가 직선 위에 있을 때보다 점점 빨라져서 먼저 도착하는 것이에요.

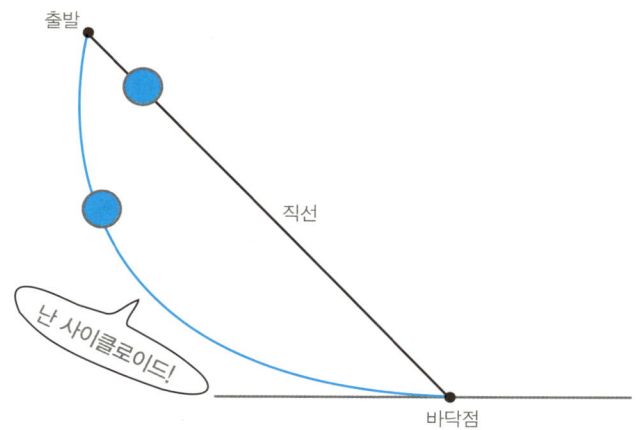

▲ 거리는 멀어도 사이클로이드 위에서 먼저 도착해요.

어디서 출발해도 같이 도착해요

또 사이클로이드 곡선의 서로 다른 위치에서 공을 굴리면 어느 위치에서 출발한 공이 먼저 도착할까요?

사이클로이드 곡선 위에서는 서로 다른 위치에서 공을 굴려도 바닥까지 도착하는 데 걸리는 시간은 같아요. 즉 여러 위치에서 동시에 굴려도 바닥에는 동시에 도착하지요.

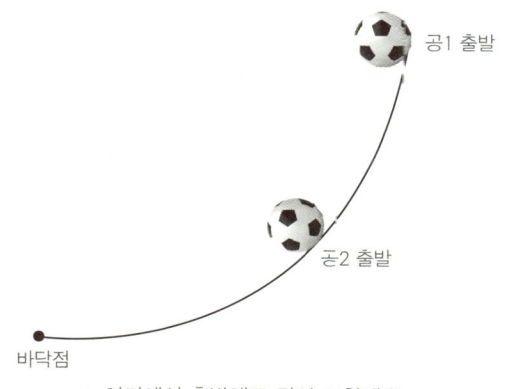

▲ 어디에서 출발해도 같이 도착해요.

그리고 사이클로이드 곡선의 길이에도 비밀이 숨어 있어요. 원이 한 바퀴 회전할 때 생기는 사이클로이드 곡선의 길이는 원의 반지름의 8배이고, 사이클로이드에 둘러싸인 넓이는 원 넓이의 3배이지요.

028 도형

사이클로이드를 생활에서 볼 수 있나요?

초2 여러 가지 도형, 초3 평면도형, 원, 중1 평면도형

사이클로이드는 머리로만 생각하는 가상의 곡선인가요? 설명을 읽어 봐도 이해가 될 듯 말 듯 어려워요. 그런데 실제 생활에서도 볼 수 있나요?

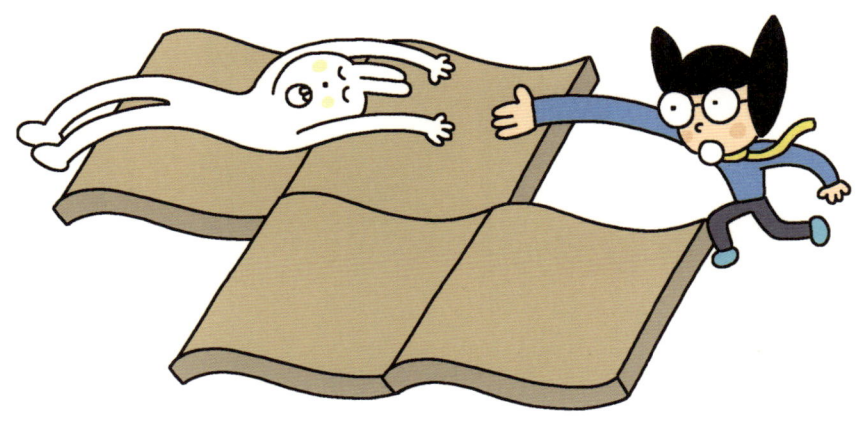

효율적인 사이클로이드

한옥 지붕에 얹힌 기와의 곡선도 사이클로이드와 가까워요. 빗물은 직선으로 이루어진 경사면보다 사이클로이드 곡선 위에서 훨씬 빨리 흘러내려요. 빗물이 기와에 스며들어 목조 건물이 썩는 것을 막기 위해서는 가능하면 빨리 빗물이 흘러내리도록 해야겠죠? 사이클로이드 모양으로 기와를 만든 조상들의 지혜가 놀랍지 않아요?

독수리가 사냥감을 잡을 때는 어떤 모양으로 날아갈까요? 독수

리처럼 사냥을 하는 맹금류는 빠른 속도로 먹잇감에 다가가기 위해 사이클로이드 곡선 모양으로 비행한다고 해요. 가장 힘을 덜 들이고도 빨리 날아야 사냥을 잘할 수 있겠죠?

빠른 속도로 떨어지는 스릴감 있는 미끄럼틀을 만들 때 사이클로이드 모양을 응용하기도 해요. 다른 모양으로 만들 때보다 빠르기 때문에 미끄러질 때 짜릿함이 더하겠죠? 하지만 미끄럼틀을 사이클로이드 곡선으로만 만들면 위험할 수 있어요. 앞에서 배웠지만 사이클로이드 곡선에서는 어디에서 출발하더라도 동시에 도착한다고 했잖아요? 그러니 한 사람이 아래로 다 내려가기 전에 다른 사람이 위에서 출발하면 거의 동시에 아래쪽에 도착하게 되어 다칠 수도 있어요. 그러니 다른 모양을 섞어서 만들어야겠지요?

▲ 사이클로이드 곡선으로 사냥하는 독수리

▲ 기와

▲ 롤러코스트

도형 | 97

029

초2 여러 가지 도형, 초3 평면도형, 원, 초4 다각형, 중1 작도와 합동, 평면도형

모든 도형은 연필을 종이에서 떼지 않고 한 번에 그릴 수 있나요?

삼각형과 사각형은 연필을 종이에서 떼지 않고 한 번에 쉽게 그릴 수 있어요. 복잡한 도형도 연필을 종이에서 떼지 않고 한 번에 그릴 수 있는지, 아닌지 알 수 있는 방법이 있나요?

한붓그리기

연필을 떼지 않고 그림을 그리는 방법을 '한붓그리기'라고 해요. 도형을 이루고 있는 선 위의 한 점에서 출발하여, 연필을 종이에서 한 번도 떼지 않고 도형의 모든 부분을 다 그리는 것이에요.

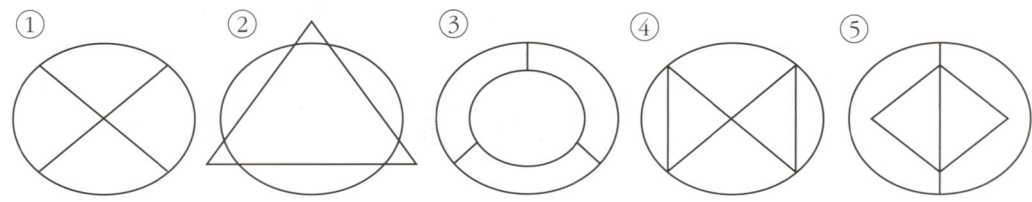

앞의 도형들을 연필을 떼지 않고 한 번에 그릴 수 있는지 직접 따라 그려 볼까요?

②번, ④번, ⑤번 도형은 한붓그리기가 가능한 도형이에요.

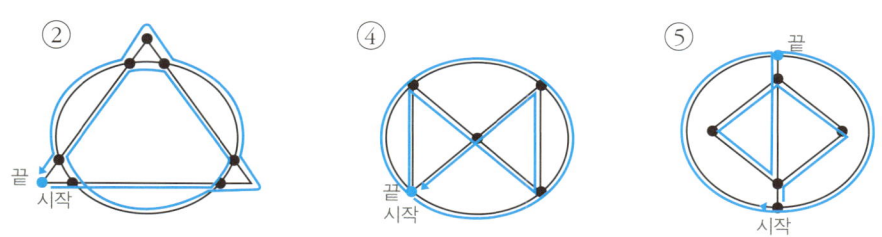

한붓그리기가 가능한 도형

한붓그리기가 가능한지 아닌지를 알 수 있는 방법이 있어요.

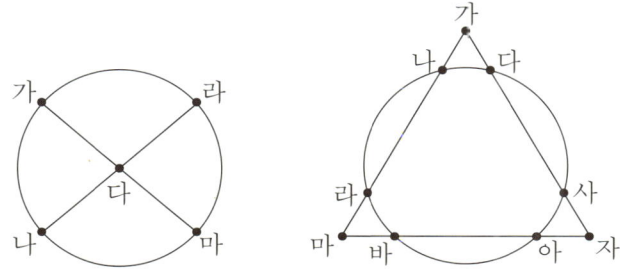

두 도형의 각각의 점에 선이 몇 개씩 연결되어 있는지 알아봐요. 왼쪽 도형은 점 가, 나, 라, 마에 3개, 점 다에 4개가 연결되어 있어요. 오른쪽 도형은 점 가, 마, 자에는 2개, 점 나, 다, 라, 바, 아, 사에는 4개가 연결되어 있어요.

홀수 개의 선과 연결된 점을 '홀수점'이라 하고, 짝수 개의 선과 연결된 점을 '짝수점'이라고 해요. 따라서 왼쪽 도형의 점 가, 나, 라, 마는 홀수점이고, 점 다는 짝수점이지요. 오른쪽 도형의 점은 모두 짝수점이에요.

홀수점이 0개인 도형과 2개인 도형은 한붓그리기를 할 수 있어요. 홀수점이 없는 도형은 도형의 어디서 시작하든 한붓그리기를 할 수 있지요. 홀수점이 2개인 도형은 홀수점 1개를 시작점으로, 나머지 홀수점 1개를 끝점으로 하면 한붓그리기를 할 수 있어요.

자 그러면 앞에서 나온 5개의 도형의 홀수점과 짝수점을 조사해 볼까요? 결과는 이렇지요.

도형	홀수점	짝수점	한붓그리기
①	4개	1개	×
②	0개	9개	○
③	6개	0개	×
④	0개	5개	○
⑤	2개	4개	○

그럼 이 표를 보면 어느 도형이 한붓그리기를 할 수 있는지 알 수 있겠죠?

어떻게 하면 나들이 계획을 잘 세울 수 있어요?

놀이공원에서 시간을 효율적으로 사용하는 방법이 있어요. 바로 타고 싶은 놀이기구를 다 탈 수 있도록 한붓그리기를 이용하여 계획을 세우는 방법이에요. 놀이공원 지도에서 꼭 타고 싶은 것을 고른 후, 놀이기구를 연결하는 길을 꼭짓점과 꼭짓점을 연결하는 선으로 바꾸어 단순하게 그리세요. 홀수점과 짝수점의 개수를 각각 세어 한붓그리기가 가능한지 알아봐요. 만약 가능하지 않다면 놀이기구의 수를 조정하여 홀수점의 수를 조정하면 같은 길을 왔다 갔다 하지 않고 시간을 절약할 수 있어요.

초6 원기둥, 원뿔, 구, 중1 입체도형

어떤 모양의 기둥이 가장 튼튼한가요?

030 도형

건축물에서 기둥을 볼 수 있어요. 기둥을 많이 사용해서 건물을 지으면 아주 튼튼할 거예요. 하지만 기둥을 너무 많이 세우면 공간 활용이 어렵고 시간과 비용도 많이 들겠죠? 튼튼한 건물을 짓기 위해 어떤 모양의 기둥을 사용하는 것이 좋을까요?

튼튼한 기둥, 원기둥

같은 크기의 두꺼운 종이로 만든 삼각기둥*, 사각기둥*, 육각기둥*, 원기둥*이 있어요. 가장 튼튼한 기둥이 무엇인지 알아보기 위해 기둥 위에 책을 한 권씩 올려놓아 보면 원기둥이 가장 많은 무게를 견디는 것을 확인할 수 있어요. 가장 많은 무게를 견딜 수 있다는 것은 가장 튼튼하다는 뜻이지요.

각기둥
두 밑면이 서로 평행이고 합동인 다각형으로 되어 있는 기둥 모양의 입체도형을 각기둥이라고 해요. 각기둥의 이름은 밑면의 모양에 따라 삼각기둥, 사각기둥 등으로 불러요.

원기둥
두 밑면이 서로 평행이고 합동인 원으로 되어 있는 입체도형을 원기둥이라고 해요.

기둥의 강도는 재료가 중심축에서 얼마나 골고루 떨어져 있느냐에 따라 달라져요. 그런데 원기둥은 중심축에서 기둥의 옆면이 같은 거리만큼 떨어져 있어서 강도가 높고 튼튼해요. 그래서 신전의 기둥도 원기둥 모양을 하고 있어요.

또 같은 양의 재료로 만들었지만 속이 꽉 찬 원기둥과 속이 빈 원기둥 중 어느 쪽이 더 튼튼할까요? 이때는 속이 빈 원기둥이 더 튼튼해요. 대나무 줄기도 속이 비어 있기 때문에 자체 무게에 의해 쓰러지지 않고 37m까지 자랄 수 있다고 해요. 또 코끼리의 다리뼈도 속인 빈 원통 모양의 원기둥이라고 해요.

▲ 파르테논 신전

▲ 대나무 줄기

배흘림이 무엇인가요?

높이의 3분의 1 지점이 제일 굵고 위는 아래보다 더 가늘게 만든 원기둥 모양의 기둥을 배흘림기둥이라고 해요. 서양에서도 배흘림기둥과 비슷한 기둥을 찾을 수 있어요. 파르테논 신전의 원기둥도 가까이서 보면 안쪽으로 기운 것처럼 보여요. 하지만 멀리서 봤을 때는 균형 잡힌 멋진 건물로 보인답니다.

초4 다각형, 초5 직육면체, 초6 각기둥과 각뿔, 중1 입체도형

정다면체의 종류는 5개뿐인가요?

031 도형

정삼각형, 정사각형, 정오각형, …, 정십각형, 정이십각형 등과 같이 정다각형은 무수히 많지요. 그럼 정다면체도 면의 수를 늘려 무한히 만들 수 있나요? 이 세상에 존재하는 정다면체는 모두 몇 개인가요?

다면체와 정다면체

여러 면으로 둘러싸인 입체도형을 다면체라고 해요. 면의 수에 따라 다면체의 이름이 정해지는데 면이 4개이면 사면체, 면이 5개이면 오면체, 면이 6개이면 육면체라고 불러요. 주사위는 면이 6개이므로 육면체이지요.

다면체 중에서 면의 모양이 모두 같고, 한 꼭짓점에 모이는 면의 수가 같은 다면체를 정다면체라고 해요. 정다면체의 이름도 면의 수에 따라 정해지는데 주사위는 면의 모양이 모두 정사각형이며,

한 꼭짓점에 모이는 면의 수가 3개인 육면체이므로 정육면체라고 해요.

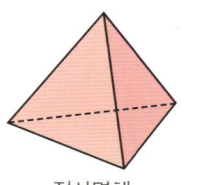 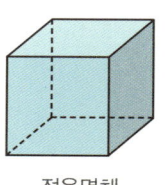 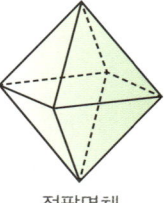 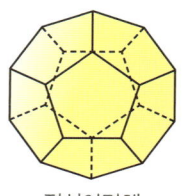 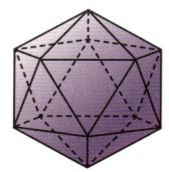

정사면체　　　정육면체　　　정팔면체　　　정십이면체　　　정이십면체

정다면체	면의 모양	한 꼭짓점에 모이는 면의 수
정사면체	정삼각형	3
정육면체	정사각형	3
정팔면체	정삼각형	4
정십이면체	정오각형	3
정이십면체	정삼각형	5

이 세상에 5개뿐인 정다면체

그런데 정다면체는 이 세상에 5개밖에 없어요. 왜 그럴까요?

입체도형이 되려면 한 개의 꼭짓점에 세 개 이상의 면이 모여야 해요. 면이 1개면 그냥 평면도형이고, 똑같은 모양의 면이 2개면 서로 겹쳐지기 때문에 입체도형이 될 수 없어요. 또 한 꼭짓점에 모인 도형의 각의 합이 360°면 평면도형이 되므로 한 꼭짓점에 모인 도형의 각의 합이 360°보다 작아야 해요.

정삼각형의 한 각의 크기는 60°이기 때문에 한 꼭짓점에 정삼각형이 3개, 4개, 5개 모였을 때만 입체도형을 만들 수 있어요. 6개 이상이 되면 한 꼭짓점에 모인 도형의 각의 합이 360°를 넘기 때문에 입체도형을 만들 수가 없어요. 따라서 각 면이 정삼각형인 정다면체는 정사면체, 정팔면체, 정이십면체로 모두 3가지예요.

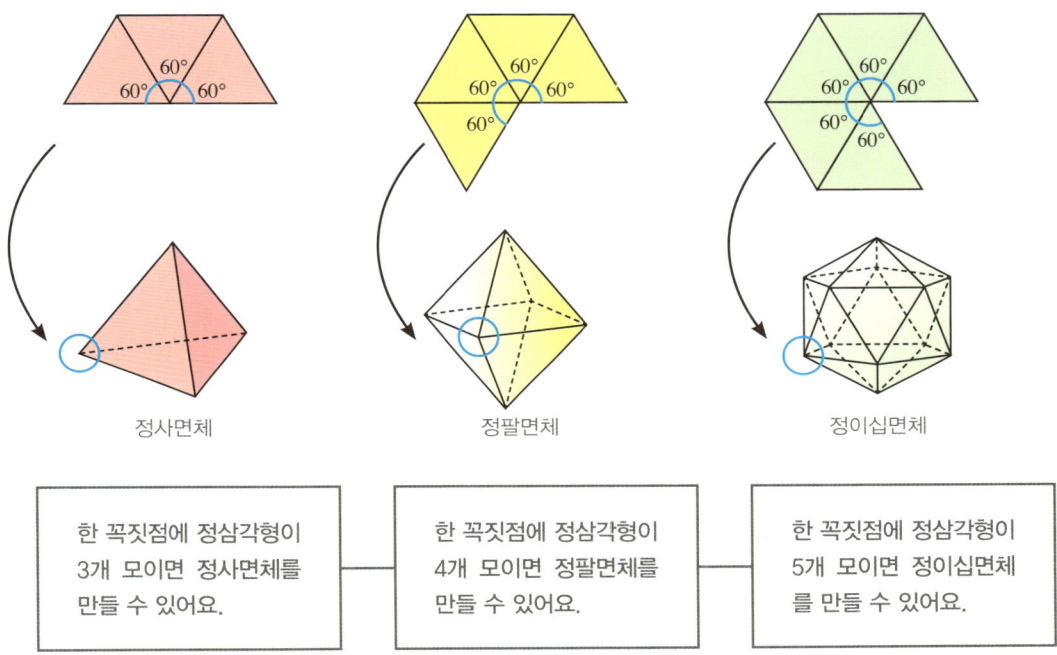

또 정사각형의 한 각의 크기는 90°이므로 한 꼭짓점에 정사각형이 3개 모였을 때만 입체도형을 만들 수 있어요. 따라서 각 면이 정사각형인 정다면체는 정육면체밖에 없어요.

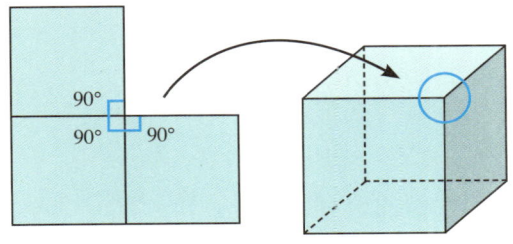

정오각형의 한 각의 크기는 108°이므로 한 꼭짓점에 정오각형이 3개 모였을 때만 입체도형을 만들 수 있어요. 따라서 각 면이 정오각형인 정다면체는 정십이면체만 있어요.

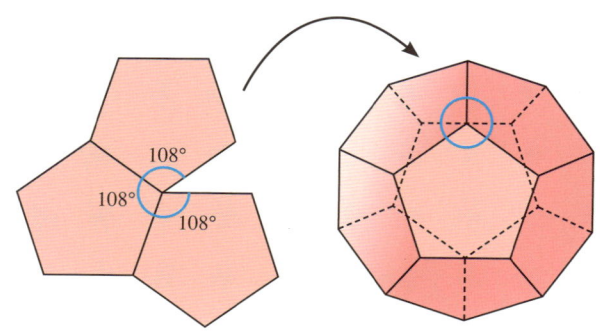

그런데 정육각형의 한 각의 크기는 120°이므로 한 꼭짓점에 정육각형이 3개 모이면 360°가 되어 평면이 되므로 입체도형을 만들 수가 없어요.

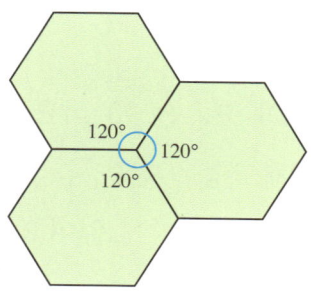

또 정칠각형은 한 꼭짓점에 3개 모이면 360°보다 커서 입체도형을 만들 수 없어요.

따라서 정다면체는 5개밖에 없어요.

초4 다각형, 초6 각기둥과 각뿔, 중1 입체도형

우주가 정다면체라고요?

032 도형

우리가 사는 우주도 입체(공간)잖아요? 그럼 우주는 무슨 모양을 하고 있나요?

우주가 정십이면체 모양?

그리스의 철학자 플라톤은 이 세상이 불, 흙, 공기, 물로 이루어졌다고 생각했어요. 그는 가장 가볍고 날카로운 원소인 불은 정사면체이고, 가장 안정된 원소인 흙은 정육면체라고 생각했어요. 또 정팔면체는 엄지손가락과 집게손가락으로 마주 보는 꼭짓점을 가볍게 잡고 입으로 바람을 불면 쉽게 돌릴 수 있을 것으로 보이므로 공기의 불안정성을 나타낸다고 했어요. 가장 활동적이고 유동적인 원소인 물은 가장 쉽게 구를 수 있는 정이십면체여야 한다고 생각했어요. 마지막으로 제 5원소인 정십이면체는 우주 전체의 형태를 나타낸다고 했어요. 플라톤의 이런 주장 때문에 정다면체는 '플라톤의 다면체'라고도 불러요. 우주가 정다면체로 구성되어 있다는 생각은 '행성은 태양 주위로 타원형을 그리며 공전한다'는 법칙을 발견한 케플러에게 이어져서 그도 우주는 정이십면체일 것이라고 생각했어요.

축구공

축구공은 구이기 때문에 다면체라고 할 수는 없어요. 그렇지만 축구공을 만들 때에는 다면체를 이용해요.

정이십면체는 정삼각형 20개로 이루어진 입체도형이에요. 정이십면체의 모서리를 각 꼭짓점을 중심으로 잘라내요. 잘라낸 면은 정오각형이 되고, 원래 있던 20개의 정삼각형은 세 꼭짓점에서 각각 잘리게 되어 정육각형이 되지요. 이렇게 만들어진 입체도형은 삼십이면체인데 '깎인정이십면체'라고 불러요. 가죽으로 이런 다면체를 만든 후 바람을 넣으면 축구공이 돼요.

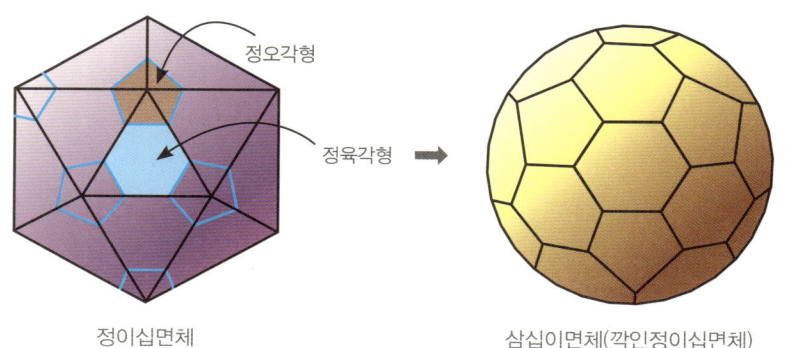

정이십면체   삼십이면체(깎인정이십면체)

초4 다각형, 초5 다각형의 넓이, 중1 평면도형

빙글빙글 팽이의 축은 어느 곳으로 해야 하나요?

033 도형

빙글빙글 돌아라~~ 팽이 돌리기는 참 재미있는 놀이예요. 우리 주변에서 흔히 볼 수 있는 팽이는 동그란 원 모양이고, 팽이의 축은 동그란 원의 중심이에요. 그런데 삼각형, 사각형과 같은 다각형으로도 빙글빙글 돌아가는 팽이를 만들 수 있나요?

팽이의 축

둥근 나무를 한쪽은 평평하고 다른 한쪽 끝은 뾰족하게 원뿔 모양으로 깎고 중앙에 쇠로 심을 박아 팽이를 만들지요. 그런데 심을 박을 자리를 찾기 위해서는 팽이가 돌아가는 축을 찾아야 해요. 무게중심이 팽이의 축이어야 수평이 잘 맞아서 넘어지지 않고 오래오래 잘 돌아가지요. 원이나 직사각형처럼 대칭인 모양은 한가운데에 무게중심*이 있어요.

무게중심
물체가 수평을 이루어 쓰러지지 않게 받칠 수 있는 점을 말해요.

직사각형과 정사각형은 두 대각선*을 그어 서로 만나는 점이 무게중심이지요.

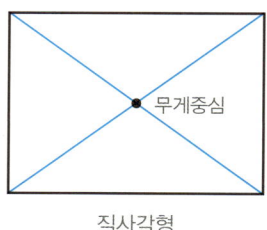
직사각형

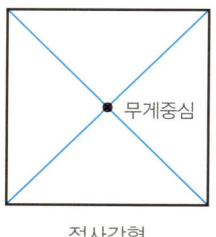
정사각형

대각선
다각형에서 서로 이웃하지 아니하는 두 꼭짓점을 잇는 선분. 또는 다면체에서 같은 면 위에 있지 아니하는 꼭짓점을 잇는 선분

정육각형과 정팔각형도 대각선을 그어 팽이의 축을 찾을 수 있어요. 무게중심을 찾기 위해서는 2개의 대각선만 필요하기 때문에 모든 대각선을 다 그을 필요는 없어요.

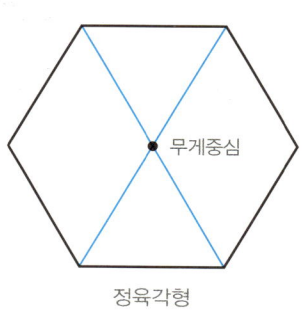
정육각형

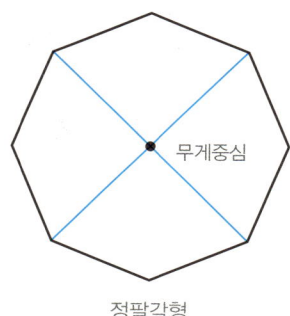
정팔각형

정삼각형과 정오각형도 이와 같이 대각선 2개를 이용해서 무게중심을 찾을 수 있을까요? 정삼각형, 정오각형과 같이 변이 홀수 개인 정다각형은 중선을 이용해서 무게중심을 찾을 수 있어요. 한 꼭짓점에서 마주 보는 변의 중점에 그은 선을 '중선'이라고 하는데, 두 중선의 교점이 무게중심이 돼요.

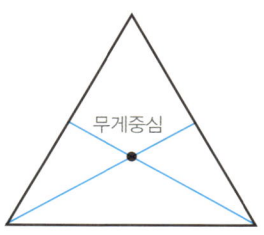 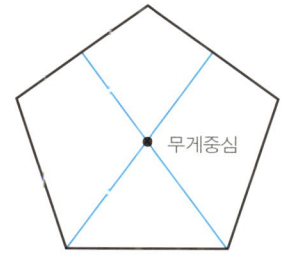

다양한 모양의 팽이

정다각형을 이용하여 다양한 모양의 팽이를 만들 수 있어요. 먼저 정다각형의 무게중심을 찾은 후, 정다각형의 모든 변을 원하는 모양으로 똑같이 변형시키면 돼요.

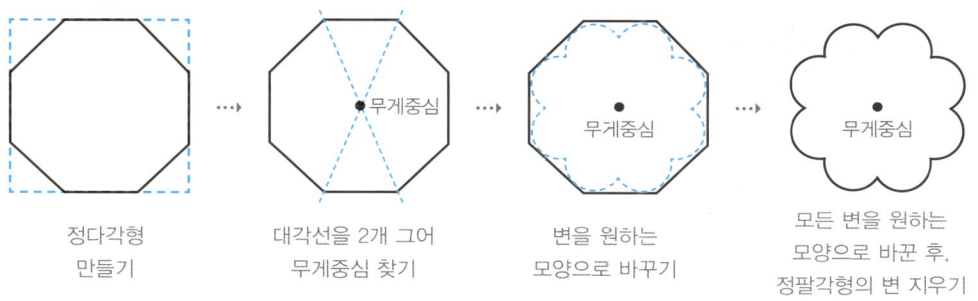

정다각형 만들기 … 대각선을 2개 그어 무게중심 찾기 … 변을 원하는 모양으로 바꾸기 … 모든 변을 원하는 모양으로 바꾼 후, 정팔각형의 변 지우기

뜬금있는 질문

대칭이 아닌 모양의 무게중심은 어떻게 찾나요?

물체의 한쪽에 추가 달린 실을 매달아 늘어뜨린 다음 실을 따라 선을 긋고, 다시 다른 곳에 추를 매달아 선을 그을 때 두 선이 서로 만나는 점이 무게중심이에요. 팽이의 축이 무게중심에 있으면 팽이가 잘 돌아요.

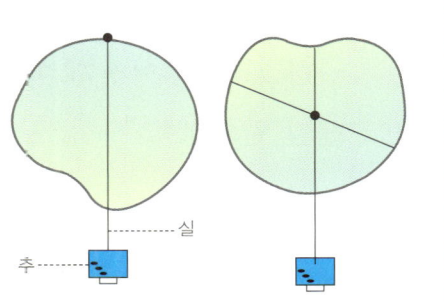

초4 다각형, 초5 합동과 대칭, 중1 평면도형

034 도형

물건이 저절로 거슬러 올라가는 길이 있다고요?

제주도의 '도깨비 도로'에서는 물병과 같이 둥근 물체를 놓아 두면 위로 거슬러 올라간대요. 내리막이 아닌 오르막길로 물병이 거슬러 올라갈 수 있나요?

'도깨비 도로'에서는 물체도 거슬러 올라간다?

도로 위에 물병과 같이 구르는 물체를 놓으면 당연히 아래쪽으로 내려가지요. 그렇지만 '도깨비 도로'에서 오르막길로 거슬러 올라간다고 해요. 어떻게 이런 일이 생길까요? 이 현상은 착시* 때문에 생긴 일이에요. 사실 '도깨비 도로'가 오르막길처럼 보이지만 실제로는 경사가 30°인 내리막길이에요. 그러니까 물병이 위로 거슬러 올라가는 것처럼 보이지만 실제로는 아래로 내려가는 것이에요.

착시
시각적인 착각 현상. 여러 가지 원인 때문에 실제 모양과 다르게 느껴지는 것을 말해요.

도형을 이용한 착시

크기가 같은 2개의 원을 가운데 그린 다음에 각각의 원 주변에 서로 다른 크기의 원을 그리면 어떻게 보일까요?

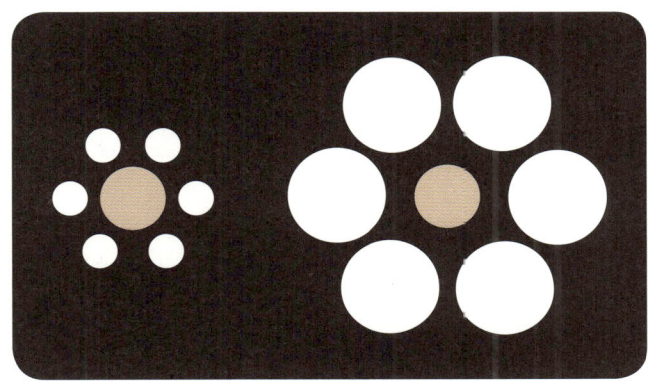

가운데 원은 크기가 같지만 주변의 원들 때문에 크기가 서로 다르게 보이네요. 주변에 작은 원으로 둘러싸인 왼쪽이 주변에 큰 원으로 둘러싸인 오른쪽보다 더 커 보이지요. 믿기 어려우면 직접 확인해 보세요. 그럼 다음의 두 그림을 살펴볼까요? 어느 쪽이 길까요?

양끝의 화살이 밖을 향해 있는 오른쪽 그림보다 양끝의 화살이 안을 향해 있는 왼쪽 그림이 더 길어 보여요. 하지만 이것 역시 착시 현상이에요. 사실 가운데 선분의 길이는 서로 같아요.

이 밖에도 직선이지만 곡선처럼 보이거나 평행선이지만 평행하지 않은 것처럼 보이는 착시도 있어요. 또 같은 간격으로 여러 개의 원을 그리고, 그 위에 정사각형을 그리면 정사각형이 굽어 보여요.

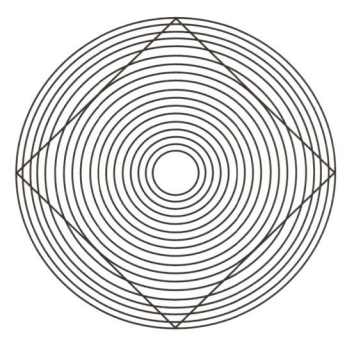

아래 두 그림은 평행선이지만 평행선 사이에 규칙적으로 색칠을 하거나 일정한 간격으로 사선을 그리면 평행선이 아닌 것처럼 보일 수 있어요.

 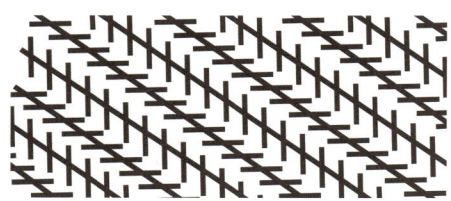

착시는 보이는 게 다가 아니라는 것을 말해 줘요. 보이는 것에만 의지하지 말고 실제로 측정하고 확인해 보세요.

가만히 있어도 움직이는 그림이 있나요?

가운데에 있는 점을 바라보면서 머리를 앞뒤로 움직이면 옆의 두 개의 휠이 움직이는 것처럼 보여요.

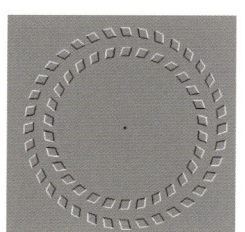

초4 다각형, 초5 합동과 대칭, 초6 각기둥과 각뿔, 중1 입체도형

안과 밖의 구분이 없는 띠가 있나요?

안은 안이고 밖은 밖이지 어떻게 안과 밖이 구분이 안 되나요? 원기둥 모양의 띠를 만들면 당연히 안과 밖이 있잖아요? 그런데 안과 밖이 구분되지 않는 띠도 있나요?

뫼비우스의 띠

길쭉한 직사각형 모양의 종이를 그 양 끝을 맞붙이면 안과 밖을 구분할 수 있는 원통 모양의 띠가 되어요. 연필을 떼지 않고 가운데에 원통 모양을 따라 선을 그으면 제자리로 돌아오지요. 그러면 선을 그은 면과 긋지 않은 면으로 구분돼요.

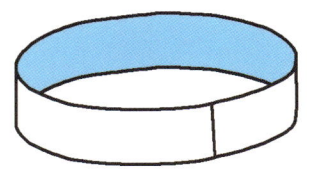

원통 모양의 띠

이 종이를 한 번(반 바퀴) 꼬아서 양끝을 맞붙이면 안과 밖의 구분이 없는 모양의 띠가 되는데 이것을 뫼비우스의 띠라고 해요.

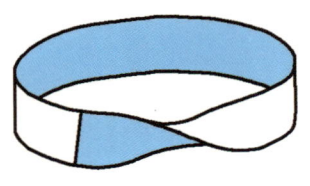

뫼비우스의 띠

이 띠를 앞에서 한 방법으로 선을 그어 보면 모든 면에 선이 그어져 있어요. 따라서 선을 그은 면과 긋지 않은 면으로 구분할 수가 없어요. 한 가지 더 재미있는 사실을 찾아볼까요?

원통 모양의 띠와 뫼비우스의 띠의 한쪽 면에 각각 같은 그림을 올려놓고 한쪽 방향으로 이동시켜 제자리로 돌아오면 원통 모양의 띠에는 처음과 방향이 같은 그림이지만 뫼비우스의 띠에는 그림의 방향이 반대로 바뀐 것을 알 수 있어요.

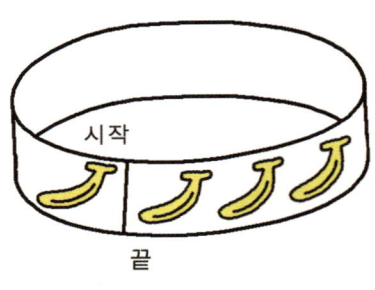

원통 모양의 띠

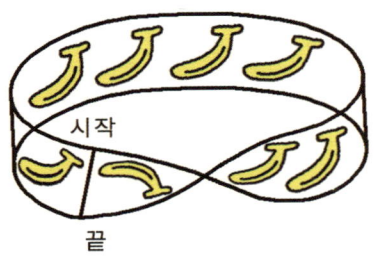

뫼비우스의 띠

이렇게 되면 원통 모양의 띠는 안과 밖을 구분할 수 있지만 뫼비우스의 띠는 안과 밖을 구별할 수가 없게 되지요.

뫼비우스의 띠를 자르면 어떤 모양이 나올까요?

안과 밖의 구분이 없는 뫼비우스의 띠를 자르면 어떤 모양이 될까요? 중심선을 따라 뫼비우스 띠를 자르면 처음보다 2배 길어진 뫼비우스 띠가 돼요. 이때 길이만 길어지는 게 아니라 폭은 반으로 줄지만 한 바퀴 반만큼 꼬인 모양의 띠가 되는 것이지요.

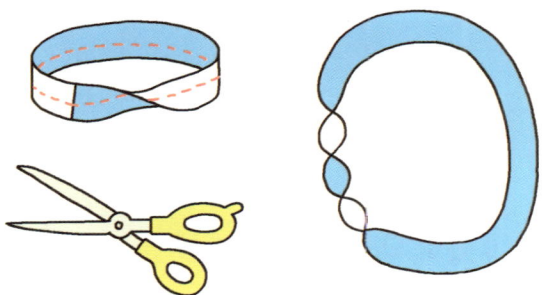

그럼 삼등분으로 나눈 선을 따라 자르면 어떻게 될까요? 이때는 반 바퀴 꼬인 뫼비우스 띠와 두 바퀴만큼 꼬이고 길이가 2배인 띠가 서로 얽혀 있는 모양이 돼요.

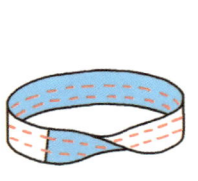
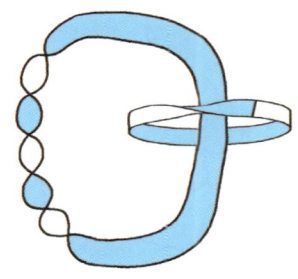

우리 주변에서도 뫼비우스의 띠를 볼 수 있나요?

뫼비우스의 띠는 안과 밖의 구분이 없이 돌고 도는 순환의 느낌이 있어요. 그래서 이미 사용한 자원도 다시 사용하자는 재활용 마크를 보면 뫼비우스의 띠의 느낌을 찾을 수 있어요. 또 마트에서 물건을 사고 계산다에 내려 놓는 고무벨트나 공항 검색대의 벨트도 뫼비우스의 띠처럼 양쪽 면을 모두 사용할 수 있게 만들어요. 지하철이나 백화점에 볼 수 있는 에스컬레이터도 마찬가지예요. 또 우리의 몸을 구성하는 DNA 조직도 뫼비우스 띠와 비슷한 모양을 하고 있어요.

▲ 재활용 마크

036

초5 직육면체, 초6 각기둥과 각뿔, 원기둥, 원뿔, 구, 중1 입체도형

안과 밖의 구분이 없는 병도 있나요?

우리 교실에는 안과 밖이 따로 있잖아요? 또 물병은 안과 밖의 구분이 없으면 물을 담을 수 없잖아요. 그런데 안과 밖을 구분할 수 없는 병도 있나요?

클라인 병

3차원의 공간에서는 안과 밖의 구분이 없는 뫼비우스의 띠를 만들 수 있어요. 그럼, 4차원의 공간에서도 안과 밖의 구분이 없는 도형을 만들 수 있을까요?

독일 수학자 클라인은 뫼비우스의 띠와 같이 안과 밖의 구분이 없는, 즉 '면이 하나밖에 없는 도형'을 생각해 냈어요. 그래서 그의 이름을 따서 '클라인 병'이라고 불렀어요.

클라인 병의 모형은 옆면을 뚫고 들어간 모양으로 되어 있지만 이

것은 3차원 공간에서 나타내기 위한 것이고 4차원 공간에서는 옆면을 뚫고 들어가지 않아도 매끄럽게 만들 수 있어요. 물론 3차원 공간에서 사는 우리는 4차원의 모습을 볼 능력이 없겠죠?

클라인 병의 원리

원통의 한쪽 면(아랫면)이 원통의 옆면을 뚫고 들어가서 나머지 한쪽 면(윗면)과 맞붙으면 클라인 병의 모양이 돼요. 한쪽 끝이 원통의 내부를 교차하면서 통과하는 것처럼 보이지만 실제로 4차원에서는 원통의 내부를 교차하면서 통과하지 않아요. 우리가 보는 클라인 병은 3차원 공간에서 나타낼 수 있는 가장 적절한 모형이에요.

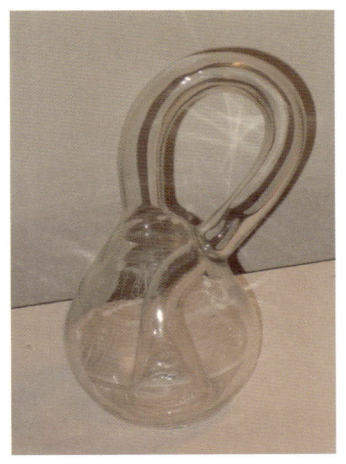

▲ 클라인 병

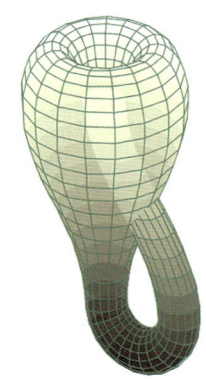

뜬금있는 질문

클라인 병의 모양과 같은 길 위에서 자전거를 타면 어떻게 되나요?

클라인 병과 같이 생긴 모양의 길을 따라 자전거를 탄다면 어떤 일이 일어날까요? 이 길을 따라 자전거를 타다 보면 다시 출발한 곳으로 돌아올 거예요. 그러면 클라인 병은 면이 하나라는 사실을 알 수 있겠지요.

초5 직육면체, 초6 각기둥과 각뿔, 원기둥, 원뿔, 구, 중1 입체도형

037 도형

정다면체끼리도 짝꿍이 있나요?

우리가 친한 짝꿍이 있는 것처럼 5개 종류의 정다면체끼리도 짝꿍이 있나요? 정다면체의 면의 중심을 잡아 이웃한 면의 중심끼리 선으로 연결하면 어떤 모양이 만들어지나요?

다면체끼리도 짝이 있어요

정육면체의 각 면의 중심에서 이웃한 면의 중심으로 선분을 그으면 정육면체 안에 정팔면체가 만들어져요. 반대로 정팔면체의 각 면의 중심에서 이웃한 면의 중심으로 선분을 그으면 정육면체가 만들어져요.

이렇게 어떤 다면체에서 각 면의 중심을 꼭짓점으로 해서 이어 만든 다면체를 쌍대다면체라고 해요. 그림에서 보듯이 정육면체의 쌍대다면체는 정팔면체이고, 정팔면체의 쌍대다면체는 정육면체예요.

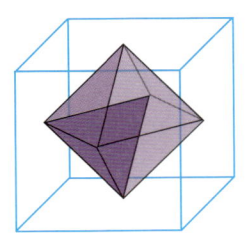
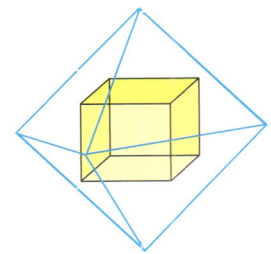

정육면체-정팔면체　　　정팔면체-정육면체

　이번에는 정십이면체의 쌍대다면체를 만들어 볼까요? 정십이면체의 각 면의 중심에서 이웃한 면의 중심으로 선분을 그으면 정이십면체가 만들어져요. 반대로 정이십면체의 각 면의 중심에서 이웃한 면의 중심으로 선분을 그으면 정십이면체가 만들어져요. 즉, 정십이면체의 쌍대다면체는 정이십면체이고, 정이십면체의 쌍대다면체는 정십이면체예요.

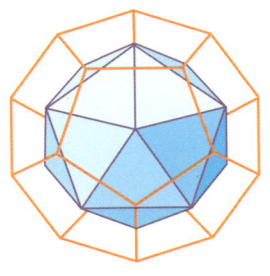
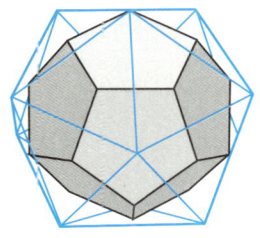

정십이면체-정이십면체　　　정이십면체-정십이면체

　마지막으로 정사면체의 쌍대다면체를 만들어 볼까요? 정사면체의 각 면의 중심을 찾고 이웃한 면의 중심끼리 선분을 그으면 다시 정사면체가 만들어져요. 즉, 정사면체의 쌍대다면체는 다시 정사면체가 되네요.

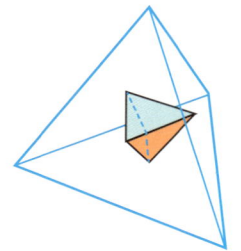

정사면체 — 정사면체

정다면체	쌍대다면체
정사면체	정사면체
정육면체	정팔면체
정팔면체	정육면체
정십이면체	정이십면체
정이십면체	정십이면체

(다면체의 면의 수) = (쌍대다면체의 꼭짓점의 수)

쌍대다면체는 주어진 다면체의 각 면의 중심을 꼭짓점으로 해서 이어 만든 다면체이므로, 처음의 다면체의 면의 개수가 쌍대다면체의 꼭짓점의 개수가 되는 거예요.

 (정사면체의 면의 수) = 4 = (정사면체의 꼭짓점의 수)
 (정육면체의 면의 수) = 6 = (정팔면체의 꼭짓점의 수)
 (정팔면체의 면의 수) = 8 = (정육면체의 꼭짓점의 수)
 (정십이면체의 면의 수) = 12 = (정이십면체의 꼭짓점의 수)
 (정이십면체의 면의 수) =20 = (정십이면체의 꼭짓점의 수)

또한 다면체의 쌍대다면체의 쌍대다면체는 다시 처음 모양의 다면체가 돼요.

초5 직육면체, 초6 각기둥과 각뿔, 원기둥, 원뿔, 구, 중1 입체도형

038 도형

아르키메데스가 사랑한 입체도형은 무엇인가요?

위대한 수학자 아르키메데스가 이런 말을 했대요.

"이보다 사랑스러운 것은 없을 거야. 내가 죽으면 이 발견을 내 묘비에 새겨 주게."

아르키메데스가 발견했던 수많은 도형 중에서 가장 자랑스러워 하여 묘비에도 새겨지길 원했던 도형이 있대요. 그게 무엇인가요?

원뿔과 구의 부피 비교하기

위대한 3대 수학자로 꼽히는 고대 그리스 수학자 아르키메데스의 묘비에는 원기둥 안에 꼭 맞게 들어가는 구가 새겨져 있어요.

그럼 원기둥 안에 꼭 맞게 들어 있는 원뿔과 구, 이렇게 세 개의 입체도형의 부피 사이에는 어떤 관계가 있는지 알아볼까요

먼저, 원뿔 모양의 그릇에 물을 가득 채우고 구 모양의 그릇에 이

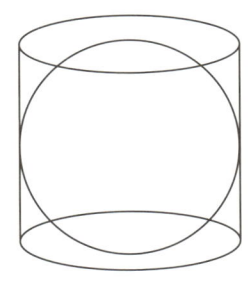

도형 | 123

물을 부어요. 몇 번을 부어야 구 모양의 그릇이 채워질까요? 원뿔 모양의 그릇에 물을 가득 채워 2번을 부으면 구 모양의 그릇에 물이 가득 차게 돼요.

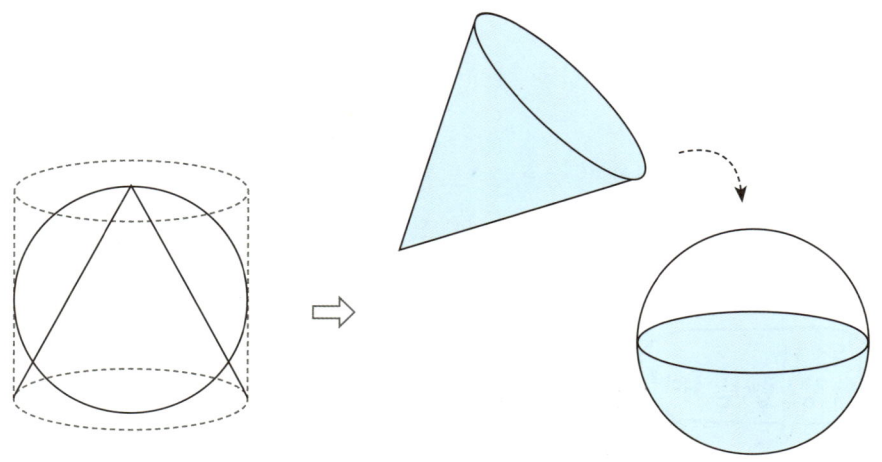

즉, 구의 부피는 원뿔의 2배예요.

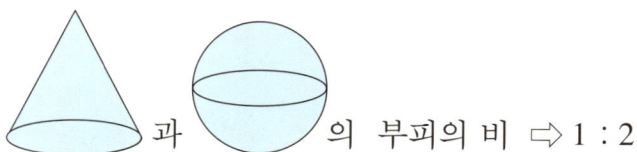

원뿔과 원기둥의 부피 비교하기

이번에는 원뿔과 원기둥의 부피를 비교해 볼까요? 원뿔 모양의 그릇에 물을 가득 채워서 원기둥 모양의 그릇에 3번을 부으면 원기둥 모양의 그릇에 물이 가득 차게 돼요.

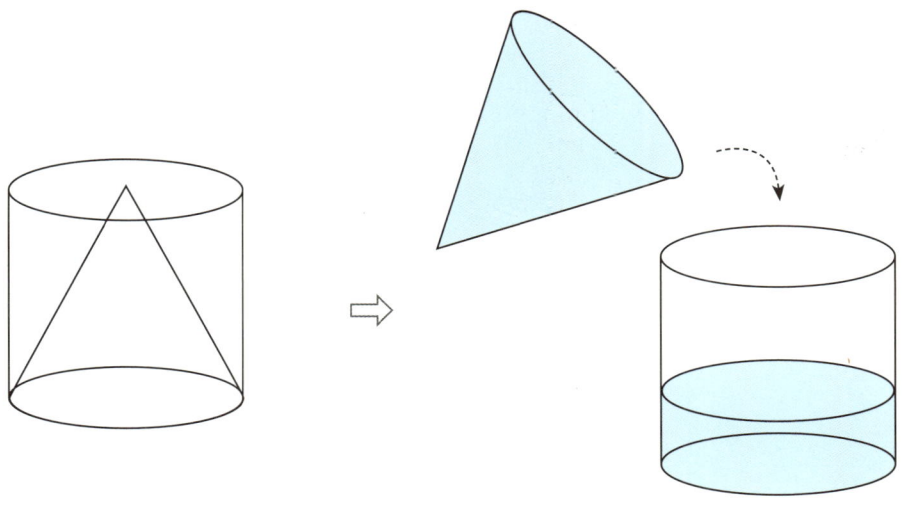

즉, 원기둥의 부피는 원뿔 부피의 3배와 같아요.

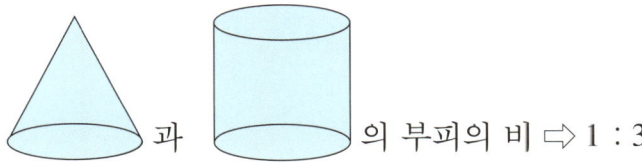

따라서, 원뿔과 구, 원기둥의 부피의 비는 1 : 2 : 3이에요.

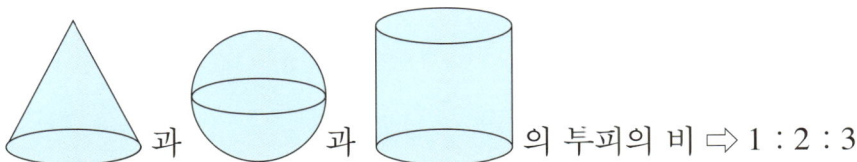

아르키메데스는 원뿔과 구와 원기둥 사이에 이렇게 아름답고 조화로운 관계가 있다는 것을 발견하고 자신의 묘비에 새겨 줄 것을 부탁했다고 해요.

- 시간
- 길이
- 들이
- 무게
- 각도
- 넓이
- 부피의 측정과 활용

측정

초2 길이재기, 초3 들이와 무게

039 측정

수학에서 단위가 왜 중요한가요?

직사각형의 가로가 7cm이고, 세로가 8cm여서 넓이를 56이라고 했어요. 계산도 맞고, 답도 맞는 것 같은데, 단위*를 쓰지 않으면 틀리는 건가요? 단위가 사라진다면 수학이 정말 재미있고 쉬울 것 같아요. 왜 계산을 할 때 단위를 써야 하나요? 단위를 쓰지 않아도 맞는 것 아닌가요?

세상을 재는 기준, 단위

단위는 수나 양을 세는 기준인데 세는 기준은 아주 다양해요. 가령 사과나 연필의 개수를 셀 때, 하나씩 셀 수도 있지만 10개씩 또는 12개씩 묶어 세기도 해요. 이처럼 묶어 세는 기준이 단위가 될 수 있어요. 그런데 물이나 우유처럼 액체의 양을 재거나 세는 것은 조금 달라요. 물의 개수를 셀 수는 없어요. 그러면 물과 같은 액체의 양은 어떻게 잴까요? 이때 단위를 쓰면 편리해요.

단위
길이, 넓이, 무게 등의 양을 수로 나타낼 때의 일정한 기준

단위를 만드는 방법은 아주 간단해요. 기준을 정하기만 하면 되지요. 물의 양을 잴 때, 집에 있는 컵을 이용할 수도 있어요. 주전자에 들어 있는 물의 양을 컵으로 재어 보세요. 몇 잔이나 되나요? 만약 15잔이라면 주전자의 물의 양은 그 컵으로 15잔이 되는 거예요.

어때요? 어렵지 않지요. 이제 그 컵으로 우유갑에 들어 있는 우유가 몇 잔인지, 식용유 한 병은 또 몇 잔인지 세어 볼 수 있어요.

단위는 어떻게 만들어졌을까요?

단위는 물건의 개수나 양을 나타낼 때 매우 중요해요. 단위가 없다면 사람마다 다른 기준으로 물건을 세거나 양을 재려고 할 거예요. 그러면 사람들이 서로 싸우지 않겠어요? 단위는 물건의 개수뿐만 아니라 길이, 넓이, 부피, 무게를 나타낼 때에도 쓰여요.

육상 선수가 100m달리기를 한다고 생각해 보세요. 어떻게 100m 길이를 나타낼 수 있을까요? 바로 1m란 단위를 이용하여 길이를 쟀기 때문에 가능한 것이지요. 마찬가지로 물건의 무게나 부피도 단위를 이용하여 나타낼 수 있어요.

우리가 쉽고 편리하게 사용하고 있는 단위도 알고 보면 많은 사람들의 노력이 있었기 때문이란 사실 알고 있나요? 단위의 소중함을 알고 알맞게 잘 활용하여야겠어요.

수학에서 단위가 사라진다면?

단위를 걱정하지 않고 계산만 하면 되니 수학 문제 풀기가 무척 쉽겠지요. 하지만 한 가지 생각해 볼 게 있어요. 우리가 푼 문제의 답이 어떤 뜻인지 따져 봐야 해요.

<문제> 가로가 3m, 세로가 5m인 밭이 있다. 이 밭의 넓이를 구하시오.

<풀이 및 정답> 3×5=15, 밭의 넓이 15

어떤 사람이 밭의 넓이가 궁금해서 문제를 푼 사람에게 물었더니 밭의 넓이가 15라고 대답해 주었어요. 그랬더니 그 사람은 의아해 합니다. 15가 어느 정도의 넓이인지 어림할 수 없기 때문이지요. 밭의 넓이가 15m²라면 작은 텃밭이고, 15a(아르)라면 작은 운동장만 한 밭이고, 15ha(헥타르)라면 작은 마을만 한 크기이고, 15km²라면 끝이 안 보이는 평야와 같은 넓이지요.

수학에서는 단위를 사용해야 의미를 정확하게 전달할 수 있어요. 연필이 3이라고 하면 3자루인지 3다스인지 3박스인지 알 수 없어요. 단위를 사용하지 않으면 듣는 사람이 무척 혼란스럽겠지요.

왜 식당에서 삼겹살은 1인분에 200g인가?

예전에는 식당마다 1인분의 기준이 달랐어요. A식당은 삼겹살 1인분(170g)에 7000원이고, B식당은 삼겹살 1인분(190g)이 9000원, 이런 식이었지요. 그래서 어느 식당이 더 싼지 얼핏 봐서는 알기 어려웠어요. 그래서 1인분의 기준을 통일하게 된 것이랍니다. 그러나 아직도 1인분의 기준이 200g이 아닌 식당도 있으니 주의해야 해요.

초2 길이재기, 초3 시간과 길이

미터(m)가 모든 단위의 기초라고요?

040 측정

미터(m) 단위가 만들어지기 이전에도 길이, 넓이를 나타내는 단위가 있었잖아요. 이런 전통 단위를 사용하지 않고 미터(m) 단위를 사용하면 어떤 점이 더 편리한가요?

길이를 재는 단위

1m의 길이는 어떻게 정해졌을까요? 미터법*의 기본 단위인 미터(m)의 유래는 1780년대 말 프랑스에서 시작돼요. 당시 지역이나 나라마다 길이를 재는 기준이 각기 달라 매우 불편했어요. 그래서 사람들은 전 세계 어디에서나 사용할 수 있는 단위를 만들고 싶어 했어요. 그러려면 세계 모든 나라 사람들이 인정할 수 있는 기준이 필요했지요. 그래서 지구의 둘레는 영원히 변치 않는 불변

미터법

측정 단위를 세계적으로 통일하기 위해 만든 표준단위. 길이는 미터(m), 넓이는 아르(a), 부피는 리터(L), 무게는 킬로그램(Kg)을 기본 단위로 해요.

의 길이라고 생각하여 지구 둘레의 길이를 재기로 하였어요. 프랑스에서는 프랑스의 파리를 지나 북극과 남극을 잇는 지구 둘레(자오선)를 4000만으로 나눈 하나를 1m로 정했어요.

$$1m = 지구 둘레(자오선) \times \frac{1}{40000000}$$

넓이 단위

1m를 기준으로 하여 넓이 단위도 만들었어요.
가로 1m, 세로 1m인 땅의 넓이 : $1m^2$
가로 1cm, 세로 1cm인 땅의 넓이 : $1cm^2$
가로 1km, 세로 1km인 땅의 넓이 : $1km^2$

그럼 1a(아르), 1ha(헥타르)는 뭔가요? 가로 10m, 세로 10m인 정사각형 모양의 땅의 넓이를 1a라고 하고, 가로 100m, 세로 100m인 정사각형 모양의 땅의 넓이를 1ha라고 해요.

부피 단위, 들이 단위

1m를 기준으로 한 길이 단위에서 부피와 들이 단위도 만들었어요. 가로 1m, 세로 1m, 높이 1m인 정육면체 모양의 부피를 $1m^3$(세제

곱미터)이라고 해요. 가로 1cm, 세로 1cm, 높이 1cm인 정육면체 모양의 부피는 $1cm^3$이라고 하지요.

들이는 그릇이 담을 수 있는 양을 말해요. 흔히 물이나 기름 같은 액체의 양을 나타낼 때 들이 단위를 사용해요. 1L는 가로, 세로, 높이의 안치수가 각각 10cm인 그릇에 담을 수 있는 액체의 양이에요. 또 1mL는 세로, 높이의 안치수가 가로, 각각 1cm인 그릇의 단위이고요.

	1000 = k	100 = h	10 = da	기본 단위	$\frac{1}{10}$ = d	$\frac{1}{100}$ = c	$\frac{1}{1000}$ = m
길이	km			m(미터)		cm	mm
들이	kL			L(리터)	d_		mL
무게	kg			g(그램)			mg
읽기	킬로	헥토	데카		데시	센티	밀리

뜬금있는 질문

무게는 m(미터)와 상관없겠지요?

무슨 섭섭한 말씀을!
무게 단위 또한 m(미터)를 이용하여 나타내요. 1kg은 가로, 세로, 높이가 10cm인 그릇에 담을 수 있는 물의 무게예요. 이때도 몇 가지 조건이 있는데, 온도가 4℃인 순수한 물이어야 한다는 것이지요. 같은 1L의 부피를 갖는다고 해도 물과 우유의 무게는 같지 않아요. 우유는 물보다 무겁지요.

초3 들이와 무게

041 측정

물은 왜 100°C에서 끓나요?

바닷물은 아주 추운 겨울에도 잘 얼지 않아요. 추운 겨울날 바닷물의 온도는 영하 10도는 될 거예요. 그런데 어떻게 해서 물은 0도에서 얼고, 100도에서 끓나요? 우연의 일치인가요?

물은 몇 도에서 끓을까요?

높은 산에서 밥을 지을 때에는 밥솥의 뚜껑을 꼭 닫아 수증기가 빠져나가지 않도록 해야 해요. 그렇지 않으면 밥이 잘 익지 않아요. 밥이 잘 익으려면 적당한 온도가 필요해요.

높은 산은 평지보다 기압이 낮아요. 기압이 낮으면 물이 100도보다 낮은 온도에서 끓기 시작해요. 물이 끓으면 수증기가 되어 증발하게 되지요. 밥솥의 뚜껑을 꼭 닫지 않으면 끓은 물이 수증기가 되어 계속 증발하고, 그래서 밥솥 안의 온도는 100도보다 낮은 온도가 계속되지요. 그렇게 되면 밥이 잘 익질 않아요. 산에서 밥을 맛있게 지으려면 평소보다 물을 많이 붓고 밥솥의 뚜껑을 꼭 닫아 수증기가 적게 빠져 나가게 해야 해요.

높은 산에서는 100도보다 낮은 온도에서 물이 끓는다는 것을 알았지요? 그럼 물은 어떨 때 100도에서 끓을까요?

▲ 물은 0도에서 얼고, 100도에서 끓어요.

물이 100도에서 끓으려면

수학은 약속의 학문이라고도 하고, 또 약속으로 시작해요. 물은 일정 온도 이하로 낮아지면 얼기 시작하고, 일정 온도로 높아지면 부글부글 끓어요. 이때 물은 기압에 따라 얼거나 끓는 온도가 조금씩 달라져요.

길이의 기준을 정할 때와 마찬가지로 온도의 기준을 정할 때에도 과학자들은 아주 많은 고민을 했어요. 오랜 고민 끝에 물을 이용하여 온도의 기준을 정하기로 하였지요.

물이 얼기 시작할 때를 0도, 물이 끓기 시작할 때를 100도로 정하고, 그 사이를 100칸으로 나누었어요. 0보다 작은 온도나 100도보다 높은 온도는 1도 간격으로 계속 선을 그어 온도를 표시하였어요. 이렇게 하면 아주 높은 온도나 낮은 온도도 표시할 수 있게 되는 것이지요.

그런데 한 가지 조건이 더 필요해요. 바닷물은 아주 추운 겨울에도 잘 얼지 않아요. 산에서는 100도보다 낮은 온도에서 물이 끓지요. 그래서 온도를 정할 때 몇 가지 조건을 정했어요. 다시 말해 물이 100도에서 끓으려면 몇 가지 까다로운 조건을 만족해야 해요. 우선 아무런 불순물도 섞이지 않은 순수한 물이 필요해요. 그리고 기압도 정확히 1기압*이어야 합니다.

이제 1기압에서 순수한 물을 데우면 100도가 되었을 때 끓어요. 또 이 순수한 물은 1기압에서 0도가 되면 얼기 시작해요.

기압
지구 표면의 일정 면적 위에 덮인 공기 무게 때문에 생긴 압력을 말해요. 1기압은 해수면에서 측정한 대기의 압력이에요.

자동차 유리에 뿌리는 워셔액은 왜 추운 겨울에도 얼지 않나요?

워셔액은 자동차의 유리에 쌓인 먼지나 얼룩을 깨끗이 닦아 주어 앞이 잘 보이게 해요. 워셔액의 성분 중 대부분은 물이기 때문에 온도가 0도이면 얼기 시작해야 하지만 영하 10도가 넘는 추운 겨울에도 워셔액은 얼지 않아요. 그것은 물과 메탄올을 섞은 것이기 때문이에요. 물과 메탄올을 1:1로 섞으면 영하 50도에서 얼지 않는 워셔액이 되어요. 시중에 판매되는 워셔액은 영하 20도까지 얼지 않아요. 이때 메탄올의 비율은 20% 정도예요.

초3 시간과 길이

1mm보다 짧은 길이는 어떻게 재나요?

042 측정

자에는 mm 단위까지 눈금으로 표시되어 있어요. 1mm보다 짧은 길이도 있고, 0.01mm까지 정확히 재야 할 때도 있을 것 같은데, 아주 짧은 길이는 어떻게 재나요?

종이 한 장의 두께 재기

흔히 사용하는 종이의 두께는 얼마나 될까요?

상당히 얇다는 것은 알겠는데 막상 두께를 재려니 막막하기까지 해요. 사실 생각보다 쉬운 방법으로 종이 한 장의 두께를 잴 수 있어요.

우선 자를 준비해요. 그런 다음 두께를 재고자 하는 종이를 한 묶음 정도 준비해요. 그리고 종이의 두께가 1cm가 되도록 종이를 겹쳐요. 조금 모자라거나 넘친다면 종이를 몇 장씩 더하거나 빼면 되겠지요. 정확히 종이의 두께가 1cm가 되었다면 이제 종이가 몇 장인지 세어요. A4용지 86장이 모여 두께가 1cm라면 $1 \div 86 = 0.0116\cdots$(cm)이 되어 종이 한 장의 두께는 약 0.01cm가 되는 셈이지요.

길이를 재는 자

자는 길이를 재는 도구예요. 자는 쓰임에 따라 다양한 종류가 있어요. 주변에서 흔히 접할 수 있는 자는 몇 cm나 몇 mm까지 정확히 잴 수 있지만 그보다 작은 길이는 재기 어려워요. 종이 한 장의 두께를 계산으로 알아낼 수 있지만 이 방법 또한 정확한 방법은 아니에요.

그렇다면 1mm보다 작은 길이는 어떤 방법으로 잴 수 있을까요? 종이의 두께는 물론 머리카락 굵기까지도 정확히 잴 수 있는 자가 있어요. 버니어캘리퍼스와 마이크로미터는 0.01mm 단위까지 정확히 잴 수 있어요. 사용법이 조금은 복잡해 보이지만 몇 번만 연습해 보면 쉽게 익힐 수 있어요.

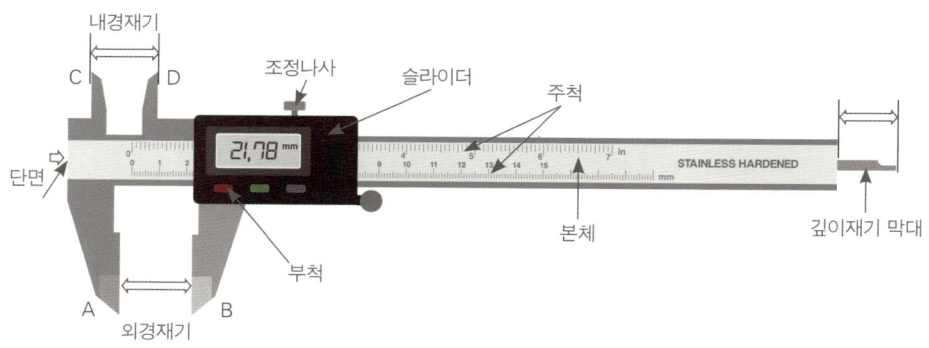

▲ 버니어캘리퍼스

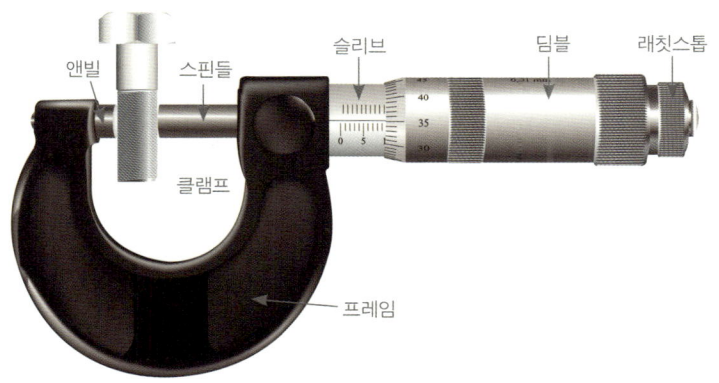

▲ 마이크로미터

빛으로도 거리를 잴 수 있나요?

레이저 광선을 쏘아 거리를 측정하는 기구도 있어요. 산과 산 사이의 거리처럼 멀리 떨어져 있거나 직접 자를 이용하여 재기가 곤란할 때는 빛을 이용할 수 있어요. '레이저 거리 측정기'는 측정기에서 쏜 빛(레이저 광선)이 물체에 부딪혀서 되돌아오는 시간을 이용하여 거리를 재어요. 빛의 속도는 일정하니까요.

초3 시간과 길이, 초4 각도와 삼각형, 초6 비례식과 비례배분, 중2 도형의 닮음

043 측정

지구 둘레의 길이는 어떻게 구하나요?

지구에는 바다도 있고, 산도 있어서 직접 걸어 다닐 수는 없잖아요. 지구는 어마어마하게 커서 자로 둘레의 길이를 잴 수는 없잖아요? 그런데 옛날 사람들도 지구 둘레의 길이를 재었다는데 어떻게 한 것인가요?

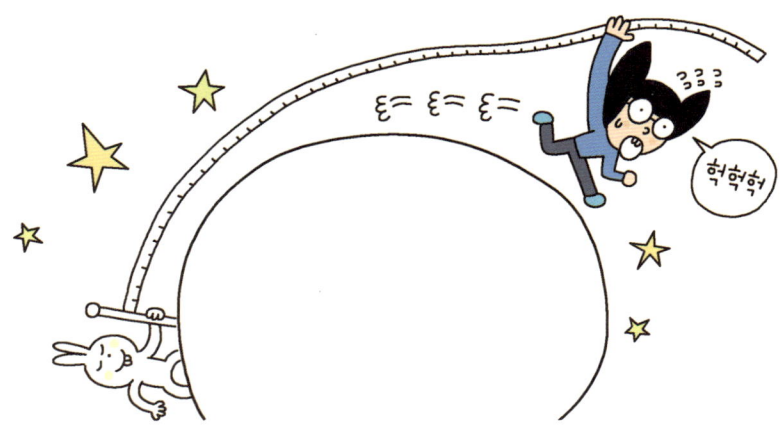

지구 둘레의 길이를 잰 에라토스테네스

지구가 둥글다는 것이 알려지면서 많은 사람들이 지구 둘레의 길이를 구하려고 노력하였어요. 그중 에라토스테네스는 고대 그리스의 수학자인데 지금 봐도 놀라울 정도로 정확히 계산하였어요.

에라토스테네스는 시에네* 지방에서는 하짓날 정오가 되면 돌기둥 아래의 그림자가 사라지고 햇빛이 우물 바닥까지 비친다는 것을 알게 되었어요. 시에네는 그가 살고 있던 알렉산드리아의 남쪽에 위치하고 있었는데, 하짓날

시에네
그리스 알렉산드리아의 남쪽에 있는 도시

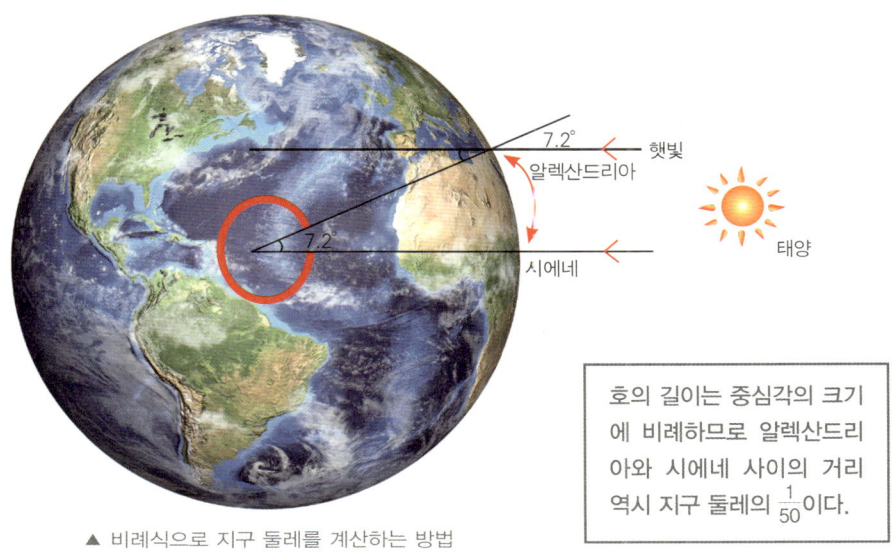

▲ 비례식으로 지구 둘레를 계산하는 방법

호의 길이는 중심각의 크기에 비례하므로 알렉산드리아와 시에네 사이의 거리 역시 지구 둘레의 $\frac{1}{50}$이다.

정오 때 태양의 고도는 82.8°였어요. 에라토스테네스는 시에네까지 거리만 알면 지구의 둘레를 구할 수 있을 것 같았어요. 그래서 사람을 시켜 직접 시에네까지 걸어서 거리를 재도록 하였지요. 그렇게 하여 계산해 낸 지구 둘레의 길이가 46250km였어요. 오늘날 측정값 40008km와 차이는 있지만 당시 수학으로는 아주 놀라운 계산이랍니다.

또 다른 시도

1792년 프랑스에는 에라토스테네스의 하인처럼 직접 걸어서 지구 둘레의 길이를 재던 두 사람이 있었어요. 당시 프랑스 과학자들은 지구 둘레의 길이를 기준으로 세계 공통의 단위를 만들고 싶어 했어요. 그러려면 지구 둘레의 길이를 정확히 얼마인지 알아야 했고, 그 임무를 맡은 사람이 천문학자인 들랑브르와 메생이었어요.

두 사람은 7년에 걸쳐 프랑스의 북부 도시 됭케르크에서 스페인의 북부 도시인 바르셀로나까지의 거리를 측량하였어요. 과학자들은 들랑브르와 메솅의 측정 결과를 바탕으로 북극에서 적도에 이르는 거리를 정확히 계산하고자 하였지만 어려운 문제에 부딪혔어요. 지구가 생각보다 공처럼 둥글지 않았어요. 산도 있고 계곡도 있어 매우 울퉁불퉁하였지요. 그래서 들랑브르와 메솅의 노력은 결국 헛수고가 되고 이전의 자료들을 근거로 1m의 길이를 정했어요.

지구 둘레의 길이는 얼마나 될까?

지구 둘레의 길이를 정확히 재는 것은 불가능해요. 또 재는 위치에 따라 지구 둘레의 길이는 달라져요. 왜냐하면 지구는 높은 산도 있고, 깊은 계곡도 있어 매우 울퉁불퉁하기 때문이지요. 과학자들이 알아낸 지구 둘레의 길이는 약 4007만 5017m라고 해요. 또 지구의 적도지름은 12756km이고, 극지름은 12713km예요.

알렉산드리아에서 시에네까지 거리는 어떻게 재었나요?

하인을 시켜 직접 걷게 하였는데 강도 건너야 하고 산도 넘어야 해요. 하인 한 사람이 걷는다면 정확한 거리를 알 수 없겠지요. 그래서 많은 사람을 시켜 몇 걸음이나 되는지 알아본 다음, 걸음 수를 평균 내어 두 곳 사이의 거리를 계산하였지요.

초3 시간과 길이, 초5 다각형의 넓이

TV 화면 크기는 왜 인치 단위로 나타내나요?

044 측정

스마트폰이나 TV 화면의 크기를 나타낼 때는 5.2인치, 50인치처럼 인치를 단위로 쓰는데요. 실제 화면의 크기는 넓이로 나타내는 것이 맞지 않나요? 왜 길이 단위인 인치를 사용하는가요?

인치(inch)

인치는 미국이나 영국에서 주로 쓰이는 길이 단위인데 우리 몸을 기준으로 만들었어요. 1인치는 2.54cm이며 엄지손가락의 너비(폭)에 해당해요. 12인치는 1피트인데 1피트는 발바닥의 길이에서 유래했지요. 대부분의 나라에서는 미터법에 따라 미터나 센티미터를 사용하지만 아직 인치나 피트를 사용하는 나라도 있어요.

우리 주변에서도 인치를 단위로 사용하는 경우가 많아요. 선풍기의 크기나 자전거의 바퀴 크기도 지름을 인치로 나타내는데 어린이

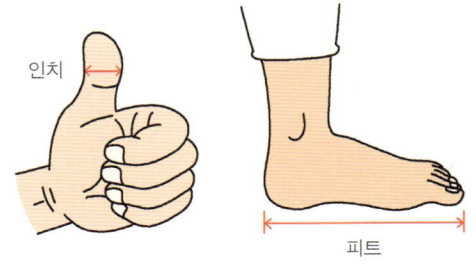
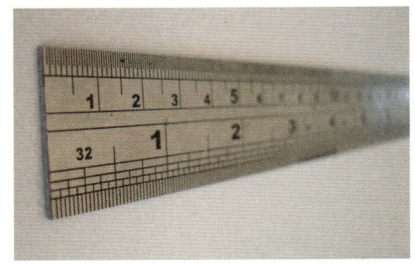

피트 : 발뒤꿈치부터 엄지발가락 끝까지의 길이

▲ 인치와 센티미터를 비교할 수 있는 자

용 자전거의 바퀴는 보통 20인치예요.

TV 화면의 단위는 왜 인치일까?

보통 텔레비전 화면의 크기는 '40인치'처럼 인치 단위로 나타내요. 인치는 길이 단위이지만 TV 화면의 크기와 같이 넓이 단위로 쓰이게 된 것은 무슨 이유일까요?

예전에는 TV 화면의 가로와 세로의 비율이 4:3으로 정해져 있었어요. 그래서 TV 화면의 가로와 세로의 길이를 각각 표시하는 것보다 대각선의 길이만 표시하는 것이 더 편리했어요. 그래서 20인치 텔레비전, 24인치 텔레비전처럼 간단히 표시하였지요. 그런데 TV 화면이 커지고 가로와 세로 비율이 16:9인 TV도 나오면서 대각선의 길이만으로는 TV 화면의 크기를 정확히 나타내기 어려워졌어요. 같은 50인치의 TV라도 화면의 비율에 따라 넓이가 다른 것을 알 수 있어요.

요즘에는 TV뿐만 아니라 컴퓨터 모니터나 스마트폰, 스마트패드 화면의 크기도 인치 단위를 사용하여 나타내요. 모니터 화면의 비율은 4:3, 16:9, 16:10, 21:9 등 매우 다양해요. 쓰임새가 다양해지

50인치 TV (16:9)	50인치 TV (4:3)
가로 : 43.6인치(약 110cm)	가로 : 40인치 (약 100cm)
세로 : 24.5인치(약 62cm)	세로 : 30인치 (약 76cm)
화면의 넓이 : 6820cm^2	화면의 넓이 : 7600cm^2

16 : 9 화면   4:3 화면

▲ 대각선의 길이는 같지만 넓이는 달라요.

고 보기에 좋고 사용하기 편리한 가로 세로 비율이 서로 다르기 때문에 그렇게 된 것이지요.

이제 더 이상 인치만으로 화면의 크기를 정확히 나타내는 것은 불가능해졌어요. 5인치 스마트폰의 화면이 5.2인치 스마트폰보다 더 클 수도 있지요. 그러니 앞으로는 화면의 크기를 몇 cm^{2}와 같이 넓이 단위를 사용하여 나타내는 것이 옳지 않겠어요?

인치에서 다시 미터법으로

세계 대부분의 나라에서는 미터법*에 따라 길이를 미터(m)로 나타내요. 미터법은 미터(m)를 길이의 단위, 킬로그램(kg)을 무게의 단위로 사용하자는 국제적인 약속이에요.

미터법
길이와 너비 등은 미터를, 부피는 리터를, 무게는 킬로그램을 기본 단위로 하고 십진법을 사용하는 국제단위계

하지만 영국이나 미국 등 일부 국가에서는 여전히 인치, 피트, 야드를 길이 단위로 사용하고 있어요. 이들 나라에서도 미터를 길이 단위로 사용하려고 하였으나 예전부터 사용해 왔기 때문에 인치 단위가 더 익숙하다는 이유로 미터법 사용을 미루고 있어요. 우리나라도 1948년부터 미터법을 사용하였어요. 그러나 아직도 길이는 '자', 넓이는 '평'과 같은 단위를 사용하는 사람들이 있는데 이것은 법으로 금지되고 있어요.

최근 영국이나 미국에서도 미터법을 사용하자는 운동이 활발히 벌어지고 있어요. 인치 단위 때문에 수학이나 과학의 계산이 훨씬 복잡해지고, 단위를 잘못 사용하여 생기는 실수와 손실이 크기 때문이지요.

단위 때문에 큰 피해를 입기도 하나요?

1999년 9월 화성으로 향하던 화성 탐사선이 화성 궤도에 진입하는 데 실패하고 추락해 버려요. 실패 이유는 아주 사소한 데 있었어요. 일을 하던 과학자가 미터 단위와 인치 단위를 혼동하여 계산을 잘못한 거예요. 그래서 탐사선은 예정 궤도를 96km나 빗나갔고 결국 추락하고 만 것이지요.

초3 시간과 길이, 초6 비례식과 비례배분, 중2 도형의 닮음

나무에 올라가지 않고 높이를 잴 수 있나요?

045
측정

나폴레옹은 많은 전쟁에 이긴 장군이라고 알고 있어요. 그런데 수학 실력도 대단해서 강을 건너지도 않고 모자 하나로 폭을 재었다고 해요. 어떻게 재었나요? 그리고 나무에 올라가지도 않고 높이를 잴 수 있나요?

강의 폭 재기

나폴레옹은 프랑스의 장군이었어요. 그가 많은 전쟁에서 승리할 수 있었던 것은 그의 수학 실력 때문이기도 해요. 나폴레옹은 상대편 진지에 대포를 쏘아 맞히려 하였지만 강폭이 얼마나 되는지 알 수 없어 번번이 실패하였어요. 어떻게 구할까 고민을 거듭하다 좋은 방법을 떠올렸어요.

나폴레옹은 쓰고 있던 모자를 눈앞으로 기울여 모자챙의 끝과 강 건너편이 일직선이 되도록 하였어요. 눈과 모자의 각도를 유지한

채 조심스럽게 뒤로 물러났어요. 뒤로 조금씩 계속 뒷걸음을 치다가 처음 서 있던 곳이 모자 끝에 나타나자 멈추었어요. 그리고 부하로 하여금 두 곳 사이의 거리를 재도록 하였지요. 그러고는 방금 잰 그 거리가 강폭과 같다고 하였어요. 그는 삼각형의 성질을 잘 알고 있었던 거예요.

높이 재기

나무에 직접 올라가지 않고도 나무의 높이를 재는 것이 가능해요. 물론 이때도 수학이 필요하지요.

키가 큰 나무가 있어요. 나무의 높이를 알려면 긴 줄자와 삼각자가 필요해요. 두 각이 45도인 직각삼각자를 눈높이에 놓고 삼각자의 빗변 끝에 나무 꼭대기가 보일 때까지 뒤나 앞으로 움직여요. 그렇게 해서 삼각자의 빗변 방향으로 자신의 눈과 나무 끝이 일직선이 되었을 때, 나무에서 자신이 서 있는 곳까지의 거리가 나무 높이가 되는 것이지요.

옛날 이집트 사람들은 피라미드를 매일 보고 다녔지만 높이는 알 수 없었어요. 직접 올라가더라도 높이를 구하는 것은 다른 문제였거든요. 탈레스는 삼각형에서 변 사이의 비례식을 이용하여 막대 하나로 피라미드의 높이를 계산했어요. 피라미드의 그림자와 막대에 생긴 그림자의 각이 같다는 사실에 착안하여 삼각형의 닮음비를 이용하여 피라미드의 높이를 계산한 것이지요.

초5 다각형의 넓이

넓이가 같은데 둘레가 다를 수 있나요?

046 측정

넓이는 같지만 모양이 서로 다른 꽃밭이 있어요. 모양은 서로 다르지만 넓이가 같다면 꽃밭의 둘레도 같지 않나요?

가장 넓은 땅

옛날 한 부자가 하인에게 한 가지 약속을 했어요.

"내 집에서 오랫동안 일했으니 그 보답으로 내 땅을 주겠다. 해가 떠서 지기 전까지 네가 원하는 땅 위를 달려서 처음 자리로 돌아와라. 그럼 발자국을 경계로 안쪽이 모두 네 땅이 되는 것이다."

다음 날 하인은 해가 뜨자마자 달리기 시작했어요. 그런데 한참을 달려 다시 처음 자리로 돌아가려 하였지만 너무 멀리 달려가서 처음 자리로 돌아갈 수 없었어요.

여러분이 하인이라면 어떤 선택을 하였을까요?

하인이 해가 있는 한나절 동안 달릴 수 있는 거리는 정해져 있어요. 한나절 동안 20km를 달릴 수 있다고 한다면 둘레가 20km인 도형을 생각해 보아야 하겠지요. 이해하기 쉽게 점판 위에 길이가 20cm인 끈을 이용하여 생각해 보아요.

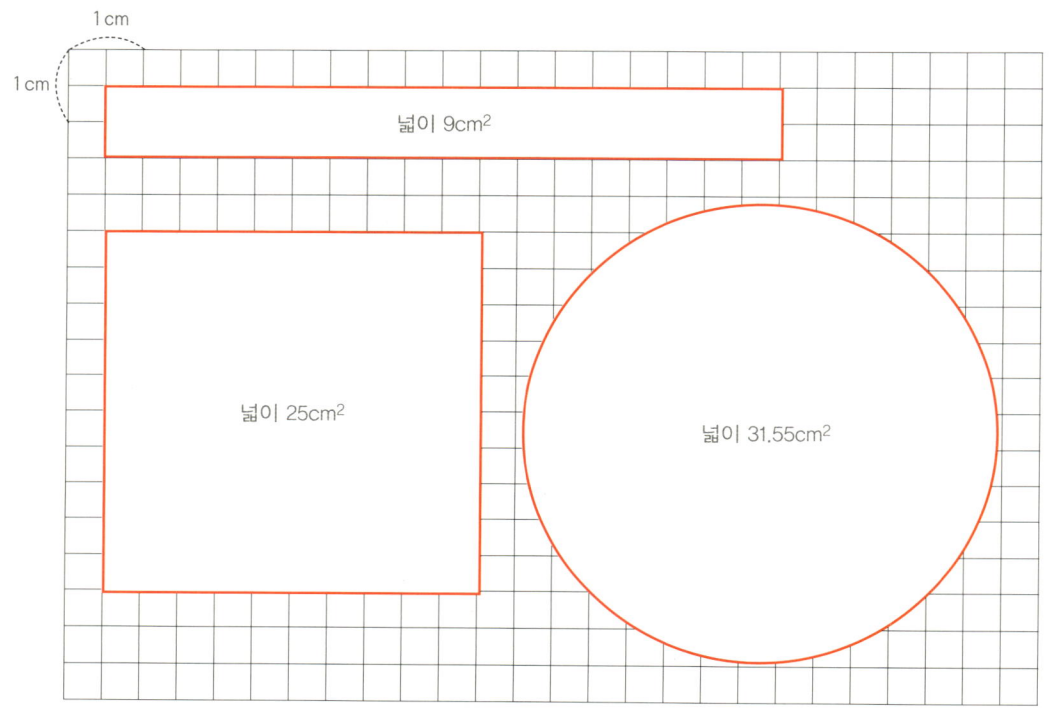

▲ 둘레가 20cm인 도형

이 도형들은 모두 둘레가 20cm로 같아요. 둘레가 같을 때는 직사각형보다 정사각형이 더 넓고, 정사각형보다는 원이 더 넓다는 것을 알 수 있어요. 앞으로만 달리면 아주 가늘고 긴 땅만 얻을 수 있고, 정작 땅의 넓이는 작아 별로 쓸모없게 되지요. 따라서 하인은 원 모양이 되도록 달렸어야 했어요. 진작 수학 공부를 했어야 하는

데 말이죠.

이렇게 둘레가 같아도 넓이는 다를 수 있어요.

넓이가 같은 도형

백 번 듣는 것보다 한 번 해 보는 것이 낫다는 속담이 있어요. 이 말은 여러 번 듣는 것보다 직접 해 보는 것이 이해하기 쉽다는 뜻이지요. 넓이와 둘레 사이에 어떤 관계가 있는지 살펴볼까요?

도형의 둘레와 넓이와의 관계를 쉽게 알아보려면 점판을 이용하면 좋아요. 보통 점판에서 가로와 세로로 놓인 점 한 칸의 길이는 1cm예요. 이때 점을 연결하여 그린 작은 정사각형의 넓이는 $1cm^2$가 되지요.

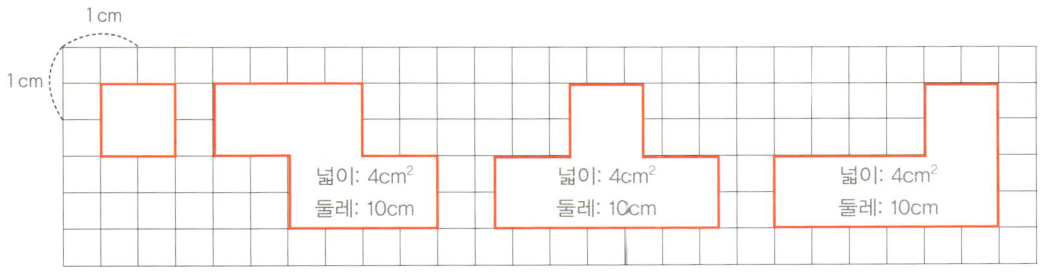

▲ 넓이가 $4cm^2$인 도형

오른쪽 3개의 도형들은 넓이가 모두 $4cm^2$로 같고, 둘레 역시 10cm로 같아요. 이처럼 넓이가 같은 도형 중에는 둘레도 같을 수 있지만 모두 그런 것은 아니랍니다. 그럼 어떨 때 둘레의 길이가 달라지는지 살펴보기로 해요.

넓이가 $4cm^2$인 도형을 생각해 보아요. $4cm^2$는 $1cm^2$가 4개인 것과 같아요.

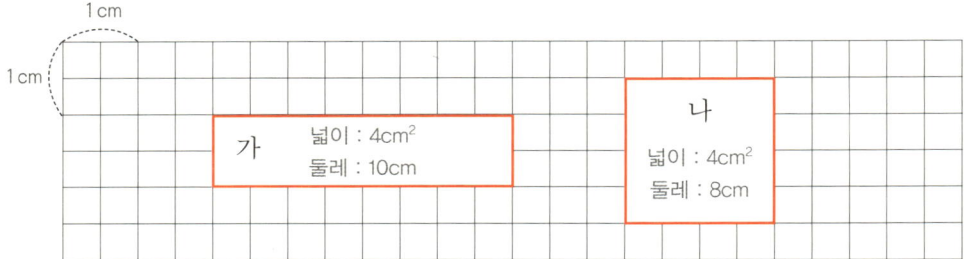

도형 가와 나의 넓이는 모두 4cm²예요. 이때 가 도형의 둘레는 10cm이고, 나 도형의 둘레는 8cm예요. 가와 나 도형은 넓이는 서로 같지만 둘레는 달라요.

사람이 색종이 한 장에 뚫린 구멍으로 통과할 수 있나요?

색종이 한 장에 구멍을 뚫어 사람이 통과할 수 있다면 아주 놀라운 일이겠지요. 불가능해 보이는 일도 수학의 힘을 빌리면 가능해요. 사람이 구멍을 통과하려면 둘레가 충분히 길어야겠지요. 색종이를 이용하여 둘레를 길게 하려면 색종이를 반으로 접은 다음, 지그재그로 자르면 되요. 지그재그로 여러 번 자르면 자를수록 둘레가 더 긴 도형이 만들어져요.

초5 다각형의 넓이, 초6 비와 비율, 중2 도형의 닮음

A4용지 이름에는 왜 영어 알파벳과 숫자가 붙었나요?

프린터나 복사기에는 A4용지를 가장 많이 사용하는데요. 그런데 이 종이에는 왜 A4라는 이름이 붙었나요?

A4용지 살펴보기

자로 A4용지의 가로와 세로를 재어 보아요. 가로는 21cm이고, 세로는 29.7cm예요. 그냥 가로 20cm, 세로 30cm로 정해도 될 것을 왜 이렇게 복잡하게 하였을까요? A4용지가 이런 치수를 갖게 된 것은 나름의 이유가 있어요.

일상생활에서 사용하는 종이의 규격은 커다란 종이인 전지*를 반씩 계속 자르는 방법으로 만들어요. 보통의 종이는 반으로 자르면 가로와 세로의 비가 원래의 규

전지
자르지 아니한 온장의 종이.

격과는 다른 종이가 되요. 미술시간에 흔히 사용하는 8절 도화지나 4절 도화지는 가로와 세로의 비가 달라요.

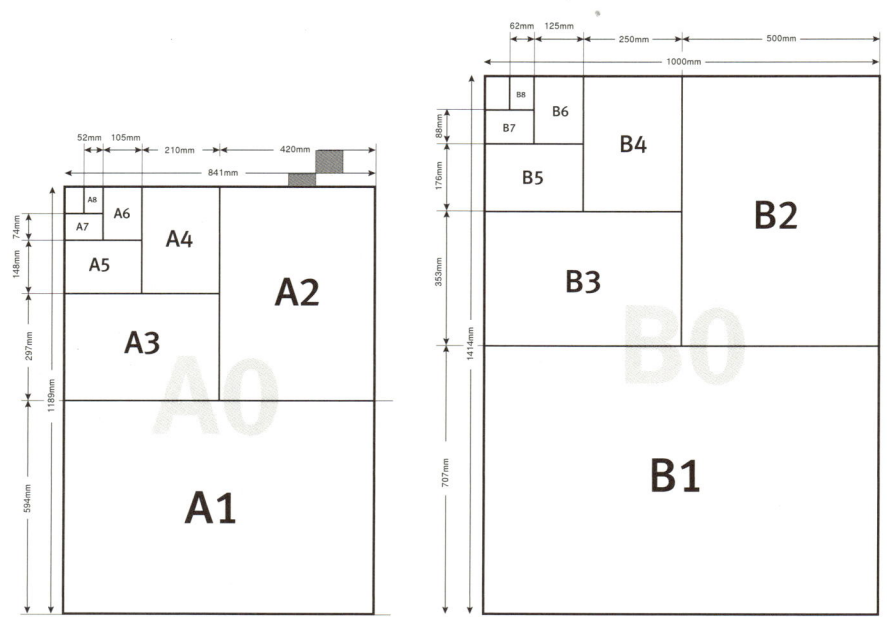

A4용지의 탄생

예전에는 나라마다 종이의 규격이 다르니 불편한 점이 많았어요. 그런데 독일에서 종이를 반으로 잘라도 가로와 세로의 길이의 비가 일정한 전지를 국제규격으로 정하자고 제안했어요. 이 전지의 규격이 가로 841mm, 세로 1189mm예요. 이 종이는 반으로 잘라도 가로와 세로의 길이의 비가 항상 1 : 1.414로 일정해요. 요즘처럼 복사기나 프린터기를 사용하여 문서를 확대하거나 축소할 때 종이의 낭비가 없어 아주 경제적이지요. 그런데 일부 분야에서는 전지가 규격에 맞지 않아 일부를 잘라 버려야 하는 일이 생겼어요. 그래서 처음 나온 전지가 먼저 나왔으니 A0용지라고 하고, 새로운 규격을 하나 더 만들었는데 이 용지가 바로 B0용지예요.

A, B 다음에 붙은 숫자는 무엇인가요?

A나 B 뒤에 붙은 숫자는 종이를 자른 횟수예요. A0용지는 전지를 자르지 않은 것이고요. 전지를 반으로 한 번 자르면 A1용지, A1용지를 다시 반으로 자르면 A2용지, A2용지를 다시 반으로 자르면 A3용지, 이렇게 숫자가 붙어요.

B용지도 같은 원리이지요. 많이 사용하는 A4용지는 전지를 반으로 4번 잘라 만든 용지예요.

복사지 박스에 75g이라 씌어 있어요. A4용지 한 장의 무게가 75g이라는 뜻인가요?

종이의 두께를 표기할 때 몇 mm와 같이 길이 단위를 쓰지 않고 무게 단위인 g(그램)을 사용해요. 75g이라는 것은 같은 종이로 1m² 넓이일 때의 무게가 75g이라는 뜻이에요. 따라서 같은 재질이라면 120g 종이가 75g 종이보다 더 두껍겠지요.

초2 시각과 시간, 초3 시간과 길이

048 측정

그림자로 시간을 알 수 있어요?

해가 뜨고 다시 기울면서 해의 위치에 따라 그림자도 길이가 길어졌다 짧아졌다 하잖아요? 그런데 그림자의 길이로 시간을 알 수 있나요?

자연을 이용한 해시계

해는 세상에서 가장 큰 시계라고 할 수 있어요. 해는 아침이면 동쪽에 떠서, 한낮에는 남쪽, 저녁이면 서쪽으로 져요. 해가 움직이면서 땅에 생기는 그림자의 길이와 위치도 바뀌지요. 옛날 사람들은 땅에 막대를 꽂고 막대 둘레에 돌을 놓아 일정한 간격으로 눈금을 만들어서 막대의 그림자가 가리키는 눈금을 보고 시간을 알 수 있었어요.

고대 이집트 사람들은 신이나 왕의 업적을 기리기 위해 돌로 뾰족한 탑을 높이 만들어 세웠어요. 이것을 '오벨리스크'라고 하는데 높이가 30m나 되는 것도 있어요. 이집트 사람들은 오벨리스크의 그림자를 해시계로도 이용하였어요. 이보다 앞서 우리나라에는 구석기 시대의 선돌과 고인돌이 있었지요. 그 뒤 그리스와 로마에서는 대리석을 오목하게 판 해시계가 만들어졌고, 중세 유럽에서는 벽걸이 해시계가 유행했어요.

▲ 프랑스 파리 콩코르드 광장에 있는 룩소르 오벨리스크

▲ 에티오피아 악숨에 있는 오벨리스크

조선시대 해시계

《세종실록》을 보면 해시계를 만들었다는 기록이 있어요. 세종대왕 때에 만든 해시계는 5종류가 있는데, 현재 남아 있는 것이 없어요. 임진왜란 등을 겪으면서 모두 불에 타 없어졌지만 17~18세기

조선 후기의 휴대용 앙부일구 (1871년)

폭 5.6cm의 작은 대리석으로 만들어졌으며 작은 나침반이 있어 동서남북을 알 수 있어요. 해시계는 나침반이 북쪽을 향하도록 놓아야 시간을 정확히 알 수 있지요.

에 앙부일구가 다시 복구되었고, 가지고 다닐 수 있는 작은 크기의 해시계(앙부일구)*도 여러 개 만들어졌어요.

앙부일구는 세종 16년(1434)에 처음 만들어졌는데 궁궐과 관공서와 양반들의 집에 놓았으며, 사람들이 많이 다니는 길에도 설치하여 백성들도 오가며 볼 수 있도록 했어요. 이때 만들어진 앙부일구는 12간지의 동물 그림을 그려 넣어 글을 모르는 백성들도 시간을 알 수 있게 했어요.

조선시대 이전에도 해시계가 있었나요?

1930년 경주 성곽에서 신라시대의 해시계 일부가 발굴되었는데, 재질은 화강석이고 모양은 원반형이었어요. 반지름은 약 33.4cm, 가장 두꺼운 곳은 두께가 16.8cm였어요. 해의 그림자를 재는 막대를 가운데에 세우고, 돌에 눈금을 새겨 대략적인 시간을 알 수 있게 했는데 지금 경주박물관에 있어요.

신라시대 해시계(650년경) 파편

복원한 모습

초1 시계 보기, 초3 시간과 길이

해시계는 왜 30분 느린가요?

049 측정

궁궐에 가면 앙부일구를 볼 수 있어요. 앙부일구는 조선시대에 사용하던 해시계라고 하던데 문제는 30분 느리다는 것이죠. 제 손목시계는 12시를 가리키는데, 앙부일구는 11시 30분을 가리키고 있어요. 앙부일구는 왜 30분 느린 건가요?

앙부일구

앙부일구는 조선시대 장영실, 이천 등의 과학자들이 만든 해시계예요. 모양이 가마솥을 닮아 오목하고, 하늘을 우러르고 있다고 하여 앙부일구(仰釜日晷)라고 이름이 붙었어요. 세종대왕 때 처음 만든 앙부일구는 현재 남아 있지 않고 조선 후기에 만든 것들만 남아 있어요.

이전의 해시계는 평평한 바닥에 막대를 세워 만든 것이 대부분이었지요. 아침과 한낮의 태양의 높이가 다르기 때문에 시각마다 그림자의 길이도 달라졌어요. 어떤 경우에는 그림자가 시계 밖으로 벗어나기도 하였지요. 또 해시계를 벽에 설치하면 시간당 움직이는 그림자의 간격이 달라지는 문제도 있었어요.

앙부일구는 이전 해시계의 여러 문제점을 단번에 해결하고 달력의 기능까지 있는 획기적인 발명품이었어요. 앙부일구의 안쪽에 세로로 그은 선은 시각을 나타내고, 가로로 그은 선은 절기*를 나타내지요.

절기
태양의 위치에 따른 계절의 변화를 나타낸 것으로 1년을 24절기로 나누었어요. 절기는 조상들의 일상생활과 아주 밀접한 관계가 있었어요. 특히 농사는 절기에 따라 해야 할 일들이 정해져 있었지요.

▲ 앙부일구 – 시각을 나타내는 세로 선은 15분 간격으로 표시되어 있어요!

앙부일구가 30분 늦다고요?

경복궁이나 창덕궁에 가 보면 앙부일구를 볼 수 있어요. 앙부일구가 몇 시를 가리키는지 보았더니 지금 시각과 30분 차이가 나는군요. 옛날에 만든 해시계라 정확하지 않은 걸까요?

앙부일구는 당시 한양(지금의 서울)을 기준으로 만들었어요. 한양의 정남쪽에 해가 있을 때 낮 12시가 되는 것이지요. 하지만 현재 우리나라는 서울이 기준이 아니라 동경 135°를 표준시로 사용하고 있어요. 서울은 동경 127°이므로 표준시*와 30분 정도 차이가 나지요.

앙부일구는 세계에서도 가장 과학적이고 정확한 해시계라고 할 수 있어요.

표준시
각 나라 각 지방에서 쓰는 표준 시각. 평균 태양이 자오선을 통과하는 때를 기준으로 정하는데, 우리나라는 동경 135도를 기준 자오선으로 한 평균 태양시를 써요.

하루는 언제 시작할까요?

밤 12시가 되면 달력의 날짜가 바뀌어요. 즉 밤 12시에 새로운 하루가 시작하지요. 우리 조상들도 오늘날과 같이 자정(밤 12시)을 하루의 시작으로 보았어요.

하지만 세계 모두가 밤 12시에 하루가 시작하는 것은 아니었어요. 알렉산드리아에서는 낮 12시가 하루의 시작이었고, 고대 이집트에서는 해가 떠서 동그란 모양이 되었을 때 하루가 시작한다고 보았지요. 또 어떤 사람은 잠에서 깨어났을 때 하루가 시작하기도 하지요. 사람들이 정한 하루의 시작은 밤 12시이지만, 사람마다 느끼는 하루의 시작은 다를 수 있어요.

초2 시각과 시간, 초3 시간과 길이

050 물도 시계가 될 수 있나요?

측정

해가 만들어 내는 그림자를 이용하여 시간을 알 수 있는 해시계가 있잖아요. 그럼 물을 이용하여 시간을 알 수 있는 물시계도 있나요?

물을 이용한 시계

기계 시계가 없고 해시계만 있던 옛날에는 흐린 날이나 밤에는 시간을 알기가 어려웠어요. 그래서 물을 이용한 시계를 만들었어요. 오래전에 사용되었던 물시계는 가장 높이 있는 물받이에서 아래쪽 물받이로 차례로 물을 흘려 보내면서 물의 흐름이 일정하게 되도록 만든 것이에요. 제일 아래에 있는 물받이 안으로 물이 흘러 들어가면서 일정한 속도로 잣대가 떠올라 잣대에 그려진 눈금으로 시각을 측정했어요.

다른 나라의 물시계

그리스 인들은 두 개의 커다란 그릇으로 물시계를 만들었어요. 작은 구멍이 뚫린 그릇에 물을 가득 넣으면, 그 구멍으로 새어 나온 물은 눈금이 있는 다른 그릇으로 떨어지면서 점점 물 높이가 올라가 위에 있는 눈금을 가리키게 되고 그 눈금으로 시간이 얼마나 지났는지 알 수 있어요.

그리스의 철학자 플라톤도 물시계를 이용해 최초의 자명종을 만들었어요. 먼저 물통 주둥이 한쪽에 접시를 두고, 그 안에 구슬을 올려놓고 물통에 물이 가득 차서 접시가 기울어지면 구슬이 구리 쟁반에 떨어져서 요란한 소리를 내도록 했어요.

▲ 그리스의 물시계(기원전 400년경)

▲ 페르시아의 물시계(기원전 500년경)

아라비아에 코끼리 물시계라는 그림이 있어요. 실제 존재하지는 않지만 중국은 이것을 토대로 여러 층의 항아리로 된 물시계도 만들고, 물레방아를 이용한 아주 커다란 물시계도 만들었어요.

우리나라의 물시계

물시계는 날씨와 상관없이 밤낮으로 작동되지만 항상 누군가가 옆에 있어서 눈금을 일일이 확인하고 종을 쳐서 시각을 알려야 했어요. 지키는 사람이 졸거나 자리를 비우면 시각을 알릴 수가 없었지요. 이러한 불편함을 없애기 위해 세종대왕 때 자동으로 시각을 알려주는 자격루가 만들어졌어요. 자격루는 경복궁 남쪽에 있었는데 조선 시대의 표준 시계로 사용되었어요.

1433년 장영실이 처음 만들었으며, 자동으로 시각을 알려 주는 물시계로 세계 최첨단의 발명품이라고 할 수 있어요. 현재는 물 항아리 부분만 남아 있고, 자동으로 시각을 알려 주는 장치는 안타깝게도 남아 있지 않아요.

▲ 조선 시대의 자격루

별도 시계가 될 수 있나요?

우리나라 만 원짜리 지폐 뒷면에는 국보 제230호인 혼천시계의 혼천의 부분이 그려져 있어요. 혼천시계는 스스로 종을 치는 시계(자명종)인데, 현종 때 사람인 송이영이 만든 것이에요. 혼천시계는 크게 지구를 중심으로 천체 움직임을 보여 주는 '혼천의'와 시간을 알려 주는 '시계장치' 등 크게 두 부분으로 구성되어 있어요. 이 혼천시계는 서양뿐 아니라 중국과 일본에서도 찾아볼 수 없는 우리의 전통적인 방법으로 만들어 낸 것으로 전 세계에 하나밖에 없는 세계적인 유산으로 극찬을 받고 있어요.

초2 시각과 시간, 초3 시간과 길이

1시간은 왜 60분인가요?

051 측정

1분이 100초, 1시간은 100분이면 딱 떨어져서 계산하기에 더 편할 것 같은데, 왜 1분이 60초, 1시간이 60분인가요?

하루는 10시간?

1800년경 프랑스에서는 십진법을 널리 쓰는 운동이 일어났어요. 날짜나 시간도 예외가 아니었어요. 실제로 일주일은 10일, 하루는 10시간, 1시간은 100분, 1분은 100초인 시계가 쓰이기도 하였어요. 하지만 10을 기준으로 한 시계는 2년 만에 사라지고 말았어요. 사람들이 오랜 세월 사용해 오던 시간관

▲ 프랑스의 십진법 시계

측정 | 165

념과 어긋나서, 새로운 시계가 편리한 게 아니라 혼동만 일으킬 뿐이었으니까요.

하루는 24시간?

그럼 언제부터 하루가 24시간이었을까요? 24시간의 유래는 고대 바빌로니아와 고대 이집트 문명으로 거슬러 올라가지요. 당시 큰 도시가 생기고 사람들의 일상은 바빠지기 시작했어요. 하루를 좀 더 효율적으로 쓰기 위한 노력도 당연히 있었지요.

하지만 하루가 꼭 24시간인 건 아니었어요. 우리나라에서는 12지의 영향으로 하루를 12등분하여 사용하였어요. 12지의 12가지 동물은 매 시각을 나타내어요. 지금으로 보면 하루는 12시간이고 한 시간이 120분인 셈이지요. 또 고려시대에는 하루를 100각으로 하고, 1각은 84분으로 정해서 썼다고 해요.

우리나라에서 하루가 24시간으로 정해져 쓰인 것은 조선 후기부터예요. 서양의 영향으로 하루를 24시간으로 하고, 1시간은 4각으로 했어요. 이때 1각은 15분이 돼요.

재미있는 게임을 하면 시간이 빨리 가나요?

시간은 언제나 같은 속도로 가지만 우리가 실제 느끼는 시간은 달라요. 재미있는 일을 할 때는 시간에 관심을 갖지 않아요. 그러다 보니 시간이 금방 가는 것 같고, 반대로 재미없는 일을 할 때는 자꾸 시계만 보게 되지요. 그러면 시간이 더 느리게 가는 것처럼 느껴지겠지요.

초2 시각과 시간, 규칙 찾기, 초3 시간과 길이

달력은 해마다 다른가요?

052

측정

매일 바뀌는 요일과 날짜는 달력을 보고 쉽게 알 수 있어요. 달력에는 가족의 생일도 적어 놓았어요. 그래서 올해 달력을 내년에 또 쓰고 싶지만 쓸 수가 없어요. 달력이 해마다 다른 이유는 뭔가요?

달력은 언제부터 사용되었을까?

고대 이집트 인들은 나일 강이 범람할 때마다 밤하늘의 별자리가 일정한 자리에 위치한다는 것을 알았어요. 별자리만 잘 관찰하면 언제 홍수가 일어나는지 미리 알 수 있었어요. 또 별자리가 다시 처음 자리로 돌아오는 데 365일이 걸린다는 것도 알았지요.

바닥에 막대를 꽂아 놓으면 한낮에 그림자의 길이가 가장 짧아요. 그런데 이 그림자의 길이도 매일 조금씩 변하여 여름에 짧고 겨울로 갈수록 다시 길어진다는 것을 알게 되었지요. 그림자의 길이를 관찰하여 가장 짧은 날부터 시작하여 그림자의 길이가 길어졌다 다시 처음 그림자 길이로 돌아올 때까지 365일이 걸린다는 것도 알았어요. 이처럼 고대 사람들은 태양이나 밤하늘의 별자리를 관찰하며 한 해를 계산하고 봄, 여름, 가을, 겨울이 규칙적으로 반복된다는 것도 알게 되었지요.

윤년*과 그레고리력*

그레고리력
1582년에 로마 교황 그레고리우스 13세가 종래의 율리우스력을 고쳐서 만든 태양력. 율리우스력에서는 400년 동안 윤년을 100회 둔 것과 달리 97회의 윤년을 두어서 태양의 위치와 책력을 훨씬 잘 맞게 하였으며, 우리나라를 비롯하여 많은 나라에서 채용하고 있어요.

윤년
윤달이나 윤일이 든 해

현재 우리가 쓰고 있는 달력은 그레고리력을 따르고 있어요. 그런데 1년은 정확히 365.2422일이에요. 그래서 1년을 365일로 하면 4년마다 1일씩 더한다고 해도 0.0078일이 남아요. 또 400년이 지나면 3일이 남게 되지요.

로마의 황제였던 그레고리 13세는 이 문제를 해결하기 위해 다음과 같은 방법을 생각해 내었는데 오늘날 우리가 이용하고 있어요.

연도를 4로 나누어떨어지는 해를 윤년으로 하되 100으로 나누어떨어지면 평년으로 한다. 그러나 400으로 나누어지면 다시 윤년으로 한다.

복잡해 보이지만 이 방법을 사용하면 1년을 365일 또는 366일로 하는 달력이 돼요. 달력이 매년 바뀌는 이유를 이제 알 수 있겠지요.

영원히 바뀌지 않는 달력

사람들은 달력이 매년 바뀐다는 것이 불편하다는 생각을 했어요. 생일이나 기념일을 적을 달력을 매년 새로 쓰는 것도 번거롭고 귀찮았지요. 그래서 영원히 바뀌지 않는 달력은 없을까 고민했어요.

1900년 초반부터 여러 가지 시도가 있었어요. '국제고정달력'은 모든 달의 첫째 날은 일요일에 시작하여 28일 토요일로 끝나는 달력이에요. 그렇게 하면 모두 13달이 필요하고 1월부터 13월까지 같은 달력을 사용할 수 있게 되지요.

$$365일(366일) = 28(일) \times 13(달) + 1일(또는 2일)$$

여기서 남는 1일(윤년인 경우는 2일)은 요일이 없어요. 이 달력은 한동안 여러 곳에서 사용하려 하였으나 결국 실패하고 사라졌어요.

세계달력

세계달력은 1년을 4분기로 나누고 분기마다 3달이 있어요. 그리고 분기마다 날 수의 합이 똑같은 91로 이루어져요. 그러면 3달마다 요일과 날짜가 같아져요. 이렇게 하면 1년이 364일이 되고 하루가 남아요. 남은 하루는 12월의 마지막 날에 두고 이날은 요일이 없어요. 윤년인 해에는 6월의 마지막 날에 하루를 두었어요.

지금도 누군가는 변하지 않고 영원히 쓸 수 있는 달력을 만드는 노력을 하고 있겠지만 우리는 여전히 그레고리 달력을 벗어나지 못하고 있어요. 여러 가지 이유를 들어 새로운 달력을 반대하는 사람이 많기 때문이지요. 지금까지 달력이 바뀌어 왔던 것처럼 미래에는 지금과는 다른 새로운 형태의 달력이 사용될 수도 있겠지요?

1 JANUARY	2 FEBRUARY	3 MARCH
(달력)	(달력)	(달력)

4 APRIL	5 MAY	6 JUNE
(달력)	(달력)	(달력) — 30일 옆 W: 요일이 없으며 윤년에만 있어요.

7 JULY	8 AUGUST	9 SEPTEMBER
(달력)	(달력)	(달력)

10 OCTOBER	11 NOVEMBER	12 DECEMBER
(달력)	(달력)	(달력) — 30일 옆 W: 요일이 없어요.

▲ 세계달력

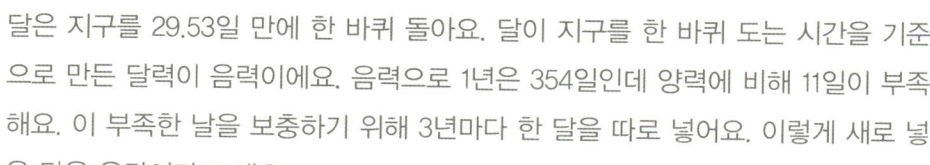

음력 윤달은 뭔가요?

달은 지구를 29.53일 만에 한 바퀴 돌아요. 달이 지구를 한 바퀴 도는 시간을 기준으로 만든 달력이 음력이에요. 음력으로 1년은 354일인데 양력에 비해 11일이 부족해요. 이 부족한 날을 보충하기 위해 3년마다 한 달을 따로 넣어요. 이렇게 새로 넣은 달을 윤달이라고 해요.

초3 원, 초6 원의 넓이

원의 넓이를 직사각형의 넓이로 바꿀 수 있나요?

053 측정

원과 넓이가 같은 직사각형이나 정사각형을 만들 수 있나요? 끈을 이용하여 원을 직사각형 모양으로 바꾸면 될 것도 같은데 말이죠.

원과 넓이가 같은 정사각형

옛날 고대 이집트 인들은 독특한 방법으로 원의 넓이를 구했어요.

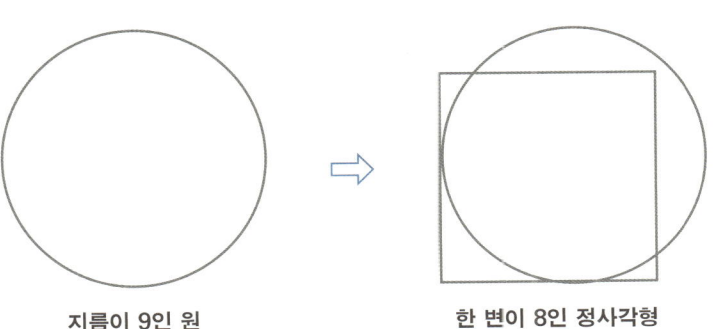

지름이 9인 원
넓이 4.5 x 4.5 x 3.14 = 63.585

한 변이 8인 정사각형
넓이 8 x 8 = 64

원의 지름에서 1을 뺀 수를 한 변으로 하는 정사각형을 만들어 원의 넓이를 구했지요. 예를 들어 지름이 9인 원은 한 변의 길이가 8인 정사각형으로 만들면 비슷한 넓이가 되지요.

그런데 지름이 12인 원은 어떨까요?

원의 넓이: 6 × 6 × 3.14 = 113.04, 정사각형의 넓이: 11 × 11 = 121

지름이 9인 원보다는 차이가 있지만 이러한 방법으로도 대강의 원의 넓이를 구할 수 있었어요. 마찬가지로 다른 지역에서도 여러 가지 방법으로 원의 넓이를 구하였어요. 그렇지만 이러한 방법들은 비슷한 넓이를 구할 뿐 정확한 넓이는 아니에요.

원을 사각형으로 바꾸어라

원을 이용하여 직접 원의 넓이를 구하는 것은 쉽지 않았어요. 그러니 원을 다른 도형으로 바꾸어 보면 어떨까요? 롤케익이나 두루마리 휴지를 생각해 보세요.

또 무수히 많이 자를 수 있다면 다음과 같이 잘라 볼 수도 있어요. 이렇게 하면 원이 직사각형 모양이 되겠지요?

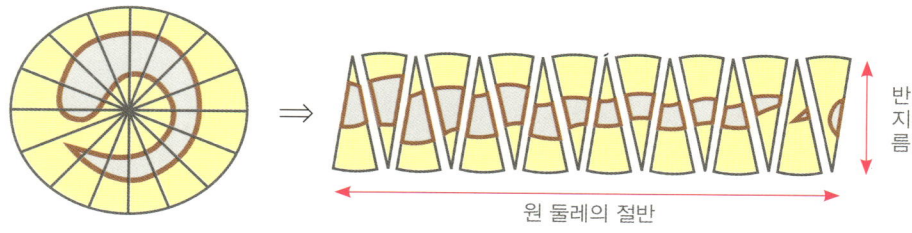

그러나 사람이 손으로 무한정 자를 수는 없는 노릇이지요. 컴퓨터를 이용하면 가능하겠죠?

초5 다각형의 넓이

054 산의 넓이를 헥타르(ha)로 나타내는 이유는 뭔가요?

측정

넓이를 나타내는 단위에는 cm², m²가 있어요. TV 뉴스를 보면 산불이 일어났을 때 산림 몇 헥타르가 불에 탔다고 하던데, 헥타르가 뭔가요?

넓이를 나타내는 단위

제곱미터(m²)는 미터법에 따른 넓이 단위인데 세계 대부분의 나라에서 사용해요. 물론 영국이나 미국 등 몇 나라에서는 다른 단위를 쓰기도 하지만요. 1m²는 가로 1m, 세로 1m인 정사각형의 넓이예요. 또 가로 1cm, 세로 1cm인 정사각형의 넓이는 1제곱센티미터(cm²)이지요.

m²는 집이나 운동장의 넓이를 나타내는 데 알맞고, cm²는 공책이나 손바닥의 넓이를 나타내는 데 적당해요.

측정 | 173

헥타르(ha)

헥타르(ha)는 땅이나 산의 넓이를 나타내는 데 사용하는 넓이 단위예요. 1ha는 한 변의 길이가 100m인 정사각형의 넓이여서 땅이나 산처럼 큰 넓이를 나타내는 데 편리하지요. 그런데 아주 큰 넓이를 나타낼 때에는 가로 세로가 각각 1km인 1제곱킬로미터(km^2)를 넓이 단위로 사용해요. 우리나라의 넓이는 22만km^2이에요.

이처럼 넓이를 나타낼 때는 크기에 따라 알맞은 단위를 사용하면 돼요.

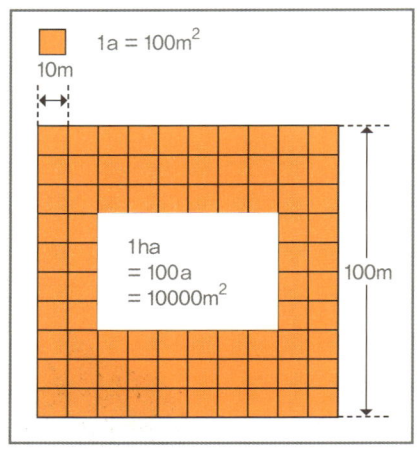

1 헥타르의 개념도

넓이 단위를 하나로 정할 수는 없나요?

불가능하지는 않아요. 하지만 매우 불편할 거예요. 예를 들어 m^2 하나만 쓰도록 정했다고 생각해 보세요.

(우리나라의 넓이) = 220000000000m^2
(색종이 한 장의 넓이) = 0.0225m^2

어때요? 왠지 복잡해 보이지요. 단위를 알맞게 사용하면 생활이 편리해져요.

초6 직육면체의 겉넓이와 부피, 원기둥, 원뿔, 구

사과의 겉넓이도 구할 수 있나요?

055 측정

각기둥이나 원기둥의 겉넓이*는 구할 수 있겠어요. 그런데 공처럼 둥근 입체도형의 겉넓이는 어떻게 구하나요?

전개도와 입체도형의 겉넓이

전개도*란 입체도형을 평평한 바닥에 펼쳐 놓은 모양인데 펼치는 방법에 따라 모양이 달라질 수 있어요. 입체도형의 겉넓이는 대개 전개도를 이용하여 구할 수 있어요. 전개도의 각 면은 주로 직사각형이나 삼각형으로 나타나요. 삼각형이나 사각형 같은 평면도형의 넓이를 구하는 법은 배웠으니 각각의 도형 넓이를 구하여 더하면 겉넓이를 구할 수 있지요.

겉넓이
입체도형에서 겉면의 넓이를 합한 것

전개도
입체도형을 한 평면에 펼쳐 놓은 모양으로 나타낸 그림

측정 | 175

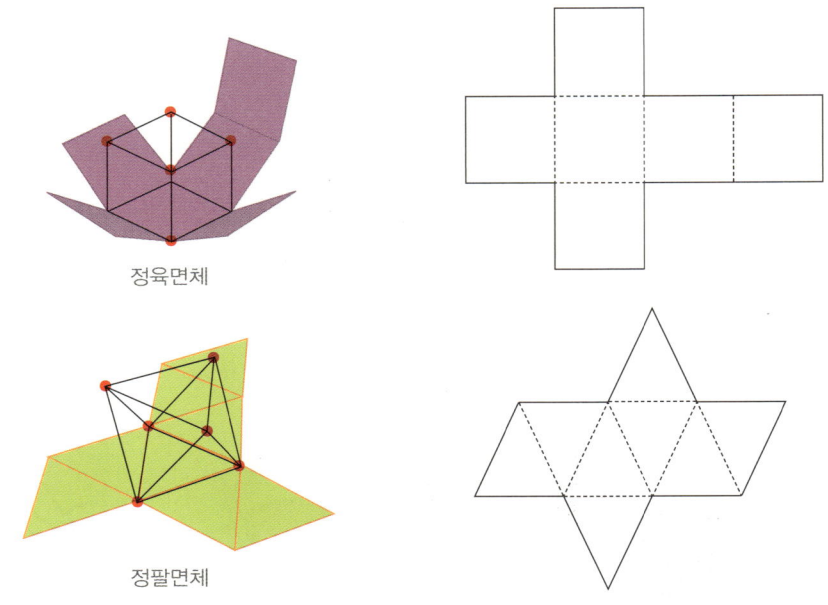

▲ 정육면체 전개도와 정팔면체 전개도

사과의 겉넓이 구하기

공처럼 둥근 사과의 겉넓이는 어떻게 구할까요? 사과는 전개도를 그릴 수 없어요. 이때는 콜럼버스가 달걀을 깨뜨려 세웠던 것처럼 발상의 전환이 필요해요. 사과 껍질을 깎아 원으로 만드는 거예요. 사과를 깎는 데 부모님의 도움을 받으면 좀 더 수월하겠지요. 사과 껍질로 최대한 둥근 원을 만들어 보세요.

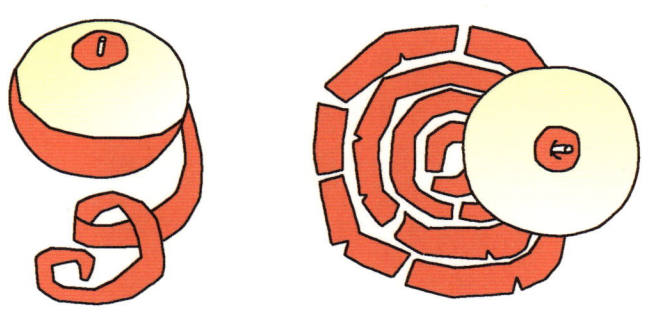

원으로 만든 사과 껍질의 지름을 재어 보면, 반으로 자른 사과 지름의 2배가 돼요. 이제 사과 껍질이 둥근 원이 되었으니 넓이를 구할 수 있겠지요.

이 방법이 너무 번거롭다고요? 그러면 좀 더 탐구하면 쉬운 방법을 찾을 수 있어요.

(원의 넓이) = (반지름) × (반지름) × 3.14

(사과의 겉넓이) = (사과 껍질로 만든 원의 넓이)
= (사과의 지름) × (사과의 지름) × 3.14
= (사과의 반지름) × 2 × (사과의 반지름) × 2 × 3.14
= <u>(사과의 반지름) × (사과의 반지름) × 3.14</u> × 4

↑ 사과를 반으로 자른 원의 넓이

사과의 겉넓이는 사과를 반으로 자른 원 넓이의 4배가 되요. 따라서 사과의 지름을 알면 사과의 겉넓이를 구할 수 있군요. 이제 겉넓이를 구하기 위해 사과를 깎는 수고는 덜 수 있겠지요.

부피와 들이는 어떻게 다른가요?

mL(밀리리터)는 들이 단위도 되고 부피 단위도 된다고 하는데, 200mL가 표시된 우유갑은 들이가 200mL인가요? 부피가 200mL인가요?

부피와 들이

부피와 들이는 많은 사람들이 혼동해요. 들이 단위는 mL와 L를 쓰고, 부피 단위는 cm^3와 m^2로 구분하여 쓰기도 하지만 같은 뜻으로 사용하는 경우도 많기 때문이지요.

부피와 들이는 분명 뜻이 달라요. 부피는 어떤 물체가 차지하고 있는 공간의 크기를 말해요. 크기에는 차이가 있지만 모든 물체는 부피를 가지고 있지요. 작은 풍선을 크게 불면 풍선이 공간을 차지하는 크기가 커지므로 풍선의 부피가 늘어나지요.

들이는 어떤 그릇이나 통의 안쪽이 차지하는 공간의 크기로 그릇이나 통에 담을 수 있는 부피를 말해요. 2L짜리 물통이라면 이 물통에 물을 2L까지 담을 수 있어요. 따라서 200mL가 표시된 우유갑에 들어 있는 우유의 부피가 200mL이고, 우유갑의 들이는 200mL보다 더 크지요.

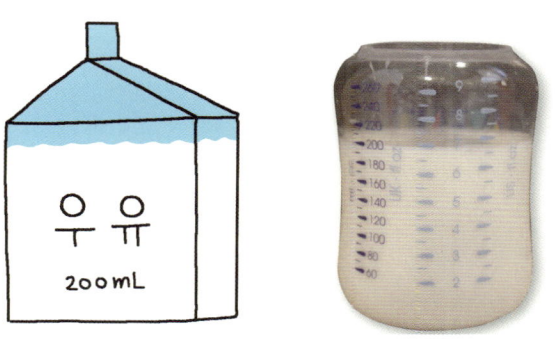

또 이 우유병에는 부피 200mL의 우유가 담겨 있어요. 물론 우유병의 들이는 260mL보다 더 크겠지요.

들이의 단위

크기와 모양이 제 각각인 그릇이나 통은 들이로 나타내면 편리해요. 가루나 곡식의 양을 잴 때 들이를 사용하기도 하지만 주로 액체의 양을 나타낼 때 들이를 많이 사용해요.

가정에서 사용하는 음식물봉투나 쓰레기봉투는 들이를 표시해요. 봉투의 크기는 작지만 봉투를 펼쳐 담을 수 있는 양이 표기되어 있지요. 쓰레기봉투에 20L라고 쓰여 있다면, 이 봉투 한 개에 쓰레기 20L를 담을 수 있다는 뜻이 되는 거예요.

하지만 20L 봉투라고 해서 언제나 20L의 쓰레기를 담을 수 있는 것은 아니에요. 봉투에 담긴 쓰레기 중간 중간에 빈 공간이 생기기 때문이지요.

어떤 그릇의 들이를 재는 가장 좋은 방법은 물을 채우는 것이에요. 물이 그릇에 가득 들어찼을 때 물의 부피가 그릇의 들이와 같다고 보면 돼요.

따라서 20L짜리 쓰레기봉투에는 물 20L를 가득 채울 수 있다고 보면 정확한 말이 되겠지요.

주유소 기름은 아침에 넣는 게 더 경제적이라고요?

자동차에 넣는 휘발유나 경유 같은 기름은 액체예요. 액체는 온도에 따라 부피가 달라져요. 날씨가 추우면 기름의 부피도 조금 줄어들지요.

그러니 같은 값이면 온도가 낮은 밤이나 아침 시간에 기름을 넣으면 더운 한낮보다 더 많은 기름을 넣을 수 있어요. 대개 온도가 10도 올라갈 때마다 기름의 부피는 1% 늘어나지요.

초2 분류하기

고등어는 왜 한 손에 두 마리인가요?

057 측정

물건의 개수를 세는 단위가 매우 다양하다고 들었어요. 모든 물건을 10개씩 묶어 세면 편할 텐데 왜 복잡한 단위들을 많이 쓰나요? 고등어는 왜 두 마리를 묶어 한 손이라고 부르나요?

묶어 세는 단위

아주 오랜 옛날에는 수를 세는 일이 그리 중요하지 않았을 수도 있어요. 하나, 둘, 셋 … 정도 세는 것만으로 충분했을 수도 있겠지요. 그러나 점점 더 많은 사람들이 모여 살고, 물건을 주고받는 일이 많이 생겨나자 수를 세는 일이 차츰 중요해졌어요.

또 하나씩 세는 것보다 몇 개씩 묶어 세는 것이 편리하다는 것을 알게 되었어요. 또 세는 대상에 따라 명, 마리, 그루, 포기와 같이 단위를 넣어 어떤 것을 세었는지 쉽게 알 수 있도록 하였지요. 그러다 보니 새로운 단위들이 자꾸 생겨나게 되었지요.

시장에 가면 오이를 셀 때 50개씩 묶어 한 거리라고 해요. 달걀은 열 개를 묶어 한 꾸러미라 하고, 조기와 같은 물고기는 한 줄에 열 마리씩 두 줄로 엮어 한 두름이라고 해요. 옥수수나 마늘, 감은 100개를 묶어 한 접, 오징어는 20마리를 한 축이라 해요.

또 보통 생선 한 마리는 한 미라고 하고, 고등어는 두 마리씩 묶어 한 손이라고 하지요.

물건을 묶어 세는 단위 중에는 요즘 잘 사용하지 않는 단위도 있지만 생활 곳곳에서 종종 사용되기도 해요.

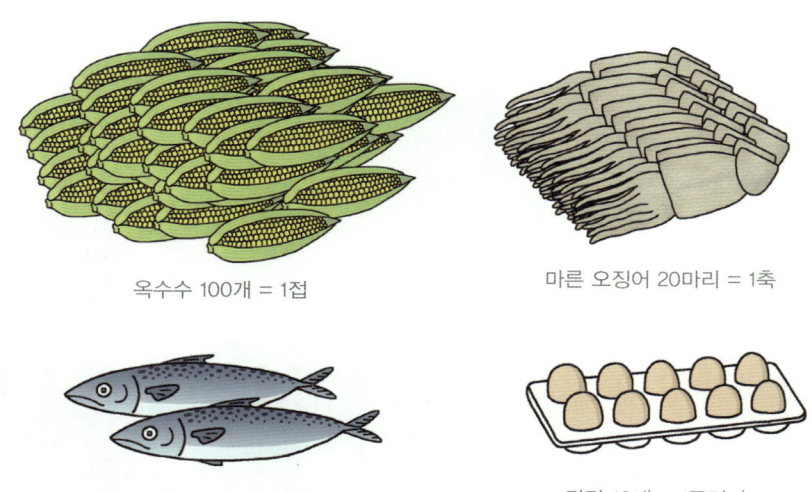

옥수수 100개 = 1접

마른 오징어 20마리 = 1축

고등어 2마리 = 1손

달걀 10개 = 1꾸러미

고등어는 상하기 쉬운 생선이라 냉장고가 없던 옛날에는 고등어를 손질한 후 두 마리씩 겹쳐서 소금에 절여 놓았다고 해요. 그렇게 하면 고등어를 오래 보관할 수 있으니까요. 또 고등어를 팔 때에도 두 마리씩 한 손에 잡히는 양이다 보니 고등어 두 마리가 한 손이 된 것이지요. 보통 큰 고등어 한 마리와 작은 고등어 한 마리를 묶어서 한 손이라고 해요.

콩 한 줌도 콩의 개수를 나타내는 단위인가요?

콩 한 줌이라고 할 때, '줌'은 부피를 나타내는 단위예요. 한 줌은 주먹으로 쥘 만한 양이고, 한 움큼은 손으로 움켜쥘 만큼의 양이지요. 사람마다 콩 한 줌의 양이 다르겠지만 적어도 한 움큼이 한 줌보다는 양이 더 많겠지요.

초4 어림하기

058 측정

어림하기도 수학인가요?

수학은 계산이 정확해야 하는데, 어림하기는 어떤 값을 대강 알아내는 거잖아요. 이처럼 대강의 값을 알아내는 것도 수학이라고 할 수 있나요?

어림하기

수학을 잘하려면 계산을 빠르고 정확하게 잘해야 한다고 생각하는 사람들이 많아요. 물론 어느 정도의 계산 실력은 수학을 공부하는 데 꼭 필요하고 중요하지요. 하지만 계산이 느리거나 계산 과정에서 실수가 많다고 수학을 못하는 것은 아니에요.

TV 오락프로그램에서 뛰어난 암산 실력을 자랑하는 사람들도 있지만 그 사람이 수학을 잘 한다고 말할 수는 없어요. 수학은 왜 그런지 논리적으로 생각하여 표현하는 것이지 계산이 수학의 전부는 아니기 때문이지요.

　푸앵카레와 쿠머라는 수학자는 계산 실력이 보통의 초등학생보다 뒤질 정도였지만 두 사람 모두 당시 최고의 수학자로 손꼽히는 명성과 업적을 남겼어요. 푸앵카레는 실수 없이 덧셈을 하는 것이 불가능할 정도였고, 쿠머는 간단한 덧셈이나 곱셈을 할 때 실수가 많아 학생들의 도움을 자주 받았다고 해요.

　어림은 정확한 측정이나 계산을 하지 않고 대강 짐작한 수나 양을 구하는 것을 말해요. 어림할 때에는 자나 저울 같은 측정[*] 도구를 사용할 수도 있고, 계산기를 사용할 수도 있어요. 어림이 보통 계산과 다른 점은 구한 값이 정확하지 않을 수도 있다는 것이지요.

측정
측정은 어떤 양을 기준으로 다른 양의 크기를 재는 것을 말해요. 측정을 하기 위한 도구에는 재고자 하는 목적에 따라 자, 저울, 온도계, 비커 등이 있어요.

　수학은 정확한 결과가 중요한데 어림하기는 대강의 값을 구하기 때문에 수학이 아니라고 말하는 사람도 있어요. 만약 수학이 교과서 안의 문제만 푸는 것이라면 그렇게 생각할 수도 있어요. 하지만 수학은 우리 주변에 존재하는 많은 문제들을 해결하는 데 쓰여요. 일상생활에서는 어림한 값만으로도 충분할 때가 아주 많아요.

어림하기는 어디에 쓰이나요?

　어림하기는 정확한 값보다는 대강의 값을 필요로 할 때 많이 쓰여요. 해열제나 감기약의 경우 몸무게에 따라 병원에서 처방하는 약의 양이 달라요. 이때 몸무게를 재기 위해 옷을 모두 벗거나 하지는 않아요. 옷을 입고 잰 어림한 몸무게만으로도 충분하기 때문이지요.

또 뉴스에서 나들이 나온 시민의 수나 올해 쌀 수확량 등을 말할 때 어림한 수로 나타내요. 나들이 나온 시민이 몇 명인지 정확히 세는 일은 불가능하지 않겠어요? 또 그럴 필요도 없고요. 올해 수확한 쌀의 양을 정확히 알기도 불가능하지요. 이럴 때에는 어림하여 대강의 값만 나타내면 되는 것이지요.

이 밖에도 집에서 학교까지 걸어가는 데 걸리는 시간, 지구에 살고 있는 사람의 수는 계속 바뀔 수 있고 정확한 값을 재는 것도 어려워요. 이럴 때에는 어림을 이용하면 쉽게 나타낼 수 있지요.

어림은 일상생활의 문제를 보다 쉽게 편리하게 수학으로 만날 수 있게 만드는 방법이에요. 생활 속에서 어림이 어디에 쓰일 수 있는지 탐구해 보세요.

해수욕장에 모인 사람의 수는 어떻게 세는 건가요?

어림을 할 때에는 어림한 기준이나 이유가 있어야 해요. 해수욕장에 있는 사람들의 수를 셀 때에도 어림한 기준이 필요하겠지요. 먼저 넓이가 1m²인 곳에 평균 몇 명의 사람이 있는지 구해야 해요. 이때 사람이 많은 곳과 적은 곳을 적당히 골라 사람 수를 세어 평균을 구해요. 그 값에 전체 해수욕장의 넓이를 곱하면 해수욕장에 있는 사람의 수를 어림할 수 있지요.

초3 시간과 길이

세종대왕이 거리를 측정하는 수레도 만들었나요?

059 측정

세종대왕께서는 거리를 재는 수레를 만들어 직접 거리를 쟀다고 하는데, 어떤 원리로 거리를 쟀는지 궁금해요.

기리고차

오늘날에는 거리를 재기 위해 레이저를 비롯하여 다양한 측정 기구를 사용하지만 조선시대 이전에는 막대기나 끈을 이용하거나 걸음 수를 세어 거리를 쟀어요. 하지만 이러한 방법으로 거리를 재려면 불편한 점도 많았고 정확하게 재는 것도 어려웠어요.

세종실록*에는 세종 23년(1441년)에 세종대왕이 온수현(온양 온천)으로 가는 동안 기리고차를 처음 사용하였다는 기록이 있어요. 기리고차는

세종실록
조선 세종대왕 때의 역사를 기록한 책

거리를 재기 위한 반자동 수레인데 아쉽게도 제작 당시의 기록은 남아 있지 않아요. 다만 조선 후기 수학자 홍대용이 쓴 《주해수용》 이란 책에 기록이 남아 있어요.

기리고차의 구조와 원리

기리고차의 원리는 다음과 같아요. 수레바퀴와 연결된 톱니바퀴가 돌면서 거리에 맞게 종과 북을 쳐 수레가 움직인 거리를 알리면, 사람이 종과 북이 울린 횟수를 기록하여 거리를 계산하는 것이에요. 바퀴의 지름이 119.15cm여서 100바퀴 돌면 1리[*]를 가도록 만들어졌어요.

수레가 0.5리를 가면 종이 한 번 울리고, 1리를 가면 종이 여러 번 울려요. 또 5리를 가면 북이 한 번 울리고, 10리를 가면 북이 여러 번 울려요.

리
거리를 나타내는 단위로 1리는 약 400m이고, 10리는 약 4km예요.

오늘날의 자동차에서 거리를 재는 원리는 기리고차와 비슷해요. 자동차는 바퀴가 회전한 횟수에 바퀴의 둘레를 곱하여 얼마나 움직였는지 거리를 계산해요.

기리고차는 우리나라에서 최초로 만들었나요?

그렇지는 않아요. 우리나라보다 앞서 중국의 책에 기리고차와 비슷한 거리 측정 장치가 소개되어 있어요. 세종 당시 거리를 재는 일에 어려움을 겪자 세종대왕은 장영실에게 거리를 정확히 재는 장치를 만들도록 하였어요. 이후 장영실은 중국에서 거리를 재는 장치를 들여온 뒤 개량하여 기리고차를 만들었다고 해요.

전체

수학자들의 올림픽이 있다고요?

060

측정

2014년 우리나라에서는 세계 수학자 대회가 열렸어요. 세계 수학자 대회는 '수학 올림픽'이라고도 불린다고 해요. 선생님! 세계 수학자 대회가 무엇인지 궁금해요.

올림픽 VS 세계 수학자 대회

수학자들이 모여 올림픽 경기를 한다고요? 그렇지는 않아요. 전 세계 수학자들이 4년마다 한 자리에 모여 대회를 여는데 이 대회를 수학 올림픽이라고 해요. 근대 올림픽은 1896년 그리스에서 제1회 올림픽 대회가 열렸고, 1년 뒤인 1897년에는 제1회 수학 올림픽이 스위스에서 열렸어요. 그 후 올림픽과 세계 수학자 대회는 4년마다 한 번씩 열렸는데 제1차 세계대전(1914~1918)과 제2차 세계대전(1939~1945) 때는 올림픽과 세계 수학자 대회 모두 열리지 못하고 취

소되었어요. 이처럼 두 대회는 비슷한 점이 많아요. 그래서 세계 수학자 대회를 수학 올림픽이라고 부르기도 해요.

2014 세계 수학자 대회

2014 세계 수학자 대회는 우리나라에서 열렸어요. 123개 나라에서 5천여 명의 수학자가 참석하는 역대 최대 규모로 치러졌어요. 세계 수학자 대회에서 수여하는 최고의 메달은 수학자 존 찰스 필즈의 이름을 딴 '필즈메달'이에요. 필즈메달은 현재와 미래 수학 발전에 공헌할 만 40세 이하의 수학자에게 주어요.

2014 세계 수학자 대회에서 필즈상를 받은 사람은 마리암 미르자카니(이란), 아르투르 아빌라(브라질, 프랑스), 만줄 바르가바(인도), 마틴 헤어러(오스트리아)예요. 특히 마리암 미르자카니는 필즈상을 수상한 첫 여성 수학자가 되었어요.

▲ 세계 수학자 대회 기념우표

노벨상에는 왜 수학이 없나요?

아쉽게도 노벨상에서는 수학이 빠져 있어요. 발명가이며 기술자였던 노벨은 수학이 이론 위주의 학문이라 실용적이지 못하다고 생각했다고 해요. 또 당시 노벨은 여러 수학자들과 별로 사이가 좋지 못했다고 해요. 이런저런 이유로 노벨상에서 수학이 빠지게 되었지요.

전체

조선시대에도 수학자가 있었나요?

061

측정

수학책에는 가우스, 피타고라스처럼 온통 서양 수학자 이름뿐인데, 옛날 우리나라에도 수학자가 있었는지 궁금해요.

마방진으로 유명한 최석정

내가 갖고 있는 물건의 개수를 더하고, 수확한 곡식을 나누는 등 일상생활에서 수학은 자연스럽게 생겨나고 발전했어요. 수학은 특정 지역뿐만 아니라 전 세계 모든 곳에서 만들어졌으므로 우리나라에도 당연히 수학이 존재했었지요.

학교에서 배우는 수학이 대부분 서양에서 유래된 것은 우리보다 먼저 서양 사람들이 수학을 대중화하고 기호화하여 발전시켰기 때문이에요. 우리나라 전통수학은 많이 잊혀졌지만 아직도 생활 곳곳에 남아 있어요.

조선시대에는 수학이 크게 발전하였는데 많은 수학자들이 활약하였어요. 영의정을 지낸 최석정은 마방진을 연구한 수학자예요. 최석정이 만든 '지수귀문도'라는 마방진은 육각형을 이루는 수들의 합이 93으로 같아요.

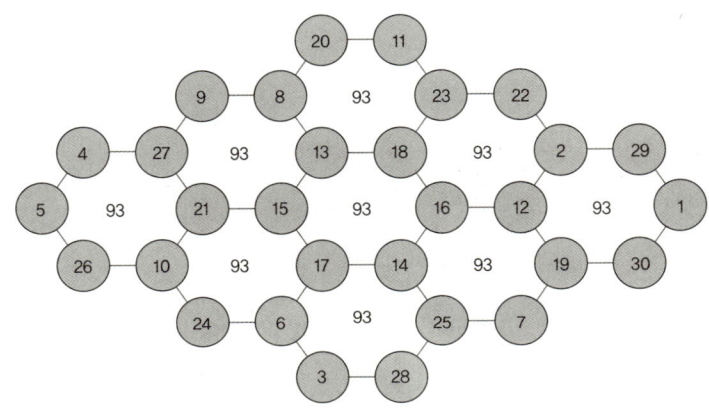

▲ 최석정의 지수귀문도

조선의 천문역법을 만든 이순지

세종대왕 이전까지만 하더라도 중국에서 만들어진 천문역법을 따랐어요. 천문역법이란 하늘의 해, 달, 별과 같은 천체의 움직임을 관찰하여 달, 날짜, 시간, 절기 등을 정하는 것을 말해요. 당시 천문역법이 중국에서 만들어진 것이니 당연히 우리나라와 맞을 수 없었겠지요. 이순지는 각종 천문기구들을 손수 제작하고 천문역법을 우리나라에 맞게 고치는 일을 하였어요. 또한 1년이 365.2422일이라는 것도 알아냈어요.

중국 수학자에게 이긴 홍정하

1713년 중국에서 아주 뛰어난 수학자인 하국주가 우리나라를 찾아왔어요. 당시 조선의 많은 수학자들이 하국주를 만나 수학을 배워 보고 싶어 했어요. 홍정하도 하국주를 만나러 갔지요. 하국주는 홍정하에게 어려운 수학 문제를 내며 자신의 실력을 뽐냈어요. 홍정하는 하국주가 낸 수학 문제를 아주 쉽게 풀었어요.

이젠 홍정하 차례가 되었어요. 홍정하도 하국주에게 수학 문제를 냈는데 하국주는 결국 문제를 풀지 못했어요. 하국주가 못 푼 문제를 홍정하가 풀이해 주자 하국주는 홍정하의 수학 실력에 감탄하였다고 해요.

조선에 다른 수학자는 없었나요?

남병철과 남병길 형제 수학자도 있었어요. 남병철은 30권이 넘는 수학책을 쓰기도 하였어요. 남병길은 서양의 수학과 천문학을 연구하였고, 달이 지구를 가리는 일식과 지구가 달을 가리는 월식을 정확히 계산했다고 해요. 이 밖에도 홍대용, 이상혁, 황윤석 등 많은 수학자가 있었어요.

- 규칙 찾기
- 비와 비례식
- 정비례와 반비례

초2 규칙 찾기, 초4 규칙과 대응

062 규칙성

게임에서 항상 이길 수 있는 방법이 있다면서요?

얼마 전 TV프로그램에서 하나에서 세 개까지 수를 순서대로 불러서 마지막 수를 말하는 사람이 벌칙을 받는 게임을 봤어요. 그런데 게임에 언제나 이기는 방법은 없나요?

님(NIM)게임

누구나 게임을 하면 이기고 싶은 것이 당연한 일이겠지요? 하지만 서로 이기려고 노력하는 것이므로 나 혼자만 이길 수는 없겠지요. 그렇지만 전략을 알고 게임을 하면 좀 더 이기기 쉽지요. 먼저 간단한 '님게임'을 하면서 전략을 찾아볼까요? 수학적 원리가 숨어 있어서 그것을 잘 알고 전략을 사용하면 이길 수 있는 게임을 님게임(NIM GAME)이라고 해요. 이 게임은 여러 가지 모양으로 변형할 수 있으며 다양한 수학 원리가 사용돼요. 예를 들어 숫자 지우기 게임에서는 마지막 숫자를 지운 사람이 이기도록 규칙을 정할 수도 있고, 지도록 규칙을 정할 수도 있어요. 바둑돌 가져가기 게임도 마찬가지로 마지막 돌을 가져가는 사람이 이기도록 할 수도 있고, 지도록 할 수도 있어요.

님게임 1. 숫자 지우기

1　2　3　4　5　6　7　8　9　10

① 먼저 1~10까지의 수를 차례로 써 놓는다.
② 두 사람이 각자 자신이 나타낼 표시(O, X)를 정한다.
③ 한 번에 1개 또는 2개의 수를 지울 수 있다.
④ 마지막으로 10을 지우는 사람이 이긴다.

10을 지워야 내가 이기므로 그전에 내가 7을 상대보다 먼저 지워야 해요. 그래야 상대가 8을 지우면 내가 9와 10을 한꺼번에 지우고, 상대가 8과 9를 한꺼번에 지우면 내가 10을 지울 수 있으니까요.

마찬가지 방법으로 7 이전에는 내가 4를 먼저 지워야 해요. 만약 상대가 5를 지우면, 다음에 내가 6과 7을 한꺼번에 지워요. 상대가 5와 6을 한꺼번에 지우면 내가 7을 지울 수 있기 때문이에요.

그렇다면 4를 지우기 전에는 무엇을 지워야 할까요? 당연히 1을 지워야겠죠?

따라서 이 게임에서는 1, 4, 7, 10의 순으로 숫자를 먼저 지우면 무조건 이기게 돼요. 정리하자면 이 게임의 전략은 내가 항상 '3으로 나누면 나머지가 1이 되는 수'를 지우는 거예요.

1 2 3 **4** 5 6 **7** 8 9 **10**

님게임 2. 바둑돌 가져가기

① 바둑돌 13개를 준비한다.
② 두 사람이 번갈아가면서 가져간다.
③ 한 번에 1개, 2개 또는 3개의 바둑돌을 가지고 갈 수 있다.
④ 마지막으로 바둑돌을 가져가는 사람이 이긴다.

이번에는 상대방이 3개까지 가지고 갈 수 있으므로 내가 10, 11, 12번 바둑돌을 가지고 오면 진다는 것을 알 수 있어요. 그렇다면 내가 9번 바둑돌을 가지고 온다면 어떻게 될까요? 상대방은 10, 11, 12번 중 하나를 가져갈 수밖에 없으므로 내가 이기게 돼요.
그럼 어떻게 하면 내가 9번 바둑돌을 가지고 올 수 있을까요?
상대방이 6, 7, 8번 중 하나를 가지고 가면 나는 5번을 가지고 와

야만 해요. 그럼 그전에는 당연히 한 개의 바둑돌을 가져가면 되겠지요?

정리하자면 1, 5, 9, 13번 바둑돌을 가지고 오게 된다면 이 게임에서는 이기게 되어 있어요.

님게임은 종류가 많지만 수학적으로 필승* 전략이 있는 게임이고 두 사람이 번갈아서 하기 때문에 전략을 잘 짜면 이길 수 있어요. 그런데 달리 생각해 보면, 먼저 시작하거나 나중에 시작한 사람이 일방적으로 유리한 '불공정'한 게임이기도 해요.

필승
반드시 이김

불공정한 게임에는 '균형 상태'와 '불균형 상태'가 있는데 균형 상태에서는 그 차례의 사람이 반드시 지며, 불균형 상태에서는 그 차례의 사람의 선택에 따라 승패가 결정돼요. 따라서 님게임을 할 때에는 자신이 균형 상태를 만들어 상대방에게 넘겨야 이길 수 있어요.

앞의 '숫자 지우기' 게임에서는 '1, 4, 7, 10'이 불균형 상태이고, 나머지 숫자들은 균형 상태예요. 마찬가지로 '바둑돌 가져가기' 게임에서는 '1, 5, 9, 13'이 불균형 상태이고, 나머지 숫자는 균형 상태가 되는 셈이지요.

063 일곱 개의 다리를 한 번에 건널 수 있는 방법이 있나요?

규칙성

초3 평면도형, 중1 평면도형, 중2 확률과 그 기본 성질

연필(붓)을 종이 위에서 한 번도 떼지 않고 도형을 그릴 수 있는 것을 한붓그리기라고 하던데요. 어떤 도형은 같은 곳을 두 번 지나지 않으면서 그릴 수 있지만, 어떤 도형은 안 돼요. 이러한 한붓그리기에는 어떠한 규칙이 있나요?

일곱 개의 다리를 한 번씩만 지날 수 있을까?

250여 년 전, 쾨니히스베르크* 지역에 있는 프레게르 강에는 일곱 개의 다리가 있었는데요. 이 지역의 사람들은 일곱 개의 다리를 모두 한 번씩만 지나서 강을 건널 수 있는지, 또 어떻게 하면 그렇게 할 수 있는지에 대해 궁금해 하였어요.

많은 사람들이 여러 차례 실험을 해 보고는 그럴 수 없다는 것을 알았지만 왜 그런지 수학적으로 증명하지는 못하였지요. 이것을 증명한

쾨니히스베르크
'칼리닌그라드'의 옛 이름. 러시아 연방 서부에 있는 도시

사람은 수학자 '오일러'예요. 그는 강과 섬, 다리를 〈그림 2〉처럼 점과 선으로 바꾸어서 건너갈 수 없다는 것을 증명하였어요.

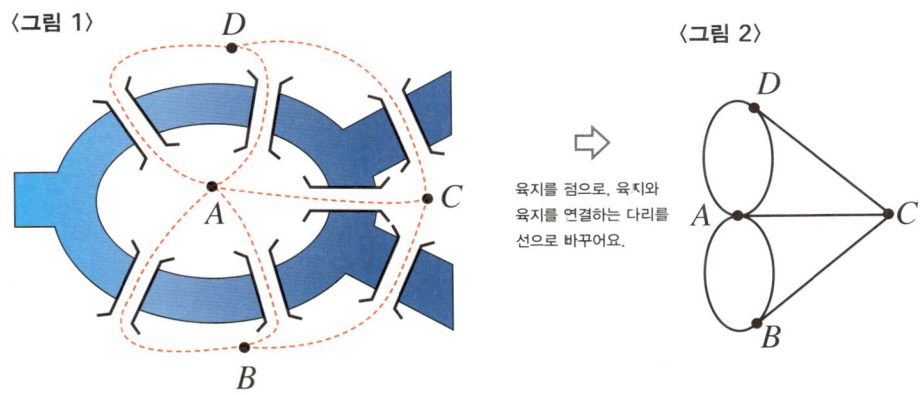

여러분도 연필을 떼지 않고 각 선을 한 번만 지나면서 강 건너편으로 옮겨갈 수 있는지 그려 보세요. 오일러는 이 문제가 섬의 모양이나 다리의 길이 등과는 관계가 없고, '위치와 관계의 문제'라는 것을 알아내었어요.

오일러의 정리

오일러는 쾨니히스베르크의 다리와 관련한 문제를 연구하여 다음과 같이 정리하였어요.

> 한 점에서 짝수 개의 선이 나와 있는 것을 짝수점, 홀수 개의 선이 나와 있는 것을 홀수점이라고 할 때, 짝수점만으로 이루어진 도형은 한붓그리기가 가능하다. 또 홀수점이 2개인 도형은 어느 한쪽 홀수점에서 출발하고 나머지 한쪽에서 끝나도록 하면 한붓그리기가 가능하다.

다시 말하면 짝수점으로만 이루어지거나 홀수점이 2개인 도형만 한붓그리기가 가능하다는 이야기이지요. 쾨니히스베르크의 다리에는 연결된 선분이 홀수 개인 점, 즉 '홀수점'이 4개이므로 한붓그리기가 불가능했던 거예요. 이렇게 발견한 한붓그리기는 이제 '그래프 이론'이라는 수학의 한 분야로 자리를 잡았어요.

그럼 아래의 여섯 개 도형 중에서 한붓그리기가 가능한 도형을 찾아보세요.

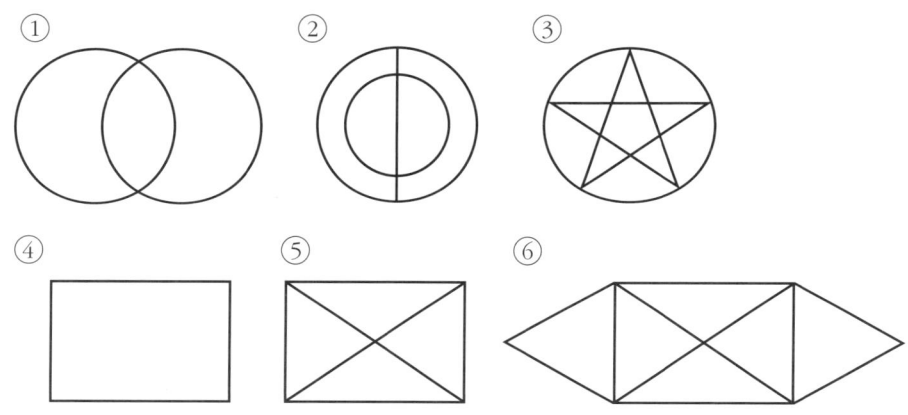

그려 보았나요?

⑤번 도형은 연결된 선이 홀수 개인 점이 4개이기 때문에 한붓그리기를 할 수가 없어요.

그리고 ②번 도형은 한붓그리기가 가능해요. 그런데 홀수점이 2개이기 때문에 한 홀수점에서 시작하여 다른 홀수점에서 끝나도록 해야 그릴 수 있어요.

다리를 산책하는 평범한 일상에서 이렇게 수학을 발견하고, 또 다른 수학의 한 분야가 만들어지는 것이 신기하지요? 오일러가 이 문제를 해결한 이후에 139년이 지난 1875년 쾨니히스베르크에는 8번째 다리가 놓였다고 해요. 그래서 이제는 더 이상 같은 다리를 두 번 이상 건너지 않고도 모든 다리를 한 번씩만 건너서 산책할 수 있게 되었어요.

지하철 노선도와 실제 지하철역의 위치가 다르다면서요?

지하철 노선도와 지하철역의 실제 위치는 많이 달라요. 역 사이의 거리도 실제 거리와 다르고 구부러지는 방향도 달라요. 하지만 실제와 같은 성질도 있어요. 그것은 역의 순서, 교차하는 환승역, 교차하는 개수는 실제와 같게 되어 있어요. 이렇게 실제 모양과는 상관없이 늘이거나 줄이는 과정을 통해 변형한 모양들을 같은 것으로 생각하는 수학의 분야를 '위상수학'이라고 해요. 이 노선도는 연결된 성질만 가지고 간단하게 표현하여 사람들이 쉽고 편하게 알아볼 수 있도록 한 것이지요.

초3 평면도형, 중1 평면도형, 중2 확률과 그 기본 성질

064 규칙성

4가지 색깔로 지도를 칠할 수 있나요?

지도에 색칠을 하고 있어요. 그런데 색연필이 빨강, 파랑, 노랑, 보라색 이렇게 4종류밖에 없는데 지도의 경계선이 잘 구분되도록 색칠을 할 수 있나요? 아니면 더 많은 색깔이 있어야 하나요?

4색 문제

아무리 복잡한 모양이라도 편평한 종이 위에 그릴 수 있는 지도라면 어떤 것이든 4가지 색깔만으로 맞닿은 두 지역이 서로 다른 색이 되도록 칠할 수 있다.

이것이 그 유명한 '4색 문제'인데요. 왜 그런지 알기 위하여 많은

수학자들이 오랜 기간 연구하였지만 해결하지 못하여 컴퓨터의 힘을 빌려서 증명할 수밖에 없었어요. 1850년에 처음 등장한 이후 120년 동안 증명에 실패했다고 해요. 푸는 데 120년이나 걸렸다니 도대체 어떠한 문제였을까요?

4색 문제를 처음으로 연구한 사람은 남아프리카의 수학자 프랜시스 거스리예요. 그는 1852년 영국의 지도를 색칠하다가 네 가지 색만 사용하면 모든 지역을 구분할 수 있다는 것을 발견하였어요. 그런데 4가지 색이면 지도를 칠할 수 있다는 것은 알았지만 왜 4가지 색이면 가능한지 그 이유는 알 수가 없었어요. 많은 수학자들이 아주 쉬운 증명 문제로 생각하고 연구하였지만 풀리지 않았어요.

결국 이 문제는 사람이 아닌 컴퓨터가 문제를 해결해요. 1976년 미국 일리노이 대학의 케네스 아펠과 볼프강 하켄이 컴퓨터를 이용하여 증명해 냈어요. 당시 컴퓨터 성능이 좋지 않아 해결하는 데에 무려 1200시간이나 걸렸어요. 그래서 5색이 필요한 지도나 4색 문제에 대한 간단한 증명이 나오길 바라는 수학자들도 있어요.

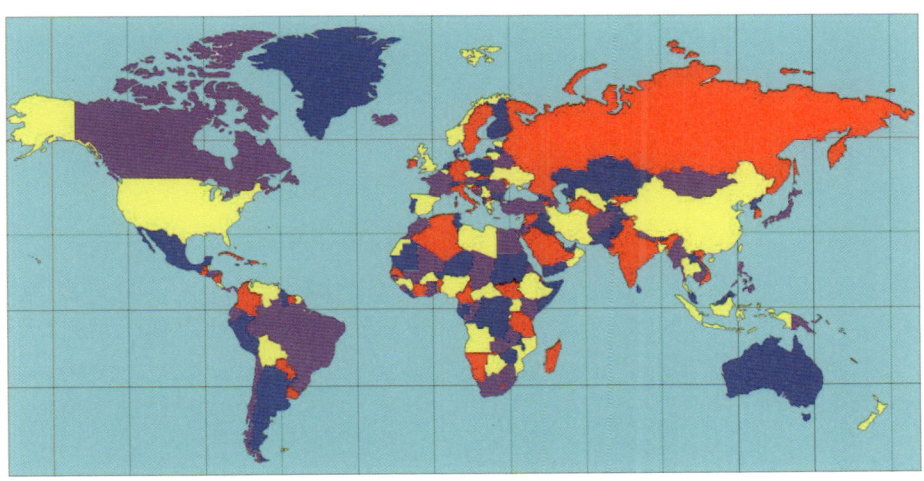

▲ 4색으로 칠한 세계 지도

컴퓨터를 이용한 증명

아펠과 하켄은 모든 지도를 1936가지로 유형*화하고, 대형 컴퓨터 3대를 1200시간 쉴 새 없이 돌려서 결과를 얻었다고 해요. 사실 컴퓨터로 증명할 것을 생각했던 사람은 하인리히 헤슈였어요. 그는 다른 학자들과 증명 방법에 대한 아이디어를 함께 나누면서 연구하였어요. 그런데 연구가 막바지에 이르렀을 때 독일 정부가 그에게 주던 연구 자금을 중단하였어요. 그 바람에 그는 4색 문제의 증명자에 들지 못하게 되었어요.

유형
성질이나 특징 따위가 공통적인 것끼리 묶은 하나의 틀. 또는 그 틀에 속하는 것

헤슈가 연구한 방법은 다음과 같아요.

우선 평면에 그릴 수 있는 모든 지도를 대표하는 지도를 찾아요.

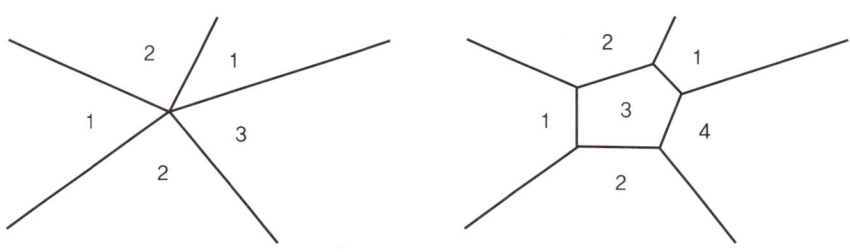

모든 꼭짓점마다 모서리가 3개인 지도를 4색으로 칠할 수 있다면 어떠한 지도도 4색으로 칠할 수 있다고 생각하였어요. 그리고 모서리와 면의 개수를 줄이는 방법을 선택하였어요. 그러나 일일이 따져야 할 경우가 너무 많았고, 확인하는 방법도 쉽지 않았지요.

이러한 헤슈의 아이디어를 밑받침으로 하여 1975년 무렵 아펠과 헤켄은 대표 지도를 2000개로 줄일 수 있었으며 더 빠른 판별법을

찾아내어요. 487가지의 판별 규칙을 통해 50일에 걸쳐 컴퓨터가 문제의 정답을 찾아내었어요. 물론 많은 수학자들이 반발하였어요. 인간이 검증할 수 없는 증명은 받아들일 수 없다는 이유 때문이지요. 그러나 결국 인정할 수밖에 없었어요.

4색으로 색칠하기

다음과 같은 무늬의 방이 있어요. 4가지 색만으로 모든 방을 구별하여 색칠할 수 있을까요? 같은 색을 여러 번 사용해도 되지만 같은 색끼리 맞닿지 않도록 4가지 색을 이용하여 색칠해 보세요.

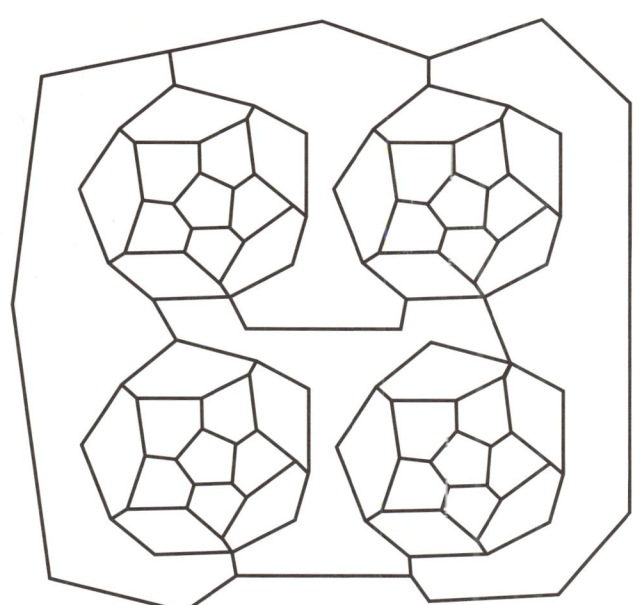

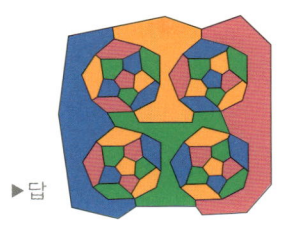
▶답

065 규칙성

초5 분수의 곱셈, 초6 분수의 나눗셈, 비례식과 비례배분

'도레미파솔라시도'에도 수학의 비밀이 숨겨져 있다고요?

우리는 좋아하는 노래를 듣고 따라 부르거나 악기를 연주할 때는 악보를 보고 정해진 음을 노래하거나 연주해요. 우리가 잘 알고 있는 '도레미파솔라시도'에도 수학이 담겨 있다고 해요. 수학자이자 과학자인 피타고라스가 바로 음악 속에 담긴 수학의 비밀을 찾아내었다고 하더군요. 그가 찾아낸 비밀에는 어떠한 수학이 담겨 있나요?

대장장이의 망치 소리에서 찾아낸 화음

피타고라스는 이 세상의 모든 만물은 수로 이루어져 있다고 생각하여 다양한 것을 수로 나타내기 위해 애쓴 수학자예요. 그건 음악에서도 마찬가지였지요. 그가 어느 날 시장으로 가는 길에 대장간 앞을 지나다가 여느 날과 다른 망치 소리에 귀를 기울이게 되었어요. 대장장이 4명이 서로 다른 무게의 망치로 쇠를 내리치는 소리인데 그 소리가 귀를 즐겁게 하는 화음*이 되었어요. 무게가 다른 망치들이

화음
높이가 다른 둘 이상의 음이 함께 울릴 때 어울리는 소리

서로 음정의 높낮이를 만들어 화음이 만들어졌던 것이죠.

▲ 피타고라스 음계에 맞춘 악기

그것을 깨달은 피타고라스는 연구를 시작하여 소리가 발생하는 원리가 공기의 진동에 의한 것임을 알아내고, 그때부터 소리와 공기의 진동수 사이의 연관성을 찾아 연구하기 시작하였지요. 진동이 빠를수록 높은 소리가 난다는 사실을 알게 된 그는 음정이 하프의 현의 길이에 따라 일정한 비례값을 갖는다는 것을 알아내었어요.

피타고라스 음계

피타고라스는 한 줄로 된 현악기에서 현(진동하는 부분)의 길이를 바꾸어 다양한 음계를 만들었어요. 진동수는 현의 길이에 반비례하므로 현이 짧을수록 진동수가 커져 그만큼 높은 소리가 나게 되지요.

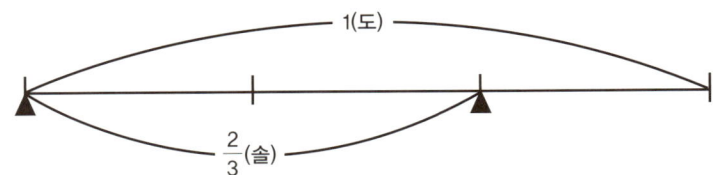

현의 길이를 기준 길이의 $\frac{2}{3}$로 하면 '도'와 '솔'처럼 5도 높은 음이 만들어져요. 그리고 $\frac{1}{2}$로 줄이면 한 옥타브 높은 '도'가 돼요. 이런 방식으로 현의 길이를 줄여 나가면 도, 레, 미, 파, 솔, 라, 시, 도의 음계를 만들 수 있어요.

이 원리를 이용하여 '피타고라스 음계'를 만들었지만 현대 음악에서는 이 비율을 쓰지 않아요. 우리가 현재 사용하는 음계는 피타고라스 음계와 달라요. 왜 다를까요?

음정	도	레	미	파	솔	라	시	도
현의 길이 비율	1	$\frac{8}{9}$	$\frac{64}{81}$	$\frac{3}{4}$	$\frac{2}{3}$	$\frac{16}{27}$	$\frac{128}{243}$	$\frac{1}{2}$

▲ 피타고라스 음계의 현의 길이

피타고라스 방식으로 맞춘 악기의 현의 길이를 분수로 나타내면 위와 같아요. 그런데 '미', '라', '시'의 분모나 분자의 값이 너무 커서 전체적으로 예쁘지 못하다고 생각하여 프톨레마이오스라는 수학자가 원래의 값과 최대한 비슷한 간단한 정수비로 바꾸었어요. 이것을 '순정률'이라고 하는데 그것이 오늘날 사용하는 음계와 같아요.

우리가 매일 듣고 연주하는 음악 속에도 수학이 있다는 사실이 놀랍지 않나요? 우리 생활 속에도 수학이 다 숨어 있었네요.

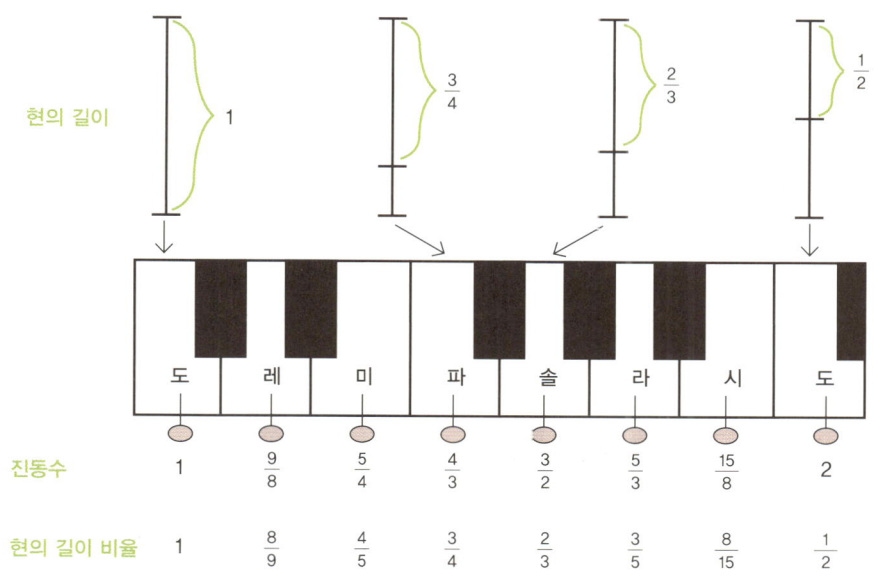

▲ 프톨레마이오스 음계

피아노의 건반은 모두 몇 개인가요?

피아노라는 악기의 이름은 '피아노포르테'의 준말인데, 여리게 연주하라는 피아노(piano)와 세게 연주하라는 포르테(forte)가 합쳐진 것이에요. 피아노는 해머로 현을 두드려 소리를 내게 된 이후로 음량의 크기를 조절할 수 있게 되었어요. 연주할 때 음량을 작게, 때로는 크게 조절할 수 있는 것이 피아노의 큰 장점이지요. 피아노의 건반 수는 모두 88개이며 검은 건반은 36개, 흰 건반은 52개예요. 흰 건반들 사이 위로 검은 건반이 있는데 '미'와 '파' 사이, 그리고 '시'와 '도' 사이에는 검은 건반이 없어요.

066 규칙성

초2 규칙 찾기, 초3 나눗셈, 초4 규칙과 대응

달력이 없어도 요일을 맞힐 수가 있다고요?

가끔씩 TV를 보면 연산을 아주 빠르게 하는 사람들이 나와요. 혹은 특정 연도, 월, 일의 요일을 순식간에 계산해내는 사람들도 있고요. 그런 사람들을 '천재'라고 부르기도 하던데 어떤 규칙을 알고 대답하는 게 아닌가요?

고유번호만 알면 나도 천재

먼저 요일을 맞히기 위해서는 간단한 숫자를 알고 있어야 해요. 바로 연, 월, 일의 고유번호 말이에요. 연 고유번호는 0~6까지의 순서가 반복돼요. 윤년인 해는 2월이 29일까지 있으므로 1, 2월과 3월 이후로 나누어 계산하면 돼요.

2011	2012		2013	2014	2015	2016	
	1, 2월	3월 이후				1, 2월	3월 이후
4	5	6	0	1	2	3	4

그럼 2017년에는 고유번호가 5가 되고, 2018년에는 6이 되겠지요? 이런 식으로 연 고유번호는 0~6이 반복되므로 간단하게 기억을 할 수가 있어요.

월 고유번호는 계산을 하여 얻을 수 있어요. 1월의 고유번호는 1로 시작해요. 또 1월이 31일까지 있으므로 31을 7로 나눈 나머지 3에 1월의 고유번호 1을 더하면 4가 되므로 2월의 고유번호는 4가 돼요.

(　　) 월의 고유번호
= {(그전 월의 날 수) ÷ 7} 하여 얻은 나머지 + 전 월의 고유번호
(만약 7을 넘으면 7을 뺀 수가 고유번호가 돼요.)
(예) 3월의 고유번호 :
2015년 2월은 28일까지 있으므로 28÷7=4 나머지는 0
2월의 고유번호가 4이므로 0 + 4 = 4　　∴ 3월의 고유번호 : 4

2015년과 2016년(윤년)의 월 고유번호

	1월	2월	3월	4월	5월	6월	7월	8월	9월	10월	11월	12월
2015년	1	4	4	7	2	5	7	3	6	1	4	6
2016년	1	4	5	1	3	6	1	4	7	2	5	7

요일 고유번호는 월요일을 1로 하고 일요일이 7이 되어요. 아주 간단하죠?

월	화	수	목	금	토	일
1	2	3	4	5	6	7

그럼 한번 계산을 해 보도록 해요.

2011년 10월 7일은 무슨 요일이었을까요?

연, 월, 일, 그리고 요일 번호로 간단하게 계산할 수 있어요. 해당 연도와 월의 번호를 찾아 연 고유번호 + 월 고유번호 + 날짜를 더하고 7로 나눈 나머지를 구하면 돼요. 나머지로 나온 숫자를 보고 해당 요일을 찾으면 금방 맞힐 수 있어요.

2011년의 고유번호 4, 10월의 고유번호 1, 날짜 7이므로

(4 + 1 + 7) ÷ 7을 하면 나머지가 5가 되어요.

5에 해당하는 요일은 금요일이므로 2011년 10월 7일은 금요일이 되어요. 맞는지 각자 확인해 보아요.

신기하지요? 올해의 크리스마스는 무슨 요일일지, 내 생일은 무슨 요일인지 한번 직접 계산하여 맞춰 보아요.

2월은 왜 28일과 29일이 왔다 갔다 하나요?

우리는 태양의 움직임을 기준으로 1년을 365일로 잡고 있지만 실제 태양년은 365.2422일이므로 약간의 오차가 있어요. 그래서 4년이 지나면 0.2422 × 4 = 0.9688일, 약 1일 정도가 모자라게 돼요. 이것을 조정하기 위해 4년에 한 번, 2월에 1일을 추가하여 그해에는 2월이 29일까지 있게 되는 것이에요. 이러한 해를 윤년이라고 하지요. 따라서 2월이 29일이 되는 날짜는 4년에 한 번 정도로 돌아와요.

초4 큰 수, 규칙과 대응

로마 숫자는 몇 개만 외우면 되나요?

067

규칙성

주변에 있는 많은 시계를 살펴보면 우리가 사용하는 숫자가 아니라 I, II, III, IV, V와 같이 로마 숫자로 표시되어 있는 것이 있어요. 그런데 로마 숫자는 너무 복잡해요. 몇 가지만 외우면 안 되나요?

로마 숫자의 기호와 표기법

우리는 아라비아 숫자를 주로 사용하지만 시계의 글자판이나 긴 글을 쓸 때 글을 나누는 표시 등에는 로마 숫자를 쓰기도 해요. 보기에는 어려워 보이지만 로마 숫자에 사용된 몇 가지 규칙을 알면 쉬워요. 그럼 로마 숫자의 규칙에 대해 함께 알아볼까요?

아라비아 숫자	I	V	X	L	C	D	M
로마 숫자	1	5	10	50	100	500	1000

로마 숫자는 이렇게 7개의 숫자 기호만 사용해요. I는 막대 모양을, V는 다섯 손가락의 모양을 나타내는 상형문자이며, X는 V가 2개임을 나타낸다고 해요. 그런데 로마 숫자의 표기와 관련해서는 명확한 표준이 없어서 같은 수라고 해도 표현하는 방법이 다양했어요.

I, X, C, M은 연속해서 세 번을 반복할 수 있지만 그 이상은 안 되며, D, L, V는 연속해서 쓸 수가 없어요. 그럼 2015는 이렇게 나타내어요.

MMXV

MM = 1000 + 1000 = 2000, X = 10, V = 5

로마 숫자의 규칙

먼저, 로마 숫자는 단위 문자를 덧붙여 써서 수의 증가를 나타내어요.

I = 1   II = 2   III = 3

큰 숫자 뒤에 작은 숫자가 이웃해 있으면 서로 더해 주고, 작은 숫자 뒤에 큰 숫자가 이웃해 있으면 큰 숫자에서 작은 숫자를 빼면 되지요.

IV는 V(5) 앞에 I(1)이 있으므로 5 - 1 = 4가 되는 거예요.

⟵ ⊖
　　　 I = 1　　　⊕ ⟶
IV = 4　　V = 5　　VI = 6
IX = 9　　X = 10　　XI = 11
XIV = 14　XV = 15　XVI = 16
XIX = 19　XX = 20　XXI = 21

그럼 위의 내용을 바탕으로 로마 숫자를 아라비아 숫자로 나타내 보세요.

XIII :　　　　LXII :

▶답 XIII : 13
　　　LXII : 62

로마 숫자에는 '0'이 없나요?

그때의 사람들은 '어떻게 아무것도 없는데 나타낼 수 있지?'라고 생각하였기 때문에 '0'에 관해 크게 생각하지 않았어요. 인도에서 전해진 '0'이 아랍을 거쳐 로마로 전해졌으나 교황청에서 "로마 숫자는 하느님이 창조하신 것이니 앞으로 어느 누구도 맘대로 숫자를 보탤 수 없다"고 선포하기도 하였어요. 하지만 '0'을 쓰면 수를 나타내기가 매우 편리하여 로마의 수학자들은 발각되면 참혹한 형벌을 받는데도 비밀리에 사용했다고 해요.

068 규칙성

초4 규칙과 대응

바코드에는 어떤 비밀이 숨어 있나요?

마트에서 계산을 할 때 보면 물건의 한쪽 끝에 있는 검은 줄무늬 부분에 빨간색 빛을 쏘면 자동으로 입력이 되고 계산이 되는 것을 본 적이 있어요. 어떠한 원리가 숨어 있나요?

바코드의 원리

물건의 한쪽 끝에 있는 검은 줄무늬 부분을 '바코드'라고 해요. 어떠한 원리로 이 바코드에 여러 상품의 정보를 넣을 수 있는 것일까요?

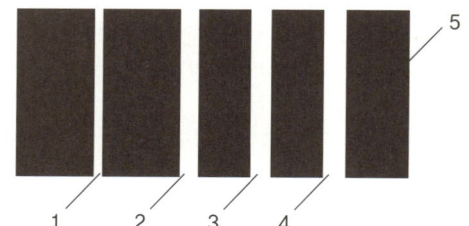

바코드라는 이름은 검은색 선(bar)들이 물건에 대한 정보를 제공해 주는 코드(code) 역할을 하기 때문에 붙은 것이에요. 얼핏 보기엔 검은 줄이 다 비

숫해 보이지만 굵기와 간격이 다르며, 이 바코드에는 많은 정보가 담겨 있어요. 그럼 도대체 어떻게 정보를 담았을까요?

바코드는 이진법을 이용하여 컴퓨터가 숫자를 인식하는 것과 같은 원리를 이용해요. 그림처럼 검은 바탕에 흰 줄이 그어져 있는데 1번 선은 기준이 되고 나머지 선들은 위치가 고정되어 있어 정해진 곳에 있으면 1, 없으면 0을 나타내어요. 이렇게 1과 0으로 인식한 수를 우리가 사용하는 십진법의 수로 바꾸어 물건에 대한 정보를 표시할 수 있도록 한 것이에요. 따라서 줄의 수만 늘리면 아주 많은 정보를 표시할 수 있어요.

바코드의 구성

우리나라에서는 표준형 13자리와 단축형 8자리, 두 종류의 바코드가 사용돼요. 표준형 코드의 13자리는 국가표시 3자리, 제조업체코드 4자리, 자체상품코드 5자리, 그리고 검증코드(체크숫자) 1자리로 구성되어요.

1. 국가코드(880은 한국)
2. 제조업체코드
3. 자체상품코드
4. 검증코드

그런데 검증코드가 뭘까요? 그것은 바로 바코드의 오류를 잡아낼 수 있도록 만든 '안전장치'예요. 맨 끝의 한 자리의 숫자로 어떻게 하면 오류를 확인할 수 있을까요? 한번 확인해 보아요.

① 바코드 13자리 숫자 중 검증코드인 마지막 체크숫자를 제외한 홀수 번째 자릿수의 합을 구해요. 8+0+2+4+6+8=28 (28)

② 바코드 13자리 숫자 중 짝수 번째 자릿수의 합에 3을 곱해요.
8+1+3+5+7+9=33   33×3=99 이므로 (99)

③ 앞에서 구한 두 값(①+②)을 더한 후 마지막 체크숫자를 더하면 10의 배수가 되어야 해요.
28+99 =127   127+3(체크숫자)=130

130은 10의 배수이므로 이상이 없다는 뜻이에요.

QR코드는 바코드와 어떻게 다른가요?

1차원 바코드   2차원 바코드

QR코드는 기존의 바코드보다 좀 더 많은 정보를 담기 위해 만든 '평면 바코드'예요. 그래서 기존의 바코드를 1차원 바코드라 부르고, QR코드는 2차원 바코드라고 부르기도 해요. 1차원 바코드가 막대선의 굵기와 수를 이용하여 가로 방향으로만 정보를 표현할 수 있는 데 반해 2차원 바코드는 가로와 세로 모두에 정보를 담을 수 있기 때문에 100배나 더 많은 정보를 담을 수 있어요.

초4 규칙과 대응, 중1 정수와 유리수

원판을 다 옮기면 지구의 종말이 온다고요?

069
규칙성

우리가 하는 하노이 탑 옮기기 놀이에는 전설이 있다면서요? 원판을 다 옮기면 정말로 지구의 종말이 올까요? 다 옮기는 데는 시간이 얼마나 걸릴까요?

하노이 탑*의 전설

옛날 고대 인도의 베나레스(바라나시)에 있는 한 사원에는 세상의 중심을 나타내는 커다란 돔이 있는데 세 개의 기둥이 서 있었다고 해요. 그런데 한쪽의 기둥에는 바닥 쪽이 가장 크고, 위로 올라갈수록 작아지는 64개의 순금 원판을 끼워 놓은 브라흐마의 탑이 있었어요.

신은 승려들에게 열심히 쉬지 않고 이 원판들을 다른 쪽 기둥으로 옮겨서 똑같은 모양으로 쌓

하노이 탑
1883년에 프랑스의 수학자인 에두아르 뤼카가 발명한 것으로 널리 알려져 있지만, 발명에 기여한 그의 역할에 대해서는 논란이 있어요.

으라고 명령하였어요. 그러고는 이 64개의 원판이 다른 기둥으로 다 옮겨지고 나면 탑과 사원, 승려들은 모두 먼지가 되어 사라지면서 세상의 종말이 온다고 했어요.

그런데 19세기에 프랑스의 수학자가 이 전설을 따 와서 발명한 놀이 기구에 하노이 탑이라고 이름을 붙였다고 해요.

하여튼 지구의 종말이 아직까지 오지 않은 것을 보면 여전히 승려들이 원판을 옮기고 있나 봐요. 그럼 원판을 모두 옮기는 데 얼마만큼의 시간이 걸리는지 알아볼까요?

64개의 원판을 옮기는 데 얼마나 걸릴까?

우선 먼저 하노이 탑의 원판을 옮기는 규칙을 알아야겠죠?

〈규칙〉
1. 한 번에 하나의 원판만 옮길 수 있다.
2. 작은 원판 위에 큰 원판을 올려놓을 수 없다.

생각하기 쉽게 먼저 원판의 개수를 줄여서 가장 적은 횟수로 옮기는 방법을 찾아보아요.

먼저 원판이 1개일 때는 한 번에 되지요. 2개일 때는 세 번에 옮길 수 있어요. 그럼 원판이 3개일 때는 몇 번에 옮길 수 있을까요?

규칙을 생각하며 원판을 옮겨 보아요. 원판이 3개일 때는 그림처럼 7번 만에 옮길 수 있어요.

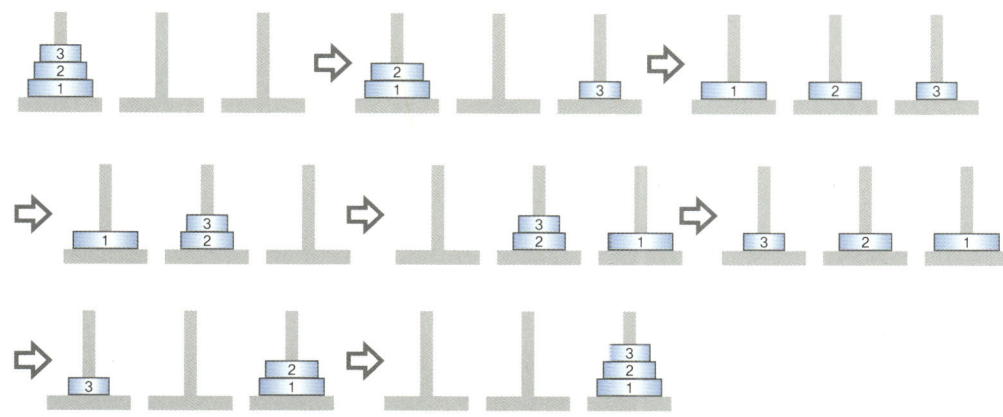

　원판이 네 개인 경우에는 앞에서 한 것처럼 원판 3개를 옮긴 후, 가장 밑에 있던 큰 원판을 옮기고, 다시 위의 3개의 판을 옮기면 되지요.

　따라서 원판 3개의 이동 횟수 7번, 다시 가장 큰 원판 이동 횟수 1번, 다시 3개의 원판을 옮기는 횟수 7번을 더하면 7 + 1 + 7 = 15번이 되지요.

　마찬가지로 원판이 5개인 경우는 위의 원판 4개를 움직인 다음, 다시 가장 큰 원판을 이동시키고, 다시 원판 4개를 쌓으면 되므로 15 + 1 + 15 = 31이 되지요.

　이것을 식으로 표현하면 원판이 3개일 때 움직이는 횟수는 $2^3 - 1$이고, 원판이 4개이면 $2^4 - 1$이 돼요. 이런 식으로 계속해 나가면 원판이 64개일 때는 $2^{64} - 1$이 되겠지요. $2^{64} - 1$은 2를 무려 64번 곱한 값에 1을 뺀 수인데 이것은 18446744073709551615번 움직인다는 뜻이에요.

　만약 사원의 승려들이 원판을 1초에 1개씩 움직인다면

$$2^{64} - 1 = 18446744073709551615(초) = 약 584942417355(년)$$
$$= 약 5849억(년)$$

약 5849억 년이 걸리므로 지구의 종말이 오는 것은 걱정하지 않아도 되겠지요. 천문학자들마다 조금씩 다르기는 하지만 현재 우주의 나이는 약 138억 년, 지구의 나이는 약 45억 년 정도라고 하니 지구의 종말이 오기까지는 아직 한참이나 남아 있어요.

2를 10번 곱하면 얼마가 되나요?

같은 수를 여러 번 곱해 계산하는 것을 표현할 때 흔히 '제곱', '승'이라고 해요. 예를 들어 2를 3번 곱할 때에는 2^3으로, 3을 4번 곱할 때에는 3^4로 표현하고 '3의 4제곱' 또는 '3의 4승'이라고 읽어요. 그렇다면 2를 10번 곱하면 과연 얼마가 될까요?

$$2^{10} = 2 \times 2 \times 2 \times 2 \times 2 \times 2 \times 2 \times 2 \times 2 \times 2$$
$$= 1024$$

2를 10번 곱하면 1024가 나오는지 여러분이 실제로 계산기를 사용하여 확인해 보세요.

초4 규칙과 대응, 중1 정수와 유리수

자연을 닮은 수가 있다고요?

070 규칙성

바람에 날리는 꽃잎을 보고 있으면 기분이 좋아져요. 꽃은 보고만 있어도 기분이 좋아요. 꽃잎을 하나하나 떼어 내면서 '할까? 말까?' 결정을 꽃잎의 수에 맡겨 본 적도 있어요. 그냥 운인 줄만 알았던 꽃잎의 개수 속에도 수학이 숨어 있다던데요. 어떤 건가요?

피보나치 수열

꽃잎의 수에 숨어 있는 수학이 바로 '피보나치 수열'이에요. 이 수열*을 세상에 널리 알린 사람은 12세기 말 이탈리아의 천재 수학자이며, 피사의 레오나르도 다빈치로 불리는 '레오나르도 피보나치'예요.

피보나치는 이 수열을 어떻게 발견하였을까요? 이 수열을 발견하게 된 것은 뜬금없게도 '토끼'를 통해서였다고 해요.

수열
수를 차례로 줄 세운 것을 말해요.

피보나치 수열

피보나치 수열을 비의 값으로 나타낸 것을 '황금비'라고 해요. 우리 주변에 있는 많은 건축물과 생활용품들이 황금비로 이루어져 있어요.

이 피보나치 수열*은 레오나르도 피보나치가 아라비아를 여행한 후 쓴 《산반서》라는 책에 나와 있어요.

"갓 태어난 한 쌍의 토끼가 두 달 후부터 매달 암수 한 쌍의 토끼를 낳는다. 새로 낳는 토끼들도 두 달 후부터 매달 한 쌍의 토끼를 낳는다고 할 때, 일 년 동안 태어난 토끼는 모두 몇 쌍일까? 자, 한번 계산해 볼까요?"

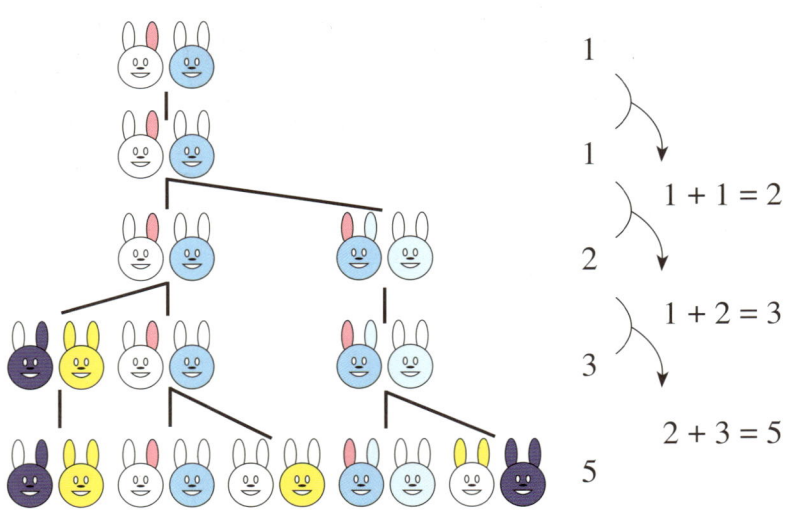

우선 첫 달에 태어난 토끼 한 쌍이 한 달 후 어른 토끼가 되고, 2개월 후에 어린 토끼 한 쌍을 낳고, 또 그 이후에 매달 한 쌍씩 토끼를 낳게 되지요. 다시 어린 토끼도 한 달 후엔 어른 토끼가 되어 어린 토끼 한 쌍을 낳아요.

이렇게 매달의 토끼 쌍의 수를 세어 보면

1, 1, 2, 3, 5, 8, 13, 21, …이라는 배열이 되어요. 이게 뭐냐고요? 이게 수학이라고요?

이렇게 앞의 두 수를 더해서 그다음 수가 되고, 또 그전 수와 그다음 수를 더해서 그다음 수가 되는 수열을 '피보나치 수열'이라고 해요.

자연현상 속 피보나치 수열

이러한 피보나치 수열은 자연 현상에서 많이 발견이 되는데요. 그중에서도 대다수의 꽃잎 개수와 잎차례에서 나타나요. 채송화와 딸기꽃의 꽃잎은 5장, 코스모스와 모란은 8장, 금잔화는 13장으로 이루어져 있어요. 이 외에도 식물의 씨앗에도 피보나치 수열을 찾아볼 수 있는데 그 대표적인 것이 해바라기 꽃의 씨앗이에요.

해바라기 꽃의 씨앗을 자세히 살펴보면 시계 방향과 반시계 방향의 나선이 나타나요. 크기에 따라 다르지만 시계 방향으로 21개, 반시계 방향으로 34개가 한 줄에 있어요. 또는 34개와 55개가 이웃한 두 개의 피보나치 수로 이루어져 있는 것을 발견할 수 있어요.

이 외에도 솔방울과 파인애플, 식물의 잎차례, 앵무조개 껍데기의 무늬 등에서도 피보나치 수열을 발견할 스 있어요.

▲ 해바라기

▲ 솔방울

071 규칙성

쌀 한 톨로 부자가 되었다고요?

초4 곱셈과 나눗셈, 규칙과 대응, 중1 정수와 유리수

쌀 한 톨로 시작하여 엄청난 부자가 된 사람이 있다더군요. 첫 날 한 톨을 받고, 그다음 날부터 매일 그전 날의 두 배씩 받으면 부자가 된다는데 사실인가요?

구두쇠 영감과 지혜로운 머슴 이야기

어느 마을에 구두쇠 영감이 있었어요. 그 영감은 머슴들에게 이런저런 핑계를 대면서 품삯을 아주 조금만 주었어요. 소문을 들은 마을 사람들은 아무도 그 집의 머슴이 되려고 하지 않았어요. 이 소문을 들은 한 머슴이 구두쇠 영감을 찾아가서 머슴이 되겠다고 하자 영감은 아주 기뻐하였어요.

구두쇠 영감은 품삯을 조금밖에 주지 못하니 싫으면 그만두라고 하였어요. 그러자 머슴은 영감에게 이렇게 말했어요.

"돈은 필요 없으니 곡식으로 주십시오. 첫째 날은 쌀 한 톨, 둘째 날은 쌀 두 톨, 셋째 날은 쌀 네 톨, 이렇게 매일 전날 주신 쌀알의 두 배만큼만 주십시오."

청년의 이야기를 들은 영감은 옳다구나 싶어 흔쾌히 이를 승낙하였어요.

다음 날부터 머슴은 아주 열심히 일을 하였어요. 머슴이 일하는 날이 늘어날수록 점차 머슴이 가져가는 쌀알의 수가 많아지기 시작하였어요.

영감은 쌀알의 수를 세는 것이 귀찮아서 두 달 뒤에 한꺼번에 계산해 주겠노라고 약속하였어요. 드디어 그동안 일한 품삯을 받는 날, 엄청난 일이 벌어졌어요. 처음에는 몇 톨 되지 않던 쌀알의 수가 두 달이 지나고 64일이 되자 그 수가 어마어마해졌어요. 자그마치 9223372036854775808톨이나 되었으니까요.

영감은 곡식 창고에 그간 모아 두었던 곡식을 다 내어 주고도 모자라서 가지고 있던 땅까지도 머슴에게 모두 주고 동네를 떠나야만 했지요. 지혜로운 머슴은 많은 곡식과 땅까지 갖게 되어 더 이상 머슴살이를 하지 않아도 되었어요.

거듭제곱

처음의 쌀 한 톨이 두 달밖에 안 되어서 저렇게 엄청난 수가 되는 것이 신기하지요? 지혜로운 머슴은 전날 곡식의 두 배만큼만 달라고 했는데 말이죠. 이렇게 다음 항을 구할 때 앞의 항에 계속 곱해 나가는 것을 거듭제곱*이라고 해요.

> **거듭제곱**
> 같은 수를 여러 번 곱할 때에는 거듭제곱으로 나타낼 수 있어요. 아래에 곱하는 수를 쓰고, 그 위에 곱하는 개수만큼 쓰면 돼요.
> $2 \times 2 \rightarrow 2^2$
> $2 \times 2 \times 2 \rightarrow 2^3$
> 거듭제곱을 읽을 때에는 2^2은 2의 제곱, 2^3은 2의 세제곱이라고 읽어요.

1일	2일	4일	8일	…	64일
1	2	2×2	2×2×2	…	2×2×…×2
1	2	2^2	2^3	…	2^{63}
1	2	4	8	…	922경…
🌾	🌾🌾	🌾🌾🌾🌾	🌾🌾🌾🌾🌾🌾🌾🌾	…	…

64일 동안 일한 것을 한 번에 모두 주려고 하니 $1 + 2 + 2^2 + 2^3 + 2^4 + … + 2^{63}$ 톨이나 되었어요. 그러니 영감이 가지고 있는 모든 걸 팔아도 줄 수가 없었겠죠? 간단한 수학 규칙 하나만으로도 엄청난 수를 만들 수 있어요.

신문지 한 장을 42번 접으면 달까지 갈 수 있어요?

거듭제곱을 생각하면 가능해요. 신문지 1장의 두께를 약 0.1mm라고 생각하였을 때 10번 접으면 두께가 약 10cm가 돼요. 다시 10번을 더 접으면 두께는 $0.1mm \times 2^{20}$ 이므로 약 104m가 되어요. 30번을 접으면 두께가 $0.1mm \times 2^{30}$ 이므로 약 107km가 되지요. 107km면 서울에서 춘천까지 갈 수 있는 거리예요. 그럼 42번을 접으면? $0.1mm \times 2^{42}$ 이므로 약 439804km가 되는데 지구에서 달까지 거리가 평균 380000km이므로 달까지 가고도 남는 거리가 되겠죠?

초2 규칙 찾기, 초4 규칙과 대응

우리 집 욕실 타일에도 수학이 담겨 있다고요?

072

규칙성

타일이나 벽지를 보면 같은 모양의 무늬가 가로 세로로 반복되고 있어요. 여기에도 수학의 원리가 숨어 있다던데요. 어떤 것인가요?

테셀레이션*

집 안 곳곳에도 수학이 숨어 있다면 믿을 수 있겠어요? 하지만 사실이에요. 심지어 매일매일 수십 번도 더 보는 걸요? 여러 가지가 있지만 그 중에서도 아주 쉽게 눈만 뜨면 찾을 수 있는 수학은 바로 욕실의 타일과 집안의 벽지의 무늬에 숨어 있어요. 그곳에는 '테셀레이션'이라는 수학이 듬뿍듬뿍 담겨 있답니다.

그럼 테셀레이션이 무엇인지 한번 알아볼까요?

테셀레이션
모여 있는 도형의 합이 360°가 되어야 빈틈없이 만들 수가 있어요.

규칙성 | 231

한 가지 이상의 도형을 빈틈없이, 그러면서도 겹치지 않게 맞추어 반복하여 그린 것을 테셀레이션이라고 해요. 이것은 라틴어에서 정사각형을 뜻하는 테셀리(tessellae)라는 말에서 왔어요. 우리말로는 '쪽매맞춤'이라고도 하지요. 아래 그림처럼 정삼각형, 정사각형, 정육각형으로 주어진 공간을 빈틈없이 메울 수 있어요. 그런데 ❸번 정오각형의 경우처럼 빈틈이 생기면 테셀레이션을 만들 수가 없어요. 또 모든 삼각형과 모든 사각형도 테셀레이션이 가능한 도형이에요.

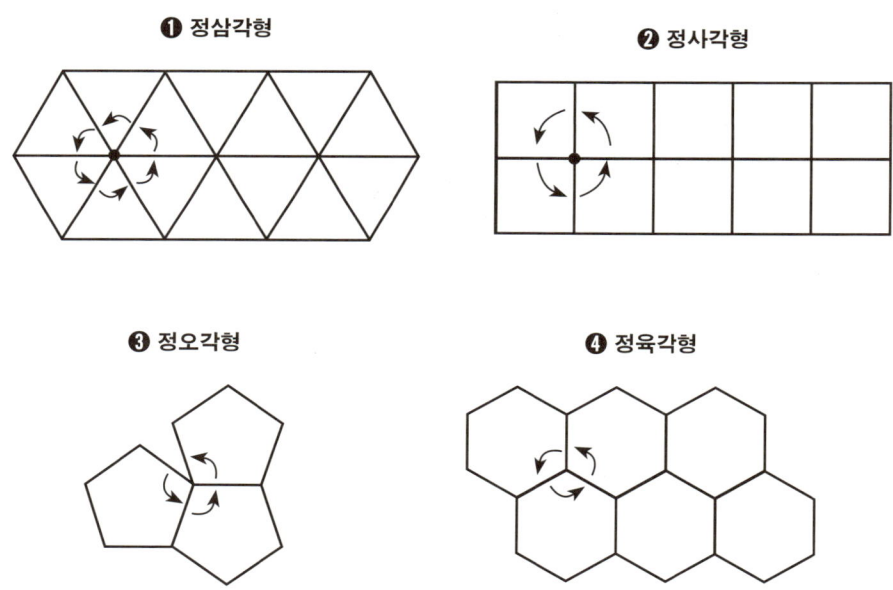

테셀레이션이 담긴 예술 작품을 그린 화가

테셀레이션을 이용하여 아름다운 예술 작품을 남긴 화가가 있어요. 바로 모리츠 코르넬리스 에셔예요.

그는 스페인의 그라나다에 있는 알함브라 궁전의 타일을 보고 영감을 받아 테셀레이션을 이용한 그림을 그리기 시작하였는데요. '평행이동', '회전이동', '대칭이동', '미끄러진 반사', 이렇게 네 가지의 변화를 이용하여 멋진 테셀레이션 작품을 아주 많이 남겼어요. 다음 그림을 살펴보아요.

이 도마뱀 그림은 에셔의 테셀레이션 작품으로 아주 유명해요.

그런데 이상하지 않아요? 분명히 정삼각형, 정사각형, 정육각형만이 테셀레이션을 만들 수 있다고 했는데 도마뱀 모양에서는 그런 도형이 없잖아요?

아니에요. 분명히 그런 도형이 숨어 있어요. 그럼 함께 찾아볼까요?

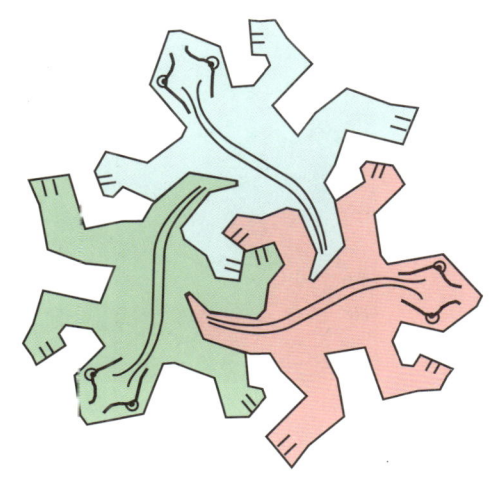

▲ 에셔의 《도마뱀》 그림의 기본 원리

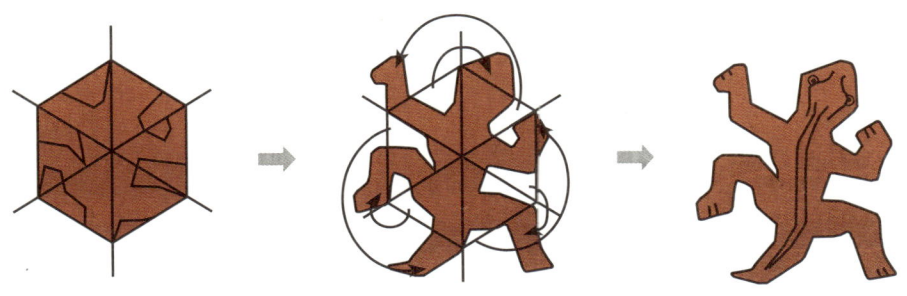

▲ 에셔의 《도마뱀》 그림의 기본 도형

자, 이 그림을 보면 에셔의 도마뱀 그림의 기준도 역시 정육각형이죠? 이렇게 정삼각형, 정사각형, 정육각형을 기준으로 하여 원하는 그림을 그린 후 적당히 모양을 바꾸면 멋진 테셀레이션 그림을 만들 수 있어요.

▲ 알함브라 궁전의 벽 그림

알함브라 궁전의 벽, 천장 등은 아주 다양한 무늬로 장식되어 있어요. 에셔는 이 테셀레이션을 보고 영감을 얻었겠죠?

알함브라 궁전이 궁금해요!

알함브라 궁전은 스페인의 그라나다에 있는데 세계에서 아름다운 궁전으로 손꼽히는 곳이에요. 매년 이 궁전을 보러 오는 관광객 수만 해도 어마어마하지요. 이 궁전 내부의 바닥과 벽은 멋진 테셀레이션으로 이루어져 있어요.

▲ 알함브라 궁전의 벽

초2 규칙 찾기, 초4 규칙과 대응, 중1 함수

073 규칙성

사다리타기를 하면 왜 겹치지 않나요?

사다리타기 게임을 하다 보니 이상한 게 있어요. 왜 두 사람이 한 가지에 동시에 걸리지 않나요? 혹시 아무도 안 걸리는 경우도 있나요?

사다리타기 게임에 담긴 수학

〈사다리타기 규칙〉

① 게임에 참여하는 사람 수만큼 세로줄을 긋는다.

② 서로 같은 출발점을 선택할 수 없다.

③ 선을 따라 아래로 내려가다가 가로선을 만나면 반드시 가로선을 따라가야 하며, 가로선을 따라가다 세로선을 만나면 세로선을 따라가야 한다.

청소 당번을 정하거나, 벌칙으로 노래를 부를 사람을 뽑을 때는 간단하면서도 모두가 참여할 수 있는 게임을 하지요. 가위바위보만큼 간단하면서도 종이와 연필만 있다면 바로 할 수 있는 것이 사다리타기 게임이에요.

먼저 두 사람이 누가 청소를 할지를 정하기 위해 사다리타기를 한다고 생각해 봐요. 두 사람이니까 세로줄을 2개 그려 놓고 가로줄을 그려요. 어떻게 그리냐고요? 마음대로 해도 돼요! 그럼 가로줄의 수를 늘려 가면서 누가 청소를 하게 되는지 살펴보아요. 자, 그럼 이제 사다리를 따라서 줄을 그어 보아요. 누가 청소를 하게 되나요?

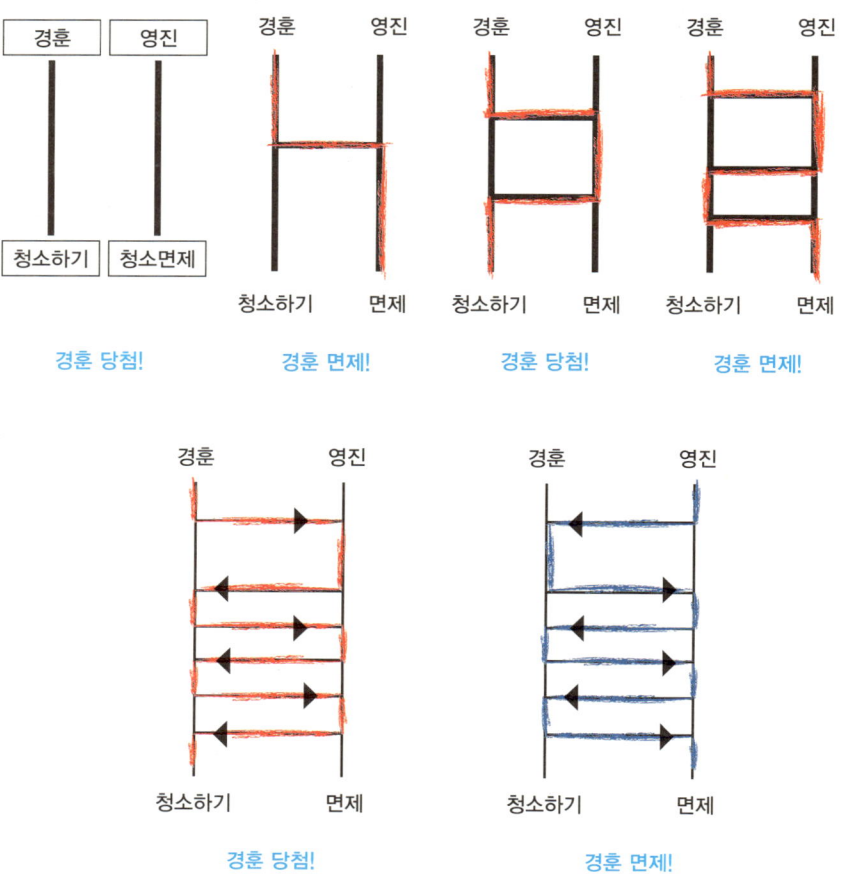

맨 처음 내려와서 가로선을 만나면서 한 칸 차지하고, 다음 칸으로 내려와서 또 한 칸 차지하고, 결국 마지막에 내려올 때까지 없어지는 칸 없이 모두 끝까지 내려오게 되죠? 한 사람 앞에 결과가 하나씩 1:1로 짝이 맺어지게 돼요.

그래서 아무도 벌칙에 당첨되지 않는 경우도 없고, 한 가지 결과에 둘 다 당첨되는 일도 없는 거예요.

위와 같이 시작점 하나가 도착점 하나와 서로 일대일로 연결되는 것을 일대일 대응, 즉 함수*라고 해요. 일대일 대응의 원리가 적용되기 때문에 사다리타기 게임에 참여하는 인원이 아무리 많아져도, 사다리를 아무리 복잡하게 그려도 사다리의 시작점과 도착점은 언제나 하나씩 대응을 하게 돼요. 그러니 중복이 되거나 결과가 겹칠 일이 없겠지요?

함수
하나의 값에 하나의 값만 대응하는 관계

사다리타기 게임에서 거꾸로 해도 결과가 같을까요?

사다리타기게임은 위에서 살펴본 것처럼 다른 두 곳에서 출발하면 절대로 같은 곳에 도착할 수가 없어요. 그렇기 때문에 도착점에서 사다리를 거꾸로 거슬러 올라간다고 해도 그 결과가 변하지는 않아요. 옆의 사다리타기 게임을 이용하여 한번 직접 해 보세요!

초2 규칙 찾기, 초4 규칙과 대응, 중1 정수와 유리수

074 규칙성

파스칼의 삼각형은 파스칼이 만들었나요?

숫자로 탑을 쌓은 파스칼의 삼각형은 참 신기해요. 숫자들이 모여 탑의 모양을 하고 있어요. 그런데 이 파스칼의 삼각형은 수학자 파스칼이 만든 건가요?

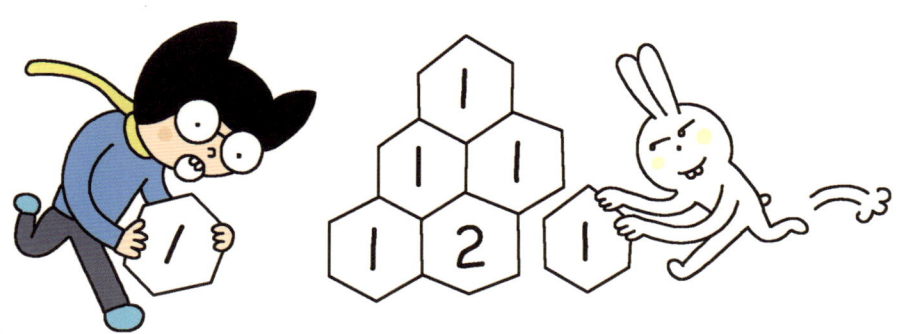

파스칼의 삼각형의 성질 1

다양한 규칙이 가득 담겨 있는 파스칼 삼각형은 프랑스의 수학자 블레즈 파스칼의 이름을 딴 것이지만 파스칼이 발명한 것은 아니에요. 파스칼 이전에 인도, 이란 등 여러 나라에서 학자들이 연구한 기록들이 남아 있어요. 그럼 파스칼의 삼각형에 대해 알아볼까요?

파스칼의 삼각형의 시작은 매우 간단

해요. 첫 번째 줄에는 숫자 1을 하나 쓰고, 그다음 줄부터는 양쪽 끝에 우선 숫자 1을 쓰고, 세 번째 줄부터는 1과 1 사이에 다른 숫자들이 들어가는데 바로 윗줄의 왼쪽 숫자와 오른쪽 숫자를 더하면 돼요. 예를 들어 3번째 줄의 가운데는 1+1=2가 만들어져요. 따라서 3번째 줄은 1, 2, 1 순서로 수가 나타나요. 이렇게 계속해 나가면 옆의 그림과 같은 파스칼의 삼각형을 만들 수 있어요.

파스칼의 삼각형의 성질 2

파스칼의 삼각형도 곱셈표처럼 대칭 규칙을 가지고 있어요. 가운데 1을 중심으로 한가운데에 세로줄을 그으면 양쪽의 수 배열이 똑같아져요.

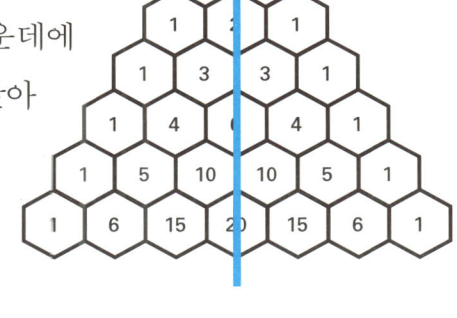

파스칼의 삼각형의 성질 3

각 가로줄에 있는 수를 한 번은 뺄셈, 한 번은 덧셈을 반복하면 파스칼의 삼각형에서 또 다른 규칙을 찾을 수 있어요. 규칙에 따라 한 번 빼고, 한 번 더하기를 반복하면 모든 줄이 0이 돼요.

$$1 - 1 = 0$$
$$1 - 2 + 1 = 0$$
$$1 - 3 + 3 - 1 = 0$$
$$1 - 4 + 6 - 4 + 1 = 0$$

파스칼의 삼각형의 성질 4

파스칼의 삼각형의 숫자들을 대각선으로 더한 수를 옆에 적으면 1, 1, 2, 3, 5, 8 …이라는 수의 배열이 나타나요. 왼쪽 대각선과 오른쪽 대각선 모두 같은 수의 배열을 갖게 되는데요. 어디서 본 숫자들의 배열인 것 같지 않아요?

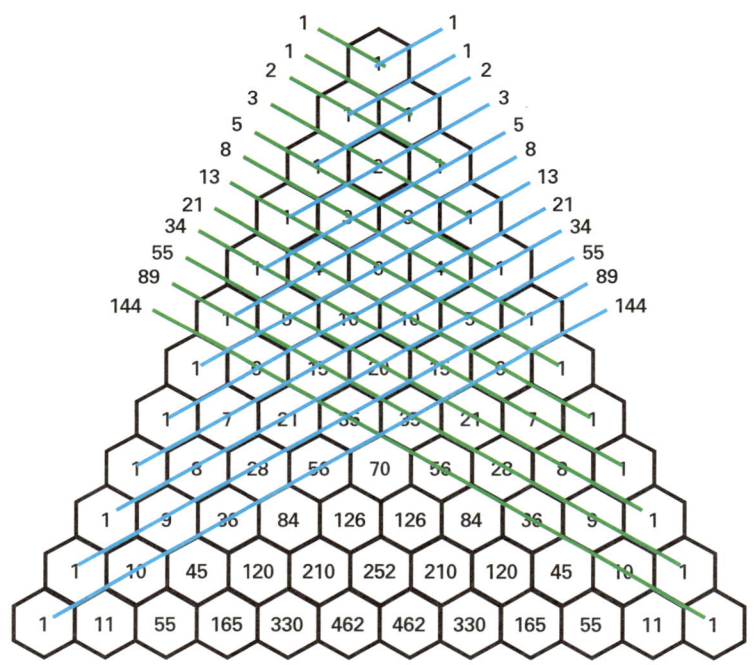

맞아요. 바로 피보나치 수열이에요. 앞의 두 수의 합이 뒤의 수가 된다는 피보나치 수열을 기억하죠? 파스칼의 삼각형에는 이렇게 피보나치 수열도 숨어 있어요.

파스칼의 삼각형의 성질 5

파스칼의 삼각형을 색칠하면 또 다른 삼각형 모양이 나와요.

파스칼의 삼각형에서 수의 크기에 상관없이 짝수와 홀수에 따라 색칠하면 재미있는 모양을 찾을 수 있어요. 홀수만 색칠하고 색칠한 부분을 보면 아래와 같은 모양을 찾을 수 있어요. 이 과정을 반복하면 아래와 같이 닮은꼴의 삼각형이 반복하여 나오는데, 이것을 시어핀스키 삼각형이라고 불러요.

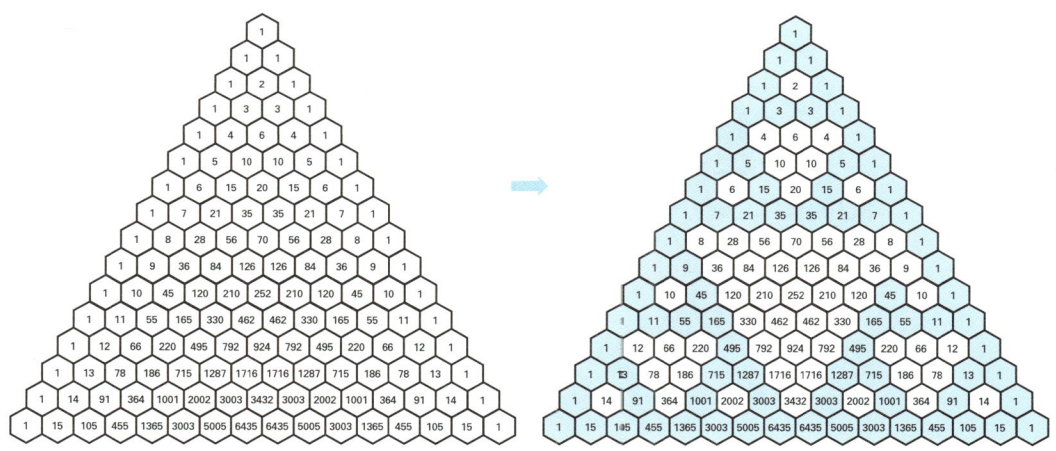

▲ 시어핀스키 삼각형

075 규칙성

초3 평면도형, 중1 도형의 기초

직선이 모여 곡선을 만들 수도 있나요?

직선은 곧기 때문에 아무리 많은 직선을 모아도 직선은 직선이잖아요? 그런데 어떤 때는 직선이 휘어 보이기도 하고, 곡면처럼 입체감이 느껴지기도 해요. 어떻게 그럴 수 있나요?

선이 만드는 예술의 세계

우리가 보고 있는 직선이 과연 정말로 직선일까요? 혹시 아주 큰 원의 일부가 아닐까요?

미술의 한 부분인 데생*을 배우러 가면 먼저 연필 잡는 방법을 가르쳐 준 후 가로와 세로로 직선을 일정하게 긋는 방법만 한동안 연습한다고 해요. 왜 직선만 연습할까요? 그것은 직선을 제대로 다룰 줄 알면 곡선을 그리는 것이 어렵지 않기 때문이에요. 잘 이해가 되지 않

데생
주로 선에 의하여 어떤 이미지를 그려 내는 기술. 또는 그런 작품. 소묘라고도 해요.

는다고요? 그럼 직선이 만드는 곡선 이야기를 해 보아요.

그림과 같이 직선이 일정 간격으로 모여 아름다운 곡선으로 보이게 하는 예술을 스트링아트(String Art)라고 해요.

신기하면서도 아름답지요? 스트링아트는 모두 점과 점끼리의 대응으로 이루어져 있어요. 한 점과 다른 한 점을 끝으로 하는 선분으로 이루어져 있으며, 이 점들이 어떻게 배열되어 있는지에 따라 다양한 모양을 이루어요.

스트링아트 만드는 방법

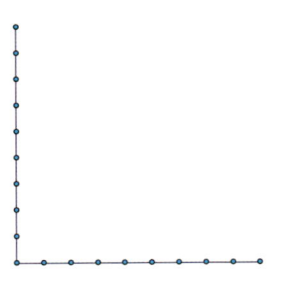
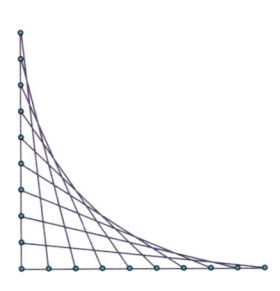
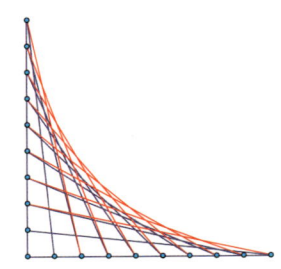

① 도형을 그리고 일정한 간격으로 점을 표시해요.
- 두 선분이 이루는 각의 크기를 다르게 하면 다른 모양을 얻을 수 있어요.

② 한 변에서 다른 변으로 일정한 간격으로 선분을 그려요. 숫자나 알파벳으로 표시하여 같은 것끼리 잇도록 하면 실수하지 않아요.

③ 잇는 점의 위치를 바꾸어 한 번 더 그리면 2단계 곡선을 만들 수 있어요.
- 색을 다르게 하면 구분하여 보기가 쉬워요.

스트링아트 그려 보기

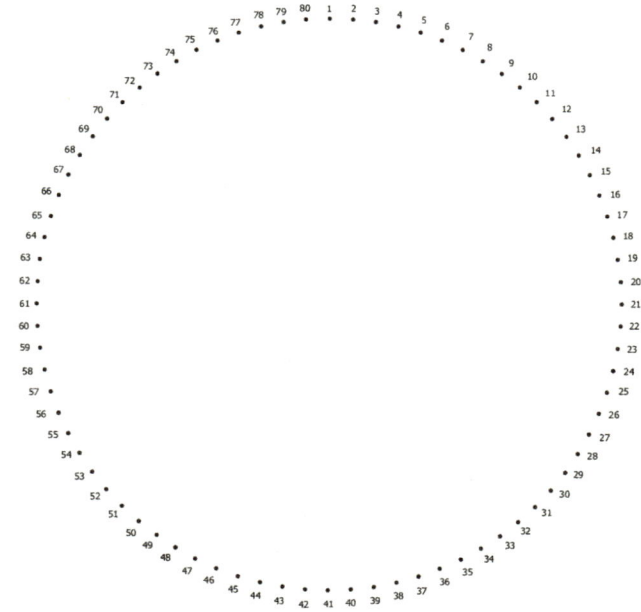

점을 잇는 두 수의 차이가 20이 되도록 선을 이어 보세요. 즉, 1-21, 2-22, 3-23, 4-24, 5-25, … 이렇게 되도록 선을 이어 처음으로 돌아올 때까지 그려요.

이제 그 위에 점 사이의 간격을 달리하여, 즉 점을 잇는 두 수의 차이가 19나 21 등등이 되도록 하여 다른 색깔로 다시 한 번 더 그려 보세요. 멋진 스트링아트를 만들 수 있어요.

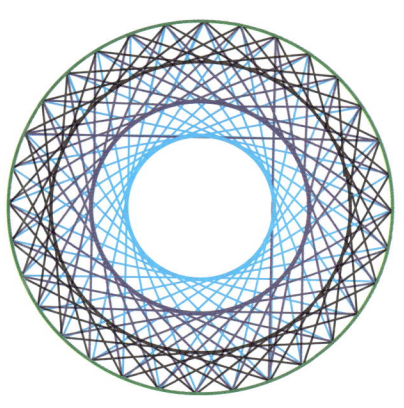

야경이 멋진 다리 위에도 스트링아트가 있다고요?

시시각각 색깔이 변하면서 멋진 야경을 뽐내고 있는 이 다리는 바로 인천 송도에 있는 송도1교예요. 자세히 살펴보면 큰 원 두 개가 마주 보고 있으며 그 사이로 직선들이 이어져 있어요. 직선이 모여서 만들어 내는 곡선이 멋진 조명을 받으니 더욱 아름답게 보이지요.

© 인천경제자유구역청

076 규칙성

초3 평면도형, 초4 규칙과 대응, 중1 정수와 유리수

수가 도형이 될 수도 있나요?

놓여 있는 볼링핀을 보면 삼각형 모양으로 세워져 있잖아요? 맨 앞줄에 1개, 두 번째 줄에 2개, 세 번째 줄에 3개, 네 번째 줄에 4개, 이렇게요. 숫자를 볼링핀처럼 삼각형 모양으로 놓으면 삼각수가 되는 건가요?

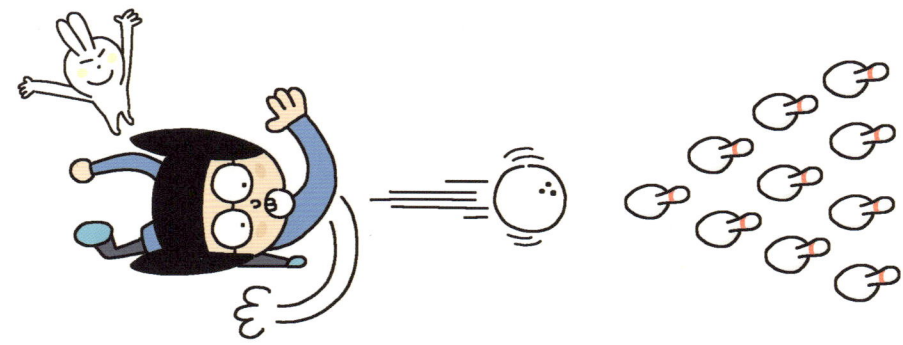

연속하는 자연수의 합과 삼각수

볼링 경기를 해 보거나 구경한 적이 있나요? 볼링은 한 개의 공을 굴려 병 모양처럼 생긴 10개의 핀들을 쓰러뜨리는 게임이에요. 그런데 볼링핀 10개를 세운 모습을 자세히 살펴보면 앞줄부터 1개, 2개, 3개, 4개로 삼각형 모양으로 배열되어 있어요. 이렇게 정삼각형 모양으로 점들을 배열했을 때의 점들의 개수를 '삼각수'라고 해요. 삼각수는 '수학의 아버지'로 불리는 피타고라스가 밤하늘을 수놓은 별을 보며 수와 도형 사이의 관계에 대해 연구하여 찾아낸 수

사이의 규칙인데, '형상수' 또는 '도형수'라고 부르기도 하지요.

삼각수는 볼링핀 배열에서 보듯이 어떤 물건으로 삼각형 모양을 만들어 놓았을 때 그 삼각형을 만들기 위해서 사용된 물건의 총 개수를 나타내기도 해요.

자, 그림을 보아요.

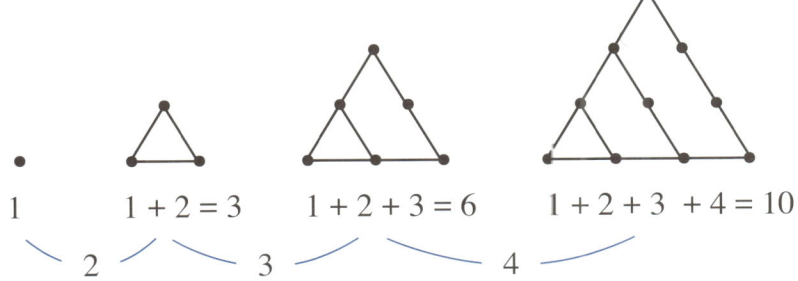

첫 번째 삼각수는 1, 두 번째 삼각수는 1 + 2 = 3, 세 번째 삼각수는 1 + 2 + 3 = 6, 네 번째 삼각수는 1 + 2 + 3 + 4 = 10이 돼요.

삼각수의 규칙이 드러나나요? 앞의 삼각수에다가 그 삼각형의 아랫줄에 있는 점의 개수를 더하면 그다음 삼각수가 되지요.

그럼 다섯 번째 삼각수는 무엇이 될까요?

네 번째 삼각수가 1 + 2 + 3 + 4 = 10이었으므로 1 + 2 + 3 + 4에 5를 더하면 1 + 2 + 3 + 4 + 5 = 15가 돼요.

당구의 한 종류인 포켓볼에서 게임을 시작할 때는 15개의 공을 삼각형으로 배열하고 시작하는데 이때의 모양이 다섯 번째 삼각수의 배열 모양과 같아요.

삼각수와 파스칼의 삼각형

삼각수는 앞서 살펴본 파스칼의 삼각형과도 아주 관련이 깊어요. 다음 그림에서 삼각수와 파스칼의 삼각형을 비교해 볼 수 있어요.

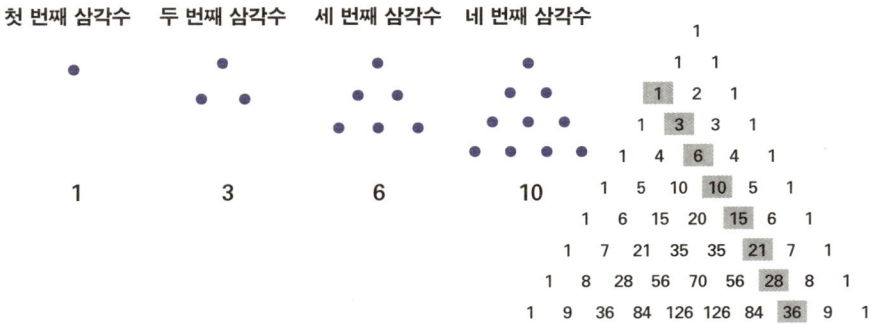

삼각수는 1, 3, 6, 10, 15, … 이렇게 배열되지요. 그런데 오른쪽에 있는 파스칼의 삼각형에서 색칠한 부분을 살펴보아요. 대각선 아래로 내려가는 수들을 살펴보면 1, 3, 6, 10, 15, 21, …이지요? 바로 삼각수와 똑같답니다.

그렇다면 6번째 삼각수는 얼마일까요? 파스칼 삼각형에서 찾아보면 21이에요. 맞는지 한번 확인해 볼까요?

여섯 번째 삼각수는 1 + 2 + 3 + 4 + 5 + 6 = 21이므로 파스칼의 삼각형의 수 배열과 정확하게 일치해요.

연속되는 홀수의 합(사각수)

삼각수도 있지만 사각수도 있어요. 물건을 나열하였을 때 정사각형을 이루게 되는 물건의 총 개수를 사각수라고 해요. 그림과 같이 첫 번째 사각수는 1, 두 번째 사각수는 1 + 3 = 4이며, 세 번째 사각수는 1 + 3 + 5 = 9가 돼요. 이러한 사각수를 나열해 보면 1, 4, 9, 16, …이 되지요.

| 1 | 1 + 3 = 4 | 1 + 3 + 5 = 9 | 1 + 3 + 5 + 7 = 16 |

사각수에서 규칙을 찾을 수 있겠어요? 사각수는 연속되는 홀수의 합이 돼요. 그렇다면 다섯 번째 사각수는 얼마일까요? 연속된 홀수의 합으로 나타내면 1 + 3 + 5 + 7 + 9 = 25이므로 다섯 번째 사각수는 25가 되겠지요.

100번째 삼각수를 쉽게 구하는 방법이 있나요?

삼각수는 연속되는 자연수의 합이므로 100번째 자연수를 구하려면 1부터 100까지의 수를 모두 더해야 해요. 100까지 더하려고 생각하니 앞이 캄캄하지요? 하지만 순식간에 정답을 맞힌 열 살짜리 꼬마가 있었어요. 바로 수학자 '가우스'예요. 그렇다면 가우스는 어떤 방법으로 1부터 100까지의 합을 구했을까요?

$$
\begin{array}{r}
1 + 2 + 3 + 4 + \cdots + 99 + 100 \\
+\ 100 + 99 + 98 + 97 + \cdots + 2 + 1 \\
\hline
101 + 101 + 101 + 101 + \cdots + 101 + 101
\end{array}
$$

1에서 100까지의 숫자를 차례로 쓰고 다시 거꾸로 100에서 1까지를 쓴 다음, 아래 위를 더하면 100개의 101이 돼요. 100 × 101한 다음에 2로 나누어서 간단히 5050이라는 정답을 맞혔지요.

초4 규칙과 대응, 중1 정수와 유리수

077 규칙성

60갑자가 무엇인가요?

갑오경장, 갑신정변, 임진왜란, 정유재란, 을미사변, 을사조약 등등. 외울 것이 너무 많아요. 그런데 갑오, 갑신, 임진, 정유, 을미, 을사, 이렇게 정하는 데는 어떤 규칙이 있나요?

60갑자 이야기

이순신 장군 하면 가장 먼저 떠오르는 것은 아마 거북선과 임진왜란일 거예요. 왜 임진왜란이라고 부르는지 알고 있나요? 바로 임진년에 왜와 전쟁하였다는 뜻으로 임진왜란이라고 해요. 그리고 임진(壬辰)년은 1592년을 뜻해요. 임진년은 60년에 한 번씩 오는데, 1472, 1532, 1592, 1652, 1712, …, 1952, 2012년이 임진년이었지요. 다음 임진년은 2072년이에요.

예전에는 지금처럼 숫자로 연도를 표시하지 않고 60갑자로 나타내었어요. 그럼 60갑자가 어떻게 정해지는지 알아볼까요?

60갑자는 10개의 천간(天干)과 12개의 지지(地支)로 이루어져요. 10간(천간)은 갑(甲), 을(乙), 병(丙), 정(丁), 무(戊), 기(己), 경(庚), 신(辛), 임(壬), 계(癸)인데 하늘의 시간을 나타내어요.

12지(지지)는 땅을 지키는 12마리의 동물을 뜻하며, 자(子, 쥐), 축(丑, 소), 인(寅, 호랑이), 묘(卯, 토끼), 진(辰, 용), 사(巳, 뱀), 오(吾, 말), 미(未, 양), 신(申, 원숭이), 유(酉, 닭), 술(戌, 개), 해(亥, 돼지) 순서로 와요.

간지는 10개의 천간과 12개의 지지가 순서대로 맞물려서 '갑자', '을축', '병인', '정묘' 등과 같이 읽으며, 처음으로 되돌아오기까지가 60년이 걸려요. 그래서 예로부터 우리는 태어난 지 60년이 지나서 맞는 61세의 생일을 '회갑'이라고 부르며 자신이 태어난 해의 갑자를 다시 맞이하게 되는 기념으로 크게 잔치를 하였어요.

연도로 60갑자 계산하기

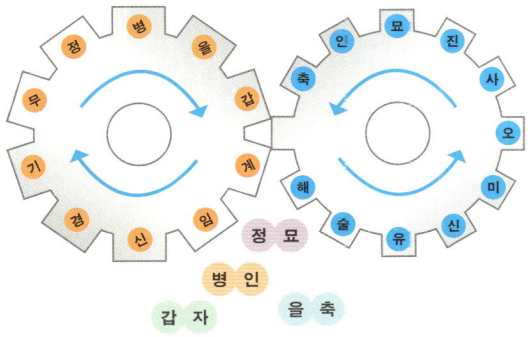

연도만 보고도 60갑자를 금방 알 수 있어요. 먼저 10간은 10년마다 반복되므로 연도의 끝자리 수를 보면 10간은 바로 알 수 있어요. 갑신정변(1884년), 갑오경장(1894년)은 해의 끝자리가 4로 같아요. 그러니 '갑'이 4부터 시작한다는 것만 알아 두면 되겠지요.

연도의 끝자리 수	4	5	6	7	8	9	0	1	2	3
십간	갑	을	병	정	무	기	경	신	임	계

12지는 12년마다 반복이 돼요. 그래서 연도를 12로 나누어 나머지가 얼마인지 알면 돼요. 마찬가지로 '자'가 4부터 시작한다는 것만 알아 두면 돼요.

연도를 12로 나누었을 때 나머지	4	5	6	7	8	9	10	11	0	1	2	3
십이지	자	축	인	묘	진	사	오	미	신	유	술	해

그럼 1592년은 무슨 해인지 알아볼까요? 먼저 연도의 끝자리가 2이므로 '임'이고, 1592를 12로 나누면 나머지가 8이므로 '진'에 해당해요. 따라서 1592년 임진년이 돼요.

여러분이 태어난 해는 몇 년도인가요? 여러분이 태어난 해도 한번 계산하여 60갑자를 알아보세요.

엄마랑 나랑 띠동갑이라는데 띠동갑이 뭐예요?

같은 해에 태어난 사람뿐만 아니라 태어난 해의 십이지가 같은 사람을 띠동갑이라고 해요. 보통 아래위로 12살 차이가 나는 사람을 뜻해요. 예를 들어 7살 쥐띠생이라면 12살이 더 많은 19세도, 24살이 더 많은 31세도 띠동갑이 돼요.

초4 규칙과 대응, 중1 정수와 유리수

마방진을 빨리 푸는 방법이 있나요?

078 규칙성

학교에서 선생님이 1~9까지의 수를 사용하여 가로, 세로, 대각선의 합이 같아지도록 만들라고 퀴즈를 내셨는데 하나씩 넣어서 더해 보니 너무 어렵고 시간이 많이 걸려요. 이 마방진을 빨리 푸는 방법이 있나요?

거북이 등에 그려진 무늬에 숨겨진 비밀

옛날 중국 하나라에 홍수가 자주 발생하자 우왕(禹王)은 물이 넘치는 것을 막기 위한 공사를 시작하였어요. 쌓아 둔 강둑이 홍수로 번번이 무너져서 애를 먹고 있었는데 그때 강 한복판에서 거북이 한 마리가 나타났어요. 그런데 거북이 등에는 이상한 모양의 무늬가 그려져 있었어요. 우왕이 이것을 신기하게 여겨 그림으로 옮기고, 점의 개수를 수로 나타내었더니 다음의 그림처럼 가로, 세로, 대각선 방향의 수의 합이 똑같았어요.

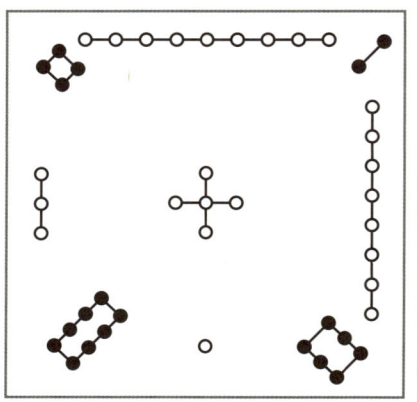

3차 마방진 만들기(가로 3줄, 세로 3줄)

가로, 세로 3칸씩으로 이루어진 정사각형에 1부터 9까지의 수를 겹치지 않게 채워 넣는 것을 3차 마방진이라고 해요. 3차 마방진 이외에도 4차, 5차 마방진 등 여러 가지 마방진이 연구되었어요.

특히 홀수차(3차, 5차, 7차 등) 마방진은 만드는 방법이 서로 비슷하기 때문에 기본만 이해하면 얼마든지 만들 수 있어요. 그럼 먼저 3차 마방진부터 만들어 볼까요?

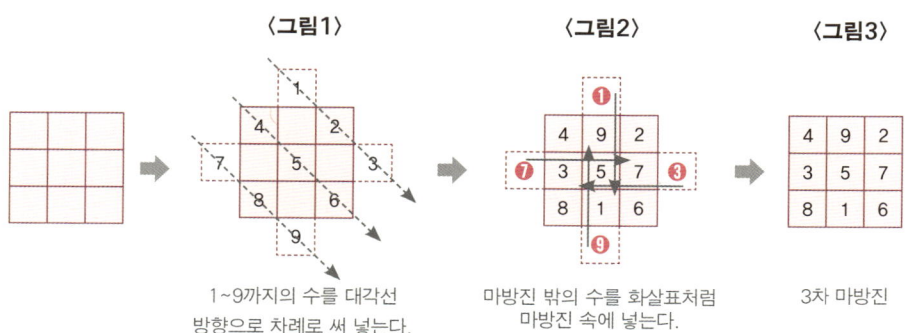

〈그림1〉 1~9까지의 수를 대각선 방향으로 차례로 써 넣는다.

〈그림2〉 마방진 밖의 수를 화살표처럼 마방진 속에 넣는다.

〈그림3〉 3차 마방진

4차 마방진 만들기(가로 4줄, 세로 4줄)

4차 마방진의 경우는 가로 4줄, 세로 4줄로 16개의 정사각형 안에 1부터 16까지의 수를 이용하여 합이 같도록 만들면 돼요. 홀수차 마방진들은 서로 같은 방법으로 만들 수 있지만 짝수차 마방진은 좀 달라요.

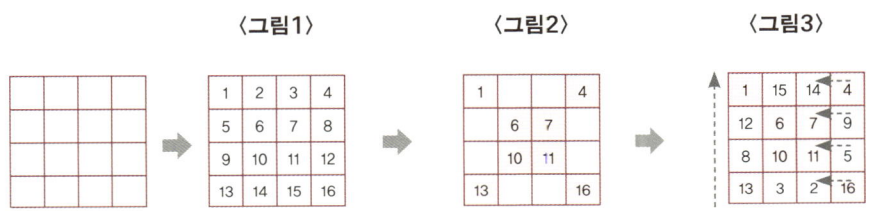

〈그림1〉 윗줄부터 차례대로 1에서 16까지의 숫자를 써넣는다.

〈그림2〉 대각선에 놓이는 숫자만 남기고 나머지는 모두 지운다.

〈그림3〉 지운 숫자를 아래줄부터 오른쪽에서 왼쪽 방향으로 써 넣으면 4차 마방진이 완성된다.

마방진 합의 규칙

3차 마방진은 1부터 9까지의 수를 사용하므로 한 줄의 합은 다음과 같이 구할 수 있어요. 우선 1부터 9까지의 수를 모두 다 더하면 45가 돼요.

$$1 + 2 + 3 + 4 + 5 + 6 + 7 + 8 + 9 = 45$$

45를 3으로 나누면 $45 \div 3 = 15$이므로 3차 마방진의 한 줄의 합은 15가 돼요.

4차 마방진은 가로 4줄, 세로 4줄로 이루어진 마방진이므로 1부터 16까지의 수를 사용해요. 따라서 한 줄의 합은 다음과 같이 구할 수 있어요.

$$1 + 2 + 3 + 4 + \cdots\cdots + 15 + 16 = 136$$

136을 4로 나누면 34가 나와요. 따라서 4차 마방진의 한 줄의 합은 34가 되는 것이지요.

이 규칙을 이용하면 마방진이 아무리 커져도 칸 수와 줄의 합을 구할 수 있겠죠?

5차 마방진도 3차 마방진과 같은 방법으로 만들 수 있나요?

5차 마방진도 3차 마방진과 같은 방법으로 아래와 같이 쓴 후 칸 바깥에 쓴 숫자들을 반대쪽 칸에 넣어 주면 돼요.

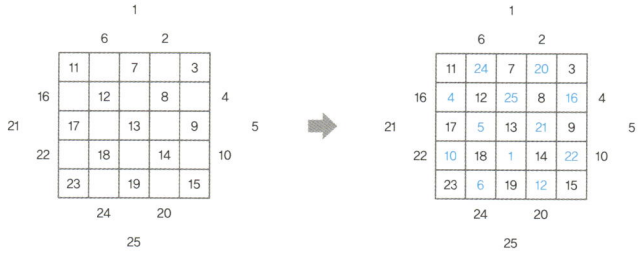

1부터 25까지의 합이 325이고 이것을 다시 5로 나누면 65예요. 따라서 5차 마방진의 한 줄의 합은 65예요.

초3 평면도형, 초4 다각형, 초6 비례식과 비례배분

중요한 것에는 왜 별표를 하나요?

지난주에는 부모님과 함께 여행을 갔어요. 여행 가서 본 밤하늘의 별은 너무나도 아름다웠어요. 그런데 문득, 궁금한 것이 생겼어요. 선생님께서 일기를 잘 썼다고 표시해 주실 때도, 부모님께서 중요한 것에 표시하실 때도 별표를 쓰던데요. 왜 그런가요?

'만물의 근원은 수(數)이다.' 피타고라스

그리스의 수학자 피타고라스는 모든 것의 기본에는 수가 있다고 생각하였어요. 따라서 세상의 모든 것들을 수학적 법칙과 원리로 설명하려고 하였어요. 그중에서도 정오각형 모양에서 별 모양을 찾아내었고 여기에서 아름다운 비율을 발견하였지요.

정오각형의 각 꼭짓점을 대각선으로 연결하면 내부에 별 모양이 생기고, 내부에도 정오각형이 만들어져요. 이때 생기는 대각선 길이의 비율이 약 5 : 8 = 1 : 1.618이라는 것을 찾아내었어요.

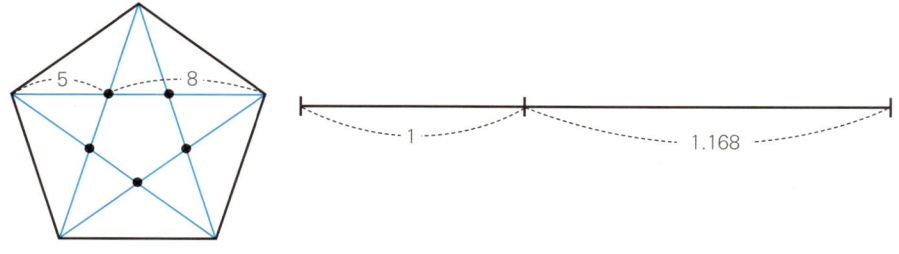

아름다운 비율, 황금분할과 황금나선

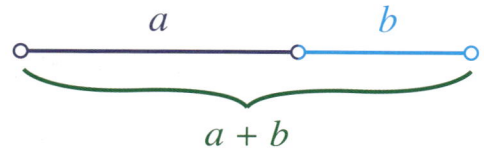

황금비는

$$b : a = a : a+b$$

짧은 선분 : 긴 선분 = 긴 선분 : 긴 선분 + 짧은 선분

을 만족하는 선분의 비를 말해요. 또 이러한 비로 선분을 나누는 것을 황금분할이라고 하는데 실제로 계산을 해보면 1.618033989…하고 끊임없이 계속되는 소수예요. 일반적으로는 소수 셋째 자리까지 나타내어 1 : 1.618을 황금비로 사용하지요.

그렇다면 왜 황금비를 가장 아름답다고 했을까요?

사람들에게 여러 가지 모양의 사각형을 보여 주고, 그중에서 가장 안정적으로 느껴지는 사각형을 고르라고 하면 대부분은 황금비를 이루고 있는 사각형을 고른다고 해요.

생활 속의 황금비

이렇게 아름다운 황금비가 우리 주변에는 어떻게 쓰이고 있을까요? 쉽게 찾을 수 있을까요?

아름다운 비율로 알려진 황금비는 많은 건축물 속에서도 찾을 수가 있어요. 특히 고대의 건축이나 회화, 조각에 많이 이용되었으며 가장 안정되고 조화로움을 추구하고자 하는 것에 많이 사용되었지요. 대표적인 예가 그리스 아테네의 파르테논 신전, 밀로의 비너스 조각 등이에요. 이것들은 만들 때부터 황금비가 적용되었기 때문에 굉장히 안정적으로 보여요.

▲ 파르테논 신전

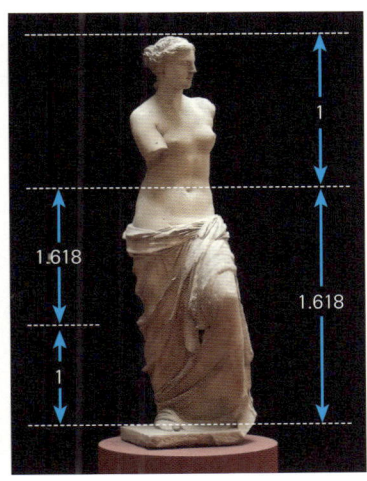
▲ 밀로의 비너스

또한 황금비율 하면 떠오르는 사람이 있어요. 바로 레오나르도

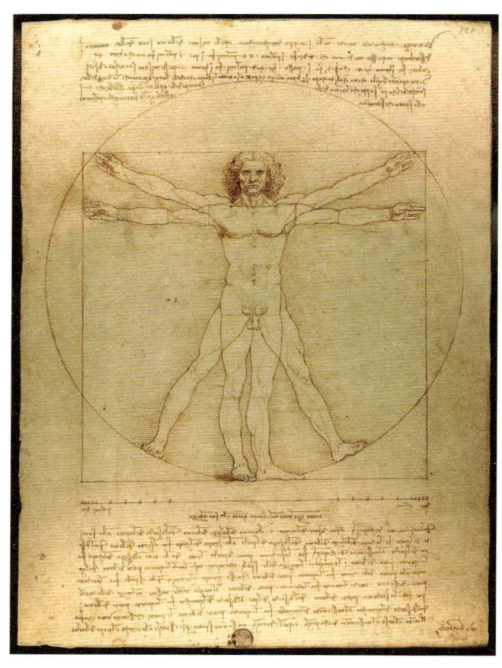

▲ 레오나르도 다빈치의 인체비례도

다빈치인데 그의 '인체비례도'에도 황금비가 사용되었어요.

이 밖에도 신용카드, 컴퓨터 모니터, 종이의 크기 명함 등에도 황금비율이 적용된 것들이 아주 많아요. 사람들이 자주 사용하는 물건들에는 사람들이 보면서 안정감을 느끼고 아름답다고 느끼는 황금비율들이 여기저기 숨어 있다는 사실!

주변에 또 다른 황금비가 어디에 숨어 있는지 한번 찾아보세요.

내 몸에서도 황금비를 찾을 수 있을까요?

사람마다 키도 다르고 각 부분별 성장도 모두 다르지만 누구에게나 일정한 비율을 찾을 수 있어요.

1. 발에서 배꼽까지 높이와 키
2. 팔꿈치에서 손가락 끝까지 잰 길이와 어깨에서 손가락 끝까지 길이

사람마다 약간의 차이는 있지만 대부분이 황금비에 가까운 비율이 나와요. 인체의 신비! 참 놀랍지요?

초1 시계 보기, 초2 시각과 시간, 초3 시간과 길이, 초5 약수와 배수

시계 속에는 어떤 수학이 숨어 있나요?

080

규칙성

시계는 하루에도 몇 번씩 쳐다보는 물건이라 신기할 것도 없는 줄 알았는데, 곰곰이 따져 보니 궁금한 게 많아요. 하루는 24시간인데 시계에는 왜 1시부터 12시까지만 표시되어 있나요? 시곗바늘은 왜 항상 같은 방향으로 도나요?

거꾸로 도는 시계

만약 시계가 거꾸로 돈다면 어떤 일이 벌어질까요? 한때 거꾸로 도는 시계가 많은 사람의 관심을 끈 적이 있어요. 사람들은 시계는 당연히 오른쪽 방향으로 돌아야 한다고 생각했는데, 거꾸로 도는 시계는 반대 방향으로 돌기 때문이지요. 그러면 시계는 왜 오른쪽을 돌까요?

시계가 오른쪽 방향으로 도는 것은 이유가

▲ 거꾸로 도는 시계

있어요. 인류가 처음 사용한 시계는 해시계인데 태양이 만드는 물체의 그림자를 보고 시각을 나타내지요. 최초의 해시계는 아마 돌 위에 수직으로 막대를 세우고, 이때 생기는 그림자의 길이로 한낮의 시간을 나타내었겠지요.

오늘날 흔히 사용하는 바늘 시계는 13세기에 유럽에서 처음 쓰였어요. 그렇다면 최초의 바늘 시계는 어느 방향으로 움직였을까요? 물론 요즘과 같이 오른쪽 방향으로 움직였어요. 이유는 간단해요. 그때까지 사용되던 해시계의 그림자 방향을 따랐기 때문이지요. 만약 바늘 시계가 지구의 북반구* 지역이 아닌 남반구*에서 발명되었다면, 시곗바늘이 왼쪽으로 움직였을지도 몰라요. 남반구에서는 그림자가 움직이는 방향이 북반구와 반대이기 때문이지요.

북반구
적도를 경계로 지구를 둘로 나누었을 때의 북쪽 부분. 아시아, 유럽, 북아메리카 등

남반구
적도를 경계로 지구를 둘로 나누었을 때의 북쪽 부분. 남아메리카, 아프리카 남부, 오세아니아 등

하루는 왜 24시간일까?

하루가 10시간이나 20시간이면 계산이 편리할 것 같은데, 왜 24시간이 되었을까요? 그것은 24라는 수가 약수의 개수가 아주 많은 수이기 때문이지요. 그런데 시계를 보면 12시까지만 표시되어 있는데, 이것 역시 약수가 많기 때문이에요. 약수가 많다는 것은 나누기 좋다는 것을 뜻하지요.

역사를 살펴보면 기원전 300년경 바빌로니아의 해시계는 일출에서 일몰까지 12개의 눈금으로 등분하여 낮을 12시간으로 나누었어요. 인류의 생활이 점점 바빠지면서 시간을 나누어 쓰는 것이 무엇보다 중요하게 되었다는 뜻이기도 하고, 또 시간을 12로 나누는 것

이 편리하다는 것을 알고 있었던 것이지요.

24의 약수 : 1, 2, 3, 4, 6, 8, 12, 24
12의 약수 : 1, 2, 3, 4, 6, 12
10의 약수 : 1, 2, 5, 10

피자 한 판을 12조각으로 똑같이 나누었을 때, 사람의 수가 12의 약수(1, 2, 3, 4, 6, 12)이면 모두 공평하게 나누어 줄 수 있어요. 이처럼 약수가 많으면 여러 가지 방법으로 나누기 편리하다는 것을 뜻하지요.

1시간은 왜 60분일까?

인류의 생활이 바빠져서 1시간도 쪼개 써야 하기 시작했어요. 그럼 1시간을 더 작게 나누려면 어떻게 하면 좋을까요? 그럴 때 12나 24보다는 큰 수이지만 약수가 많은 60을 선택한 것이에요. 60은 약수가 12개나 되는 수예요.

60의 약수 : 1, 2, 3, 4, 5, 6, 10, 12, 15, 20, 30, 60

요즘 시계는 원을 12등분하여 '시'를 나타내고, 다시 원을 60등분으로 나누어 '분'을 나타내지요. 두 바늘 중 하나는 시를 가리키고, 다른 하나는 분을 가리켜요. 바늘이 3개일 때는 다른 하나가 초를 가리키지요. 따라서 분침과 초침을 만들어 추가하면 시각을 쉽게 볼 수도 있고, 크기를 작게 할 수 있어서 매우 편리해요.

1시간이 60분인 것은 바빌로니아 인들이 60을 즐겨 사용한데서 유래했다고 해요. 이처럼 시계에 쓰이는 수는 약수와 관계가 많아요. 그만큼 수학이 우리 생활에 널리 사용되고 있다는 뜻이겠지요.

일주일이 7일이 아니라면?

일주일이 7일이 된 이후에 7일을 바꾸어 보려는 시도가 있었어요. 18세기 프랑스에서는 자신들이 발명한 10진법의 미터법에 맞추어 1주일을 10일로 바꾸려고 했으나 나폴레옹이 이를 폐지했고, 20세기 초 소련에서도 1주일을 5일과 6일로 바꾸려고 각각 시도했으나 사람들의 호응을 얻지 못해 실패했어요.

초3 자료의 정리, 초6 비와 비율

두 번 모두 높았는데 더하면 왜 낮아져요?

081

규칙성

저는 야구를 무척 좋아해요. 그런데 타율을 계산하다 보니 이상한 일이 있어요. 두 시즌 모두 타율이 높은 선수의 타율을 합치니까 타율이 더 낮아져요. 어째서 그런 일이 벌어지나요?

심슨의 패러독스 1

심슨의 패러독스(paradox)*를 아시나요? 우리 주위에는 얼핏 보면 당연한 일이지만 제대로 따져 보면 당연하지 않은 일이 되는 경우가 종종 있어요. 심슨의 패러독스도 그런 경우예요. 그럼 심슨의 패러독스가 무엇인지 알아볼까요?

야구선수 B는 야구선수 A보다 매 시즌 타율이 낮았어요. 두 선수의 2013시즌과 2014시즌의 타율을 비교해 나타낸 표를 살펴보아요.

패러독스
일반적으로는 모순이 없지만 특정한 경우에 논리적 모순을 일으키는 논증. 역설이라고 해요.

규칙성 | 265

	2013시즌 타율	2014시즌 타율
A	4할 (0.400) : $\frac{4}{10}$	2할 5푼 (0.250) : $\frac{25}{100}$
B	3할 5푼(0.350) : $\frac{35}{100}$	2할 (0.200) : $\frac{2}{10}$

2013시즌 A의 타율은 4할인데 10번 중 4번 안타를 쳤다는 뜻이지요.

타율
총 안타수를 총 타석수로 나눈 값이에요.

$$타율 = \frac{총\ 안타수}{총\ 타석수}$$

그럼 2013시즌과 2014시즌을 더한 전체 타율도 역시 A가 B보다 높을까요? 얼핏 보면 두 번 다 높은 A의 타율*이 높은 것이 당연하잖아요? 실제로 그런지 확인을 해 보아요.

A의 2013~2014시즌의 총 타석수는 110이고, 총 안타수는 29이므로 타율은 $\frac{29}{110}$, 즉 2할 6푼 4리(0.264)예요. 한편 B의 2013~2014시즌의 총 타석수는 110이고, 총 안타수는 37이므로 타율은 $\frac{37}{110}$, 즉 3할 3푼 6리(0.336)이지요.

$$A의\ 타율 : \frac{4+25}{10+100} = \frac{29}{110} \qquad B의\ 타율 : \frac{35+2}{100+10} = \frac{37}{110}$$

그럼 B의 타율이 더 높다는 뜻이잖아요? 어떻게 이런 일이 벌어질까요?

사실 첫 번째 시즌과 두 번째 시즌에서 모두 A의 타율이 더 높았으나 두 시즌의 성적을 더해서 타율을 계산하면 정반대의 결과가 나와요.

그 이유는 타율을 구하는 식을 잘 생각하면 알 수 있어요. 수학에서 분수의 덧셈을 할 때에는 통분하여 계산하지만 타율을 계산할 때는 분모는 분모끼리 분자는 분자끼리 더하지요. 총 타석수와 총 안타수만으로 비율을 구하기 때문이지요. 만일 타율을 통분하여 계산한다면 타율은 아무 의미가 없어요.

이처럼 부분적인 수를 결합했을 때 결과가 다르게 나타나는 현상을 '심슨의 패러독스'라고 해요.

심슨의 패러독스 2

심슨의 패러독스는 경제학에서 처음 관찰되었다고 하는데 미국에서는 이와 관련된 소송까지 있었다고 해요. 1973년 캘리포니아의 버클리 대학은 여성을 심각하게 차별한다고 하여 소송을 당했어요. 어느 학기에 학과별 입학률을 구하여 평균을 내니 남자의 합격률은 44%인데 여자는 겨우 33%만 입학했어요. 심각하게 남녀를 차별한 것이지요. 언뜻 보기에는 변명의 여지가 없어 보여요.

하지만 당시 상황을 잘 살펴보면 이것은 또 하나의 심슨의 패러독스이었어요. 실제로 문제가 되었던 그 학기의 입학생 전체를 보면 오히려 남학생보다 여학생이 훨씬 많았어요. 학과별로 살펴보아도 역시 신입생의 여학생 수가 남학생보다 더 많았어요. 여학생을 차별한 것이 아니라 거꾸로 남학생을 차별했다고 할 수 있을 정도였어요. 그런데 왜 합격률은 남학생이 44%이고 여학생이 33%뿐이었을까요?

그것은 여학생들이 남학생들을 주로 뽑는 학과들에 몰려들었기 때문이었지요. 마치 시즌마다 타율이 높았지만 합쳐서 계산하여 오히려 타율이 낮아지는 것처럼 말이에요.

- 자료의 정리와 해석
- 사건이 일어날 가능성

도박에서 수학이 생겨났다고요?

초6 비율그래프, 중2 확률과 그 기본 성질

우리가 배우는 확률은 도박사들이 만든 학문이라고 하던데, 정말 도박사들이 만들었나요? 도박사들이 어떻게 수학을 알았을까요? 도박과 수학이 어떤 관련이 있었던 것인가요?

도박사가 수학자에게 편지를 보내다

파스칼이라는 수학자의 이름을 들어본 적이 있나요? 파스칼은 유명한 수학자인데 어려서부터 수학에 천재적인 재능을 보였다고 해요. 세무서에서 근무하는 아버지 덕분에 수학과 매우 가까웠고, 나라마다 다른 화폐로 계산해야 하는 아버지의 어려움을 알기에 최초의 계산기를 만들었다고 해요.

25세에 아버지가 돌아가시고, 기사 계급 출신인 자유사상가 드메르와 함께 짧은 여행을 하면서 친구가 됐어요.

친구가 된 드 메르가 어느 날 도움을 청하는 편지를 보내 왔어요.

> 파스칼 자네의 도움이 필요하네.
> 도박장에서 주사위 2개를 동시에 24번 던져서
> 눈의 합이 12가 되는 경우가 적어도 한 번 있다는 데
> 돈을 걸기 시작했다가 점차 돈을 잃고 있네.
> 자네의 뛰어난 계산 실력으로 내가 왜 돈을 잃고 있는지
> 알려 주게나!

파스칼은 주사위 2개를 동시에 24번을 던져 한 번도 눈의 합이 12가 되지 않을 확률을 구하여 50.9%라는 결과를 얻었어요. 결국 드 메르가 돈을 잃을 확률이 약 51%가 되는 것이지요.

이런 일 때문에 파스칼은 확률에 흥미를 갖게 되며, 페르마와 함께 여러 가지 도박에서 생기는 확률 문제를 연구해요. 이것이 바로 확률이라는 학문의 시초예요. 수학의 어떤 분야가 도박사와 수학자 때문에 생겨났다는 것, 놀랍지 않아요? 그 이후에 스털링, 드 무아브르, 야콥 베르누이 등의 수학자가 확률 분야를 크게 발전시켜요.

도박을 좋아하는 수학자

도박을 유난히 좋아한 카르다노는 주사위 게임을 즐겨했어요. 주사위 2개를 던져서 나온 눈의 합을 맞추는 도박인데 어디에 돈을 걸면 유리한지 연구를 해요. 그는 주사위 게임에서 이기는 방법을

연구하여 〈기회의 게임에 관하여〉라는 논문을 썼어요. 이때 수학의 한 분야인 확률론이 시작되었다고 학자들은 말해요. 하지만 아이러니하게도 카르다노는 평생 가난하게 살았어요. 도박은 돈을 잃을 수밖에 없는 게임이니까요.

옛날 사람들의 확률과 통계

확률이 일정한 조건 아래 어떤 일이 발생할 가능성의 정도를 말하는 것이라면, 통계는 어떤 현상을 알아내기 위해 자료를 수집하고 정리하여 숫자, 그래프, 표 등 여러 가지 방법으로 표현하고 분석하는 것을 말해요.

확률과 통계 중에서 먼저 등장한 것은 통계예요. 수학은 아니지만, 생활의 필요 때문에 등장한 것이지요.

옛날 사람들도 재배한 곡식의 양, 기른 가축의 수를 확인하기 위해서 기록이 필요했겠지요. 그래서 숫자도 나타난 것이고, 그것을 쉽게 표현하기 위해 통계라는 학문이 발달하게 된 것이에요. 조선시대에는 '호패법*'을 실시하였는데 이것으로 보아 통계라는 학문이 조선시대에 이미 자리 잡고 있었다는 것을 알 수 있어요.

호패법
호적을 정비하여 가구마다 남자의 수를 확실하게 파악하여 세금을 매기기 위해 조선시대에 실시한 제도

확률도 통계와 마찬가지로 처음에는 여러 가지 놀이를 통해 옛날 사람들이 이미 사용하고 있었음을 알 수 있어요. 고대 이집트뿐만 아니라 여러 지역에서 고대 사람들이 사용했던 주사위가 발견되는 것으로 보아 놀이 형태의 확률이 존재했을 것이라고 생각돼요. 나중에 학자들이 연구하여 학문이 되었지만요.

초6 비와 비율, 중2 확률과 그 기본 성질

가능한 것과 불가능한 것을 구별하는 것도 수학인가요?

083 확률과 통계

내가 숙제를 다 했을 때 엄마가 컴퓨터 게임을 하게 해 줄 가능성을 얼마일까? 초등학교 졸업할 때 내 키가 10cm 이상 자랄 수 있을까?
이런 것들도 수학적으로 나타낼 수 있어요? 그리고 어떻게 나타내나요?

가능하다와 불가능하다

확률이라는 말은 영어로 'probability'라고 해요. 해석하면 '가능성'이란 뜻인데, 가능성을 숫자로 나타내는 학문이에요.

가능성을 어떻게 숫자로 나타낼까요?

꼭 일어나는 일은 '확실하다'에 두어요. 절대 일어날 일이 없는 일은 '불가능하다'에 두어요. 반드시 일어나는 것은 아니지만 일어날 가능성이 상당히 있는 것은 '상당히 가능하다' 쪽에 두어요. 마지막으로 일어날 가능성이 상당히 낮지만 불가능하지는 않은 일은 '거의

확률과 통계 | 273

'불가능하다' 쪽에 두어요.

예를 들어 '8월에 눈이 올 확률'은 '불가능하다'에, '주사위를 굴려 6의 눈이 나올 확률'은 '거의 불가능하다'에, '동전을 던져 앞면이나 뒷면이 나올 확률'은 '가능성이 반반이다'에, '내가 오늘 하얀색 자동차를 볼 확률'은 '상당히 가능하다'에, '내일 해가 뜰 것이다'는 '확실하다'에 위치시킬 수 있어요.

이렇게 수직선에 나타낸 것이 바로 확률이에요. 그럼 수직선에 나타낸 것을 숫자로도 나타내어 볼까요?

가능성을 숫자로 나타내 볼까?

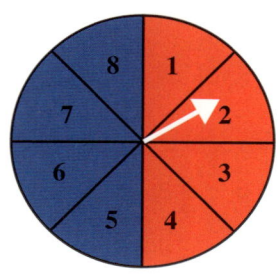

다음과 같은 회전판을 보아요. 바늘을 돌렸을 때, 1~8까지 수 중에 어느 하나에 바늘이 멈출 확률은 '확실하다'이지요. 반드시 일어나는 일은 확률 값이 1이라고 해요.

파란색에 바늘이 멈출 확률은? 반반이므로 $\frac{1}{2}$로 나타낼 수 있어요.

4의 배수(4 또는 8)에 멈출 확률은 $\frac{1}{4}$ ($\frac{2(4, 8)}{8(전체\ 경우의\ 수)} = \frac{1}{4}$) 이지요.

또 2의 배수(2, 4, 6, 8) 또는 3의 배수(3, 6)에 멈출 확률은 $\frac{5}{8}$ ($\frac{5(2, 3, 4, 6, 8)}{8(전체\ 경우의\ 수)} = \frac{5}{8}$) 예요.

가능성에서 시작한 확률은 그 가능성의 크기를 숫자로 나타내면서 '불가능하다'와 '확실하다' 사이에 단계를 나눌 수 있게 되었어요. 또 얼마나 가능한지를 숫자로 나타내면 확률의 크기를 서로 비교할 수 있어요.

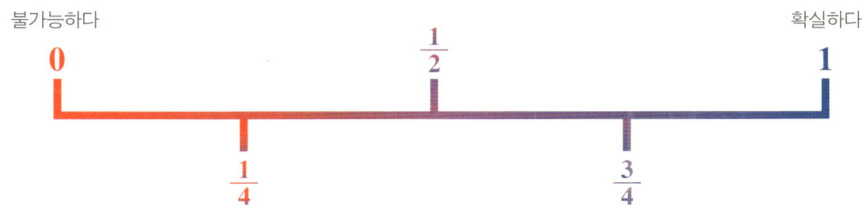

초6 비와 비율, 비율그래프, 중2 확률과 그 기본 성질

084 확률과 통계

주사위를 여섯 번 굴리면 2는 꼭 한 번 나오나요?

정육면체 주사위를 한 번 굴렸을 때 2가 나올 확률은 $\frac{1}{6}$이에요. 확률이 $\frac{1}{6}$이라면 주사위를 여섯 번 굴리면 2가 꼭 한 번 나오는 것 아닌가요? 2가 안 나오거나 두 번 나온다면 확률이 바뀌어야 하는 건가요?

주사위를 굴려 볼까?

동전을 던질 때 나오는 경우는 앞면과 뒷면으로 2가지이고, 그중 앞면이 나오는 경우의 수는 1이므로 동전의 앞면이 나올 확률은 $\frac{1}{2}$이 돼요.

주사위를 굴릴 때는 어떨까요? 주사위를 굴릴 때 나오는 경우는 1부터 6까지 6가지이고, 2가 나오는 경우는 한 가지이므로 2가 나오는 확률은 $\frac{1(1)}{6(1, 2, 3, 4, 5, 6)} = \frac{1}{6}$이라고 할 수 있어요. 그런데 정

말 2가 나올 확률이 $\frac{1}{6}$이 되는지 직접 활동해 보아요.

▷ 주사위를 여섯 번 굴려서 나온 수를 보기와 같이 표시해 보아요.

	보기	1	2	3	4	5	6
횟수	卌						
확률	$\frac{5}{6}$	$\frac{\square}{6}$	$\frac{\square}{6}$	$\frac{\square}{6}$	$\frac{\square}{6}$	$\frac{\square}{6}$	$\frac{\square}{6}$

결과가 어떤가요? 여섯 번 중에 각각의 눈이 한 번씩 골고루 나왔나요?

수학적으로는 모든 눈이 한 번씩 나와야 하지만 실제로는 그렇지 않죠? 수학적으로 생각하여 모든 경우에서 특정한 사건이 일어날 경우로 나타낸 $\frac{1}{6}$은 '수학적 확률'이라고 하고, 주사위를 직접 굴려서 나온 확률을 '통계적 확률(경험적 확률)'이라고 해요.

잘 찍는 방법

시험 보다가 잘 모를 때 여러분은 어떻게 하나요? 객관식 문제의 경우 1번부터 5번까지 중에 한 가지를 선택하지요. 그럼 1번부터 5번 중 어느 하나가 정답이 될 확률은 얼마일까요? 수학적 확률은 $\frac{1(정답)}{5(1, 2, 3, 4, 5)} = \frac{1}{5}$이에요. 따라서 찍어서 맞을 확률은 $\frac{1}{5} \times 100 = 20$,

즉 20%밖에 되지 않는 것이죠.

하지만 유달리 찍어서 잘 맞추는 친구가 있지 않나요? 그 친구의 비법은 무엇일까요?

정답이 절대 아니라고 생각되는 번호는 먼저 제외해 보세요. 예를 들어 2번, 3번은 절대 정답이 될 수 없다는 생각이 들면 그건 빼고 생각해요. 그러면 1, 4, 5번 중 하나가 정답이므로 찍기 확률은 $\frac{1(정답)}{3(1, 4, 5)} = \frac{1}{3}$이 돼요. 어때요? 20%보다 더 확률이 올라가지요? 찍기의 달인 되기 어렵지 않죠?

병을 고칠 확률 $\frac{1}{2}$

어떤 사람이 암에 걸렸어요. 다행히 초기에 발견하여 수술을 받았다면 병을 고칠 확률은 어떻게 될까요?

먼저 수학적으로 생각하면 병이 걸렸을 때 고치는 경우와 못 고치는 경우가 있으므로 모든 경우의 수는 2이고, 고치는 경우는 그중 한 가지이므로 병을 고칠 확률은 $\frac{1}{2}$이에요.

그런데 뭔가 이상하지 않나요? 모든 병을 고칠 확률이 $\frac{1}{2}$인가요? 암을 일찍 발견하여 수술로 고치는 확률과 암이 온몸에 퍼진 후 수술을 받고 병을 고칠 확률은 같을 수 없어요. 이럴 때 사용하는 것이 바로 통계적 확률(경험적 확률)이에요. 암을 일찍 발견하여 수술을 받았을 때, '통계적으로 몇 명 정도 완치되었다'라는 식의 통계적 확률을 사용해요.

이렇게 우리 주변을 살펴보면 통계적 확률을 사용하는 경우를 많이 찾을 수 있어요.

초6 비와 비율, 중2 확률과 그 기본 성질

바꾸면 후회하지 않을까요?

085

확률과 통계

꼭 선택의 순간에 마지막으로 바꿀 기회를 준다고 하지 않아요? 그럼 바꾸는 게 맞나요? 바꾸지 말고 처음의 선택을 유지하는 게 맞나요? 수학적으로 정확한 답을 알고 싶어요.

선택의 순간

아침에 눈을 뜨면 우리는 선택을 하기 시작해요. 아침을 먹을지 말지, 어떤 옷을 입고 어떤 신발을 신을지, 또 등굣길에 친구를 기다려서 같이 갈지, 먼저 갈지 등등 끊임없이 선택을 하지요.

이러한 선택의 문제를 게임으로 했던 '레츠 메이크 어 딜(Let's make a deal)'이라는 미국의 TV 쇼가 있었어요. 다음과 같은 선택의 순간에 여러분은 어떤 선택을 하겠어요? 어떤 선택을 하느냐에 따라 당첨이 바뀌어 꽝이 될 수도 있고, 반대로 꽝을 당첨으로 바꿀 수도 있어요.

확률과 통계 | 279

무대에는 세 개의 문이 있는데, 하나의 문 뒤에는 자동차가, 나머지 두 개의 문 뒤에는 염소가 있어요. 이 게임에 참가한 사람은 문 뒤에 무엇이 있는지 모르는 상태에서 선택하여 문 뒤에 있는 선물을 가질 수 있어요. 참가자가 하나의 문을 선택했을 때, 문 뒤에 무엇이 있는지 알고 있는 진행자는 염소가 있는 또 다른 문을 열어 염소가 있음을 보여 주면서 선택을 바꾸겠는지 당신에게 물어요.

우리가 할 수 있는 선택은 2가지, '바꾼다'와 '바꾸지 않는다'예요. 어떤 것이 확률적으로 더 유리한지 수학적으로 생각해 볼까요?

바꾸는 것이 유리할까?

3개의 문 중에 한 개를 선택할 확률은 $\frac{1}{3}\left(=\frac{(전체\ 1개)}{(전체\ 3개)}\right)$이에요. 그러므로 당첨될 확률은 $\frac{1}{3}$이 되지요.

게임 참가자가 ①번 문을 선택하였다고 가정해요. 그럼 참가자가

당첨될 확률은 $\frac{1}{3}$이에요. 여기에서 어디에 상품이 있는지 알고 있는 진행자가 상품이 있지 않은 문(③번)을 한 개 열어 보여 주지요. 그러면 ③번을 열어 봄으로서 사라진 당첨 확률 $\frac{1}{3}$이 ②번 문에 더해지게 돼요. 따라서 ①번 문의 당첨확률은 $\frac{1}{3}$이 되지만, ②번 문의 당첨확률은 $\frac{1}{3} + \frac{1}{3} = \frac{2}{3}$가 되는 것이지요.

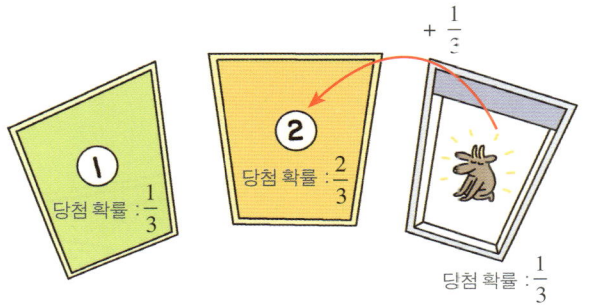

여러분 생각에는 모두 $\frac{1}{3}$이라는 확률로 변함이 없을 것 같다고요? 하지만 여기에서 중요한 사실은 사회자가 자동차가 어디 있는지 알고 있다는 사실이에요. 사회자는 답을 알고 있기 때문에 상품이 없는 문(③번)을 연 거예요. 그렇게 되면 상대적으로 ②번 문에 상품이 있을 가능성이 더 높다는 것을 인정하시나요?

하지만 미국에서 228명에게 질문하였더니 대부분의 사람들은 최초의 선택을 바꾸지 않는다고 했어요. 어차피 당첨은 운에 달린 것이라고 믿기 때문이었어요. 우리는 수학적 확률을 배웠으니 이러한 선택의 문제가 있으면 선택을 바꾸는 것이 당연하겠지요?

이 문제는 TV게임 쇼 진행자의 이름을 따서 '몬티홀 문제'라고 불리는 유명한 수학 문제예요. 이 문제는 영화 '21'에서도 등장하는데 영화를 보면서 내가 알고 있는 수학적 사실들이 나오는 것을 확인하는 것도 즐거운 경험이 될 수 있겠네요.

086 확률과 통계

초6 비와 비율, 중2 확률과 그 기본 성질

비가 올 확률이 50%이면, 우산을 들고 가야 하나요?

어제 저녁 뉴스가 끝나고 이어지는 일기예보를 봤는데 비 올 확률이 50%라는 거예요. 그럼 우산을 들고 가야 할지, 말아야 할지 고민이에요. 우산을 들고 가는 게 맞을까요? 또 비 올 확률을 왜 백분율로 나타냈는지 궁금해요.

일기예보*

다음은 흔히 보거나 듣는 일기예보예요. 지역에 따른 비의 양과 비 올 확률, 기온 등이 나와 있지요. 그런데 기온과 비 올 확률은 어떻게 알 수 있는 것일까요? 마법을 사용하는 것도 아닌데 어떻게 내일의 날씨를 예상할 수 있을까요? 일기예보는 크게 나누면 관찰, 자료수집, 분석, 예보의 단계로 이루어져요. 수많은 관측 장비를 이용하여 자료를 수집한 다음 분석을 통하여 기온, 비 올

일기예보
일기예보는 관찰, 자료 수집, 분석, 예보의 단계를 거쳐 이루어져요.

확률, 비의 양, 바람의 방향과 세기 등등 예보에 나오는 내용을 결정하여 예보를 내보내요.

전라도와 경남 지방을 중심으로 약한 비가 오락가락 내리고 있습니다. 남부 지방의 비는 내일까지 더 오겠습니다. **예상되는 비의 양**, 전라와 경남은 5에서 30mm 정도가 되겠고요. 충청 남부 지방과 경북에는 5mm 미만의 적은 비가 예상됩니다. 서울과 중부 지방은 내일도 초여름 더위가 계속되겠고 가끔 구름만 끼겠습니다.
서울과 중부 지방의 내일 **비 올 확률은 20%**로 매우 낮겠습니다.
오늘 낮 기온은 서울과 춘천이 27°C로 어제만큼 더운 날씨가 되겠는데요. **예년 평균기온보다 2°C** 정도 높겠습니다. 충청 지방은 대부분 20°C 안팎으로 기온이 낮아져서 잠시나마 더위가 주춤하겠습니다. 전라와 경남 지방은 25°C 정도로 **예년기온**과 비슷하겠습니다.

지역	일기	기온	비 올 확률
서울과 중부 지방	가끔 구름	27°C	20%
충청 남부 지방과 경북	비	20°C	80%
전라와 경남	비	25°C	80%

2014-05-20 일기예보

일기예보에서는 일기, 기온, 강수량, 비 올 확률, 비의 양을 알 수 있어요

일기예보와 확률

그런데 일기예보에도 확률이 쓰이는데, 바로 자료 수집과 분석의 단계에서 사용돼요. 앞의 일기예보 글에서 '예년'이라는 말이 나왔지요? '예년'은 지난 30년간 평균적 상태를 나타내는 말이에요. 평균 기온이라는 말은 30년간의 기간 동안 중 내일 날짜와 같은 날짜의 평균 기온을 말하는 것이지요.

그리고 비 올 확률은 그동안 내일과 같은 기상 환경(구름의 양, 바람, 습도, 기압골 등) 속에서 비가 왔던 날들을 통계 내었을 때 오늘과 같은 날이 100일이었다면 그중에 비가 온 날 수를 백분율로 나타낸 것이에요. 100일 중에 비가 온 날의 경험을 비율로 나타낸 것이므로 비가 올 확률은 수학적 확률보다 통계적 확률(경험적 확률)에 가깝겠네요.

$$비가\ 올\ 확률 = \frac{(내일과\ 기상환경이\ 같은\ 날\ 100일\ 중\ 비가\ 온\ 날\ 수)}{100}$$

똔금있는 질문

주령구라는 주사위는 무엇에 쓰는 것인가요?

신라시대에도 주령구라는 주사위가 있었어요. 목재 주사위인 주령구는 경주 안압지에서 선비들이 놀이를 할 때 사용하였다고 해요. 정사각형 6개, 육각형 8개로 이루어진 십사면체인데 각 면마다 재미있는 벌칙이 적혀 있어서 선비들이 놀이를 할 때 사용했다고 해요. 이것으로 보아 주사위 놀이를 통한 확률이 이미 생활 속에 자리 잡고 있었다는 것을 알 수 있어요.

▲ 주령구

초6 비와 비율, 중2 확률과 그 기본 성질

단짝 친구와 같은 반이 될 수 있을까요?

087 확률과 통계

새 학년, 새 학기의 첫날이에요. 어떤 친구와 같은 반이 될까 마음이 설레어요. 나와 친한 친구가 나와 같은 반이 될 확률을 얼마나 될까요?

단짝 친구와 같은 반이 될 확률

한 학년에 6개의 반이 있다면, 내가 어떤 반에 들어가는 경우의 수는 6이 되고, 확률은 $\frac{1}{6}$이에요. 마찬가지로 나와 단짝인 내 친구도 어떤 반에 들어가는 경우가 6가지이고, 확률은 $\frac{1}{6}$이 돼요.

이걸 그림으로 나타내면 다음과 같아요.

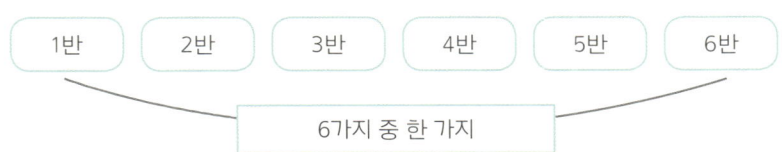

확률과 통계 | 285

만약 나와 내 친구가 될 반의 경우의 수를 따져 보면 내가 1반일 때, 내 친구는 1~6반까지 6가지 경우가 있어요.

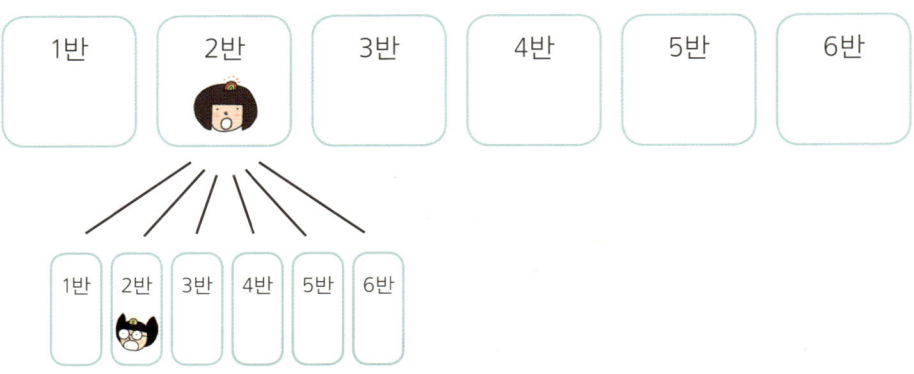

내가 2반일 때 내 친구는 1~6반까지 6가지가 있어요.

각각의 반의 경우의 수를 모두 생각하면 36가지가 돼요. 그런데 내 친구와 한 반이 되는 경우는 6가지예요. 왜냐하면 나와 내 친구가 함께 1반인 경우, 2반인 경우, …, 6반인 경우가 그런 경우이므로 모든 경우의 수는 6이에요.

따라서 구하는 확률은 $\frac{1}{6}(=\frac{6}{36})$이 돼요.

초3 자료의 정리, 중2 확률과 그 기본 성질

옷을 골라 입는 것도 수학과 관계가 있나요?

088

확률과 통계

매일 아침 옷장 앞에 서면 입을 옷이 없어 고민이에요. 옷장 가득 옷이 들어 있지만, 선택하기가 쉽지 않아요. 또 옷은 많은 것 같지만 막상 입을 옷이 없다는 생각도 들어요. 어떻게 하면 적은 수의 옷으로 패션리더가 될 수 있나요? 또 옷을 선택하는 것도 수학과 관련이 있는 건가요?

어떻게 입을까?

우리가 입는 옷을 상의와 하의로 나누어 생각해 보아요. 내가 갖고 있는 옷들이 다음과 같을 때 입을 수 있는 옷의 경우의 수를 생각해 봐요.

상의를 먼저 생각해 보아요. 내가 고를 수 있는 여름철 상의는 모두 3가지이지요. 3가지마다 치마나 반바지를 선택할 수 있어요.

무언가 규칙이 보이나요? 조금 더 알아보기 쉽게 정리해 볼까요? 우리가 알고 있는 나뭇가지 그림으로 정리하면 다음과 같이 돼요.

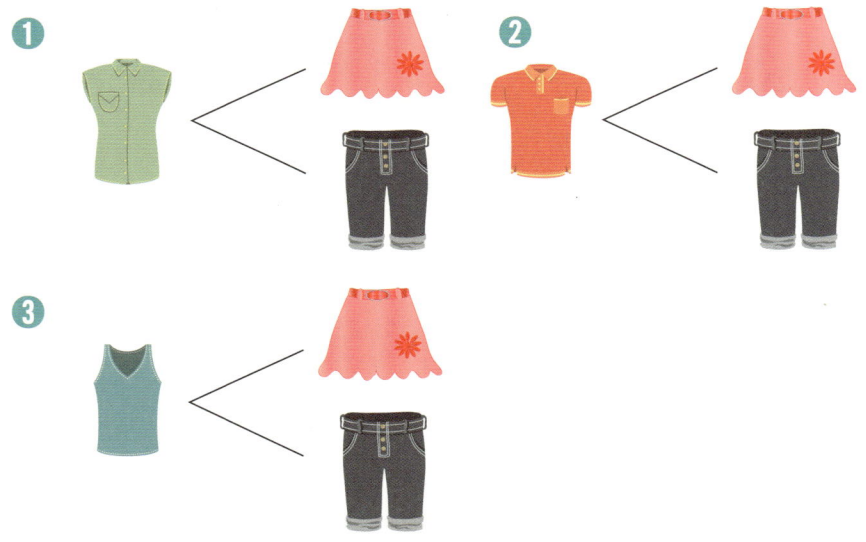

상의 3벌과 하의 2벌만 있으면 6일간 어떤 옷을 입을지 걱정을

하지 않아도 돼요. 여러분이 갖고 있는 옷들을 계절별로 정리해 보고 어떻게 코디를 할 수 있을지 경우의 수를 따져 본다면 패셔니스타*가 될 수 있지요.

패셔니스타
패션에 관심이 많고 최신 스타일을 선호하는 사람

패션리더 되기!

상의 3벌과 하의 2벌로 코디할 수 있는 옷은 6가지예요. 여기에 모자나 머리띠를 이용한 코디를 추가한다면 경우의 수는 더욱 많아져요. 또 여기에 운동화나 구두 중 선택한다면 총 24가지의 경우로 옷을 입을 수 있답니다. 어떤가요? 패션리더 되기 쉽지요!

초6 비와 비율, 중2 확률과 그 기본 성질

089 확률과 통계

타율은 왜 할푼리로 읽나요?

4월만 되면 우리 집은 저녁마다 야구 경기를 시청해요. 우리 가족 모두 우리 팀이 승리하길 기대하며 경기를 봐요. 그런데 타자가 들어서면 화면 밑에 나오는 타율은 도대체 뭔가요? 타율과 안타는 무슨 관련이 있는 거죠?

타율이 높으면 안타를 잘 친다?

야구에서 타율이란 타자가 타석에 들어서서 안타를 친 비율을 나타낸 것이에요. 10번 타석에 들어 안타를 한 번 쳤다면 분수로는 $\frac{1}{10}$, 소수로는 0.1로 나타내지요. 또는 1할이라고 읽어요. 그럼 타석에 100번 들어가서 안타를 28번 쳤다면? $\frac{28}{100}$, 즉 0.28이고, 2할 8푼으로 말해도 되지요.

이처럼 타자가 1000번 타석에 들어섰을 때 안타를 칠 경우를 비율로 나타낸 것이 바로 타율

할푼리
비율을 소수로 나타낼 때 각 자리를 '할, 푼, 리'라고 읽을 수 있어요.

이에요. 보통 '□할 □푼 □리'로 말하고 선수들의 타율을 비교해요.

$$타율 = \frac{(타자가\ 친\ 안타수)}{(타석에\ 들어선\ 횟수)}$$

김멘토 선수의 타율인 3할 8푼 5리를 여러 가지로 표현해 보면 다음과 같아요. 김멘토 선수는 1000번 타석에 들어서 385번의 안타를 칠 확률이 있으므로 비교적 타율이 높은 선수에 속하지요.

분수	백분율	소수	할푼리
$\frac{385}{1000}$	38.5%	0.385	3할 8푼 5리

이처럼 타율은 타석에 들어서 안타를 칠 확률을 말하므로 타율이 높으면 안타를 칠 확률이 높은 선수라고 생각할 수 있겠네요. 하지만 그 예상이 항상 맞는 것은 아니지요.

> **뜬금있는 질문**
>
> ### 투수의 방어율은 무슨 뜻인가요?
>
> 투수는 얼마나 점수를 안 줬는지를 비율로 나타내고, 그것을 방어율이라고 해요. 방어율이 높은 투수에게서 안타를 치기는 쉽지 않겠지요. 그럼 방어율이 높은 투수와 타율이 높은 타자가 만나면 어떻게 될까요? 물론 타율과 마찬가지로 그날의 컨디션이 좋은 선수가 이기겠지요. 수학은 어디까지나 예상을 비교적 정확하게 하기 위한 보조 자료일 뿐 절대적인 자료는 아니랍니다.

초6 비와 비율, 중2 확률과 그 기본 성질

090 확률과 통계

모나 윷은 왜 잘 나오지 않나요?

추석에 친척들이 다 같이 모여 윷놀이를 했어요. 4개의 윷을 던져 도착점에 빨리 가려면 한 번에 많이 갈 수 있는 윷이나 모가 나와야 해요. 모나 윷이 나오기를 빌면서 던지지만 잘 안 나와요. 왜 그렇죠? 그것도 수학과 관련이 있나요?

윷놀이를 알아보자

윷놀이는 윷을 던져서 나온 수만큼 말을 움직여 나의 말이 빨리 도착점에 도달했을 때 이기는 게임이죠. 옛날에는 해마다 음력 정월 대보름이 되면 윗마을과 아랫마을로 나뉘어 윷놀이를 하였다고 해요. 이긴 쪽 마을에 풍년이 든다고 믿었기 때문에 윷놀이 결과는 사람들의 큰 관심사였다고 하죠.

그런데 윷놀이에 등장하는 도, 개, 걸, 윷, 모라는 말은 동물에 비유한 것인데 도는 돼지, 개는 개, 걸은 양, 윷은 소, 모는 말을 뜻해요. 빠른 말이 느린 돼지보다 5배를 더 갈 수 있는 게임의 규칙은 확실히 이유가 있네요.

	도	개	걸	윷	모
이동거리	1칸	2칸	3칸	4칸	5칸

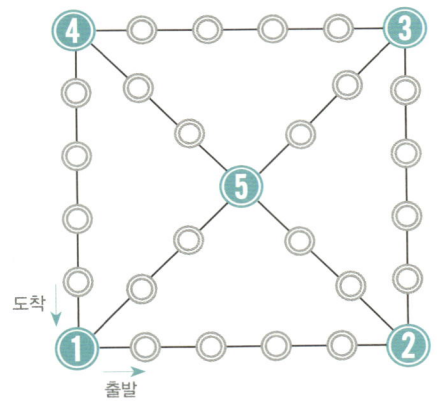

윷놀이 말판을 보면 ②, ③, ④, ⑤번과 같이 갈림길이 있는 곳이 있어요.
나의 말이 ②번에 있다면, 크게 돌지 않고 바로 출발점으로 돌아갈 수 있는 지름길을 선택할 수 있어요.
그래서 사람들은 ②나 ③에 말이 도착하기를 바라면서 윷을 던져요.

'모'는 왜 잘 안 나오지?

윷짝이 한 개일 경우 나올 수 있는 경우는 앞과 뒤 2가지, 윷짝이 두 개일 경우는 2가지에 각각 2가지씩이 더해지므로 2 × 2 = 4, 4가지. 윷짝이 3개일 경우는 2 × 2 × 2 = 8, 8가지이고 4개의 윷짝으로 나올 수 있는 모든 경우의 수는 2 × 2 × 2 × 2 = 16가지가 됨을 알 수 있어요.

그럼 각각의 패가 나올 확률을 생각해 볼까요?

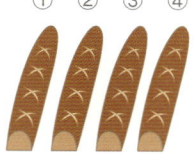

경우의 수	①번 윷	②번 윷	③번 윷	④번 윷
'도' : 4가지	배	등	등	등
	등	배	등	등
	등	등	배	등
	등	등	등	배

도가 나올 확률

$$\frac{4}{16} = \frac{1}{4}$$

경우의 수	①번 윷	②번 윷	③번 윷	④번 윷
'개' : 6가지	배	배	등	등
	배	등	배	등
	배	등	등	배
	등	배	배	등
	등	배	등	배
	등	등	배	배

개가 나올 확률

$$\frac{6}{16} = \frac{3}{8}$$

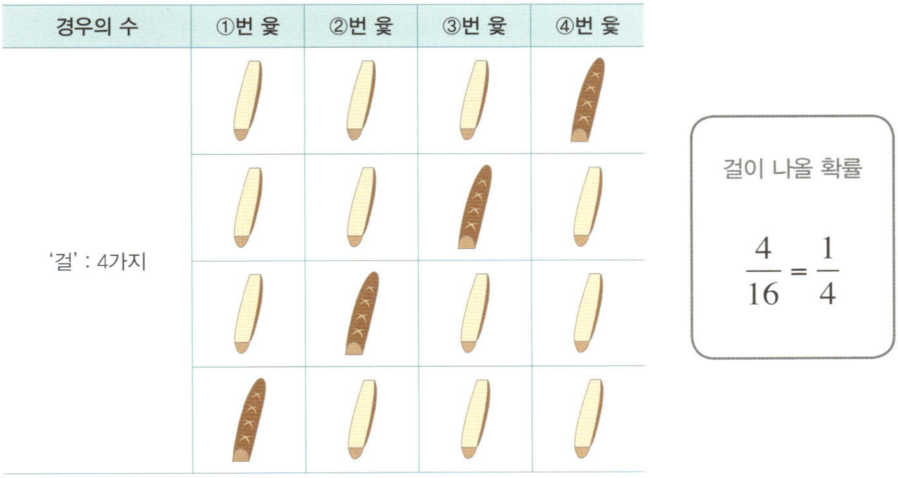

경우의 수	①번 윷	②번 윷	③번 윷	④번 윷
'걸' : 4가지				

걸이 나올 확률

$$\frac{4}{16} = \frac{1}{4}$$

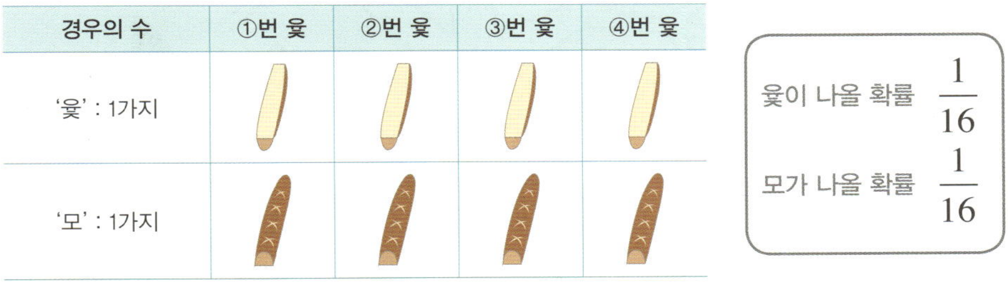

경우의 수	①번 윷	②번 윷	③번 윷	④번 윷
'윷' : 1가지				
'모' : 1가지				

윷이 나올 확률 $\frac{1}{16}$

모가 나올 확률 $\frac{1}{16}$

확률로 따져 보니 '윷'과 '모'가 나올 확률이 제일 작네요. 하지만 이것은 개인의 실력 차나 윷가락이 곡면인 경우를 고려하지 않고 확률을 계산한 것이지요. 실제 윷놀이 게임에서는 개인의 실력이나 윷가락이 곡면이라는 변수가 있어요. 그래서 사람에 따라 '모'나 '윷'이 자주 나올 수 있는 것이지요.

초6 비와 비율, 중2 확률과 그 기본 성질

091 확률과 통계

나뭇가지 그림이 무엇인가요?

나뭇가지 그림으로 그리면 경우의 수를 한눈에 알기 쉽다는데, 나뭇가지 그림이 도대체 뭔가요? 또 그것과 경우의 수는 어떤 관계가 있나요?

순서를 생각해요

점심시간마다 여러분을 힘들게 하는 게 있지요. 바로 급식 먹는 순서. 모둠 점수가 가장 높으면 먼저 점심을 받거나 과제를 빨리 끝낸 모둠이 먼저 점심을 먹기도 하지요. 그런데 모둠 순서는 정해졌는데, 모둠 내 순서를 정하기 힘들어서 친구들끼리 다투기도 하지요. 지난번에는 내가 먼저 먹었고, 그전에는 다른 친구가 먼저 먹었고, 이렇게 따지다 보면 어떻게 다음 차례를 정해야 하는지 알기 힘들어요. 이때 사용할 수 있는 게 바로 나뭇가지 그림이에요. 일이 일어날 상황을 순서대로 정리하여 한눈에 잘 보이게 해 주거든요.

우리 모둠 친구들을 소개할게요. 잘 먹는 영수, 편식이 심한 제우, 빨리 먹고 축구하는 재일, 천천히 먹는 준수예요.

자 그럼 누구부터 먼저 먹어야 하는지 생각해 봐요. 잘 먹는 영수가 제일 먼저 먹는다고 생각하고 나뭇가지 그림*으로 나타내면 다음과 같아요.

나뭇가지 그림
수형도라고도 해요.

영수가 처음으로 먹을 때 밥 먹는 순서는 6가지로 정리할 수 있어요. 마찬가지로 제우, 재일이, 준수가 처음으로 먹을 때에도 밥 먹는 순서는 각각 6가지예요. 그래서 전부 6 × 4 = 24, 밥 먹는 순서는 24가지가 되네요.

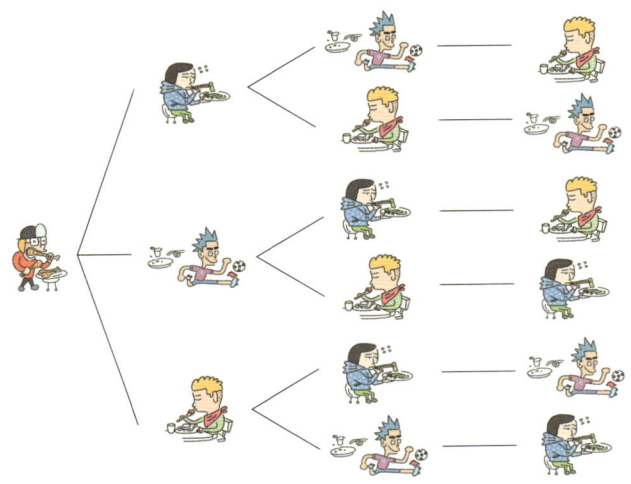

확률과 통계 | 297

▲ 나뭇가지

이렇게 나뭇가지 그림으로 나타내면 순서에 혼동도 안 일어나고, 차례대로 빠짐없이 경우의 수를 생각할 수 있어요.

그림을 잘 살펴보세요. 나무는 진짜 굵은 가지에서 중간 가지가 나오고 마지막에는 가느다란 가지가 나오지요. 그래서 경우의 수를 따져 나가는 그림을 나뭇가지 그림이라고 해요.

경우의 수를 따질 때나 순서를 생각해야 할 때 이용하면 빠지지 않고 모든 경우를 생각할 수 있어요. 앞에서 급식 먹는 순서를 정할 때처럼 한 가지 경우를 먼저 정한 후에 다음 경우까지 확장해서 생각하기가 쉽지요.

0 2 3 5 네 장의 카드로 만들 수 있는 세 자리 수는 모두 몇 가지인가요?

나뭇가지 그림으로 풀 수 있는 대표적인 문제예요. 나뭇가지 그림을 이용하면 문제를 해결할 수 있어요. 백의 자리가 2인 경우가 6가지 있고, 마찬가지로 백의 자리가 3일 때와 5일 때에도 각각 6가지 경우가 있어요. 따라서 전체는 6×3=18, 18가지가 있어요. 실제로 한번 써 보아요.

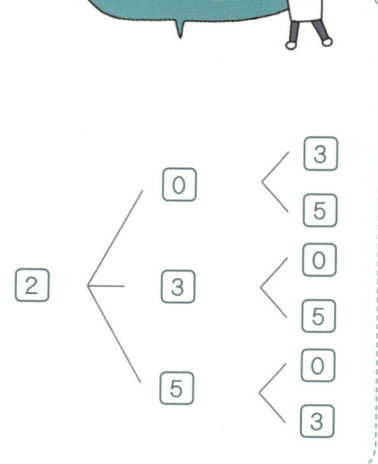

초6 비와 비율, 중2 확률과 그 기본 성질

월드컵에서 축구 경기는 모두 몇 번 열리나요?

092 확률과 통계

4년마다 열리는 월드컵*은 우리를 설레게 해요. '올해는 우리나라가 몇 강까지 올라갈까?' 궁금하기도 해요. 그런데 월드컵에서 몇 번의 축구 경기로 우승팀이 결정되나요? 또 전체로는 몇 번의 경기가 열리나요?

16강에 들기 위해서는

2014년 브라질 월드컵의 32개국 출전국들의 조편성은 다음과 같아요. 우리나라는 H조에 속해 있네요.

월드컵에서는 각 조별로 리그전을 벌여서 1, 2위 팀이 16강전에 진출해요. 서로 번갈아 가면서 경기를 하여 그중 성적이 우수한 팀 2개를 뽑는 경기를 리그전이라고 해요. 16강부터는 경기 운영 방법이 달라져요.

월드컵

월드컵은 리그전과 토너먼트를 혼합하는 방식으로 경기를 해요. 32강에서는 4팀씩 8그룹으로 나누어 리그전을 하고, 16강부터는 토너먼트 경기를 하지요.

확률과 통계 | 299

우리나라가 속한 H조의 리그전의 경기 수를 생각해 볼까요?

각 조별 경기 수는 6이 돼요. 이렇게 2팀씩 짝을 지어 보면 알 수 있지요.

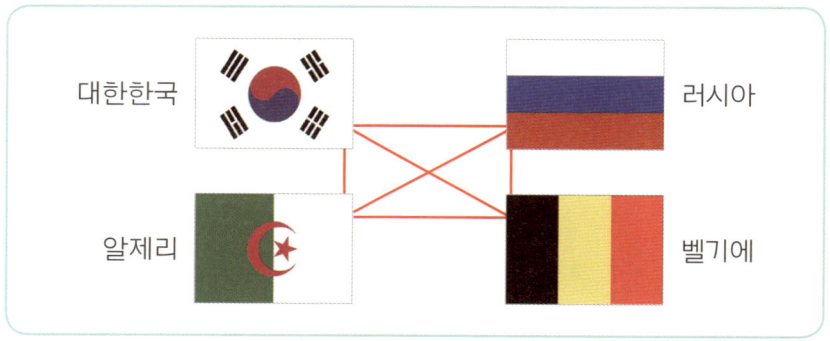

전체가 8개조이고, 8 × 6 = 48이므로 조별 경기 수는 48이에요.

우리나라가 16강에 들기 위해서는 3번 경기를 해서 다른 팀보다 승점이 더 높아야 해요. 이 경우 승점과 골득실 점수를 따지기 때문에 경기의 수를 구하는 것보다 더 복잡한 경우의 수를 생각해야 하지요. 다른 팀들의 경기도 고려해야 하기 때문에 우리가 잘했다고 해서 꼭 16강에 진출하는 것도 아니고, 우리가 조금 잘하지 못했다고 해서 16강에 진출 못 하는 것도 아니에요. 그래서 나라마다 약한 팀과 한 조가 되기를 바라면서 조 추첨을 지켜보게 돼요.

16강부터는 토너먼트

16강에 진출한 16개 나라는 토너먼트로 우승자를 가리게 돼요. 토너먼트는 2팀씩 짝을 지어 경기를 하여 진 팀은 탈락하고, 이긴 팀만 다음 경기에 진출해요. 여기에서는 한 번 지면 탈락이기 때문에 한 경기 한 경기가 매우 중요해요.

16강부터 경기는 8번 + 4번 + 2번 + 1번(결승전)으로 총 15번 경기가 이루어져요. 또 이렇게 생각할 수도 있어요. 토너먼트 시합에

토너먼트
경기 때마다 패자를 제외시켜서 마지막에 남은 두 편으로 우승을 결정하게 하는 시합. 또는 그러한 경기 방식

서는 한 경기마다 한 팀씩 떨어지므로 16팀 중에서 한 팀을 남기기 위해서는 15경기를 하면 되겠지요?

결론을 내자면 조별 경기는 6경기 × 8개 조 = 48경기, 토너먼트*는 15경기. 합쳐서 63경기를 하면 우승팀이 가려지겠지요?

아차, 3, 4위전을 빼 먹었네요! 그래서 전체는 64경기가 돼요.

우리나라가 브라질과 한 조가 될 확률은 얼마나 되나요?

월드컵에서는 조편성이 중요하다고 했는데 조편성에도 원칙이 있어요. 8개의 조에서 첫 번째 팀은 FIFA 랭킹 상위팀 7개와 개최국 1팀이 배정돼요. 강팀끼리 몰리지 않도록 하는 배려이지요. 두 번째 팀은 아프리카 5개국과 남미 3개국, 세 번째 팀은 첫 번째에 배정되지 않은 유럽팀, 네 번째로는 아시아 4개국과 북중미 3개국, 오세아니아 1개국을 배정하여 추첨해요.

조가 모두 8개 조이므로 브라질이 든 조에 우리나라가 들 확률은 $\frac{1}{8}$ 이에요.

초5 자료의 표현, 중1 통계, 중3 대푯값과 산포도

평균이 높으면 공부를 잘하나요?

093 확률과 통계

시험 본 다음 날 점수가 나오면 친구들은 열심히 계산을 해요. 그러곤 "내 점수는 평균 ○○점이야"라고 말해요. 그런데 평균이 높으면 모든 과목을 잘하나요? 평균은 어떻게 구하나요? 또 어떤 의미가 있나요?

많은 것들을 대표하는 평균

친구들과 시험을 보고 나서 점수 비교를 할 때, "내 국어 점수는 88점, 수학 점수는 96점, 과학 점수는 92점, 사회 점수는 84점이야"라고 말하는 것보다는 "내 평균 점수는 90점이야"라고 말하는 것이 점수가 어느 정도 되는지 훨씬 쉽게 전할 수 있어요. 이처럼 평균은 여러 가지 자료들을 대표한 값을 나타내어요. 식으로 쓰면 다음과 같아요.

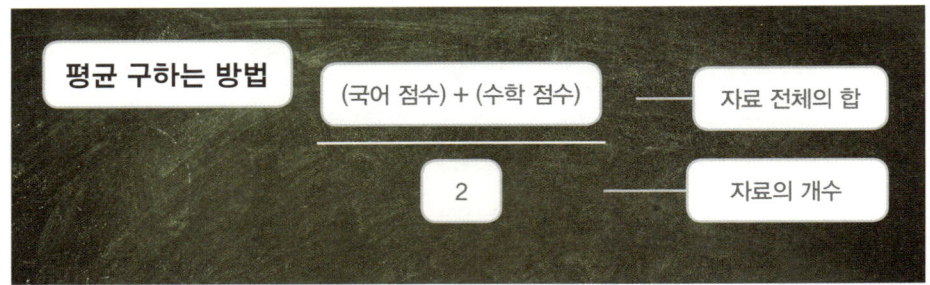

학교에서 신체검사를 할 때 친구들의 최대 관심사는 키와 몸무게! 자신의 몸무게가 많이 나가는지, 적게 나가는지 매우 예민하게 생각하죠? 또 자신의 키가 잘 크고 있는지 유심히 살피지요.

그럼 어떤 것을 기준으로 키와 몸무게를 비교하면 이해하기 쉬울까요? 이때 많은 사람들의 평균 키와 몸무게를 비교하면 이해하기 쉬워요. 아래는 나이와 성별로 사람들의 키와 몸무게를 측정하여 나온 평균값을 표로 나타낸 것이에요. 자신의 나이와 성별이 같은 사람들의 평균 키나 몸무게와 비교해 보면, 몸무게가 많이 나가는지, 키는 잘 크는지 쉽게 비교할 수 있지요.

신체 발달 상황 [2012년]

구분		남		여	
		평균키 (cm)	평균 몸무게 (kg)	평균키 (cm)	평균 몸무게 (kg)
초등학교	1학년	121.6	24.7	120.2	23.5
	2학년	127.8	28.4	126.5	26.8
	3학년	133.4	32.4	132.3	30.4
	4학년	139.1	37	138.5	34.9
	5학년	144.1	41	144.9	39.6
	6학년	150.6	46.2	151.1	44.2

중학교	1학년	158.2	51.7	155.7	48.7
	2학년	164.3	57.6	158	51.7
	3학년	168.7	61.6	159.3	53.7
고등학교	1학년	171.8	64.9	160.2	55.1
	2학년	172.9	66.6	160.6	55.9
	3학년	173.6	68.4	160.9	56.2

(출처: 교육부)

평균만 믿으면 안 돼

평균은 자료의 전체를 대표하는 값이지만 평균만으로는 전체를 나타낼 수 없는 경우가 많아요. 평균이라는 값에는 함정이 있기 때문이죠. 얼마 전 본 수학경시대회 점수가 다음과 같을 때 어떤 일이 벌어지는지 살펴볼까요?

설아	태인	제우	선우	지우	재현	평균
20	25	30	100	100	25	50.00

친구 6명의 평균은 50점이에요. 평균 점수가 50점이니 대부분 아이들이 절반 정도 문제를 맞혔다고 생각할 수 있어요. 하지만 각각의 점수를 살펴보면 다 맞은 2명의 친구와 30점 이하의 친구 4명으로 되어 있죠. 대부분의 아이들은 이번 경시대회 문제를 잘 풀지 못한 것으로 봐야 하겠죠? 2명만 빼고 말이죠. 따라서 평균만 전적으로 믿으면 안 된답니다.

초5 자료의 표현, 초6 정비례와 반비례, 중1 통계, 중3 대푯값과 산포도

094 확률과 통계

수학을 잘하면 과학도 잘하나요?

수학을 잘하는 친구는 과학 성적도 좋은 것 같은데요. 수학을 잘하면 과학도 당연히 잘하게 되는 건가요? 두 과목은 무슨 관계가 있는 건가요?

두 자료의 관계

여러분 교실에 수학을 잘하는 친구를 생각해 보세요. 그 친구의 과학 성적은 어떤가요? 수학을 잘하는 친구의 과학 성적도 좋은가요? 수학 점수와 과학 점수는 정말 관련이 있을까요? 걱정 마세요. 두 자료의 관계를 수학적으로 나타내는 방법이 있어요.

두 자료의 관련성을 상관관계*라고 하고, 한 자료가 증가함에 따라 다른 자료가 증가하면 양

상관관계
한쪽이 증가하면 다른 한쪽도 증가하거나 반대로 감소하는 경향을 인정하는 두 변량 사이의 통계적 관계

의 상관관계, 줄어들면 음의 상관관계라고 하지요.

다음은 우리 반 학생의 수학 점수와 과학 점수를 나타낸 표예요.

이름	수학 점수	과학 점수	이름	수학 점수	과학 점수
기대혁	85	75	김현아	85	80
고은율	80	70	박은희	90	90
김제우	95	95	손지영	45	50
이승원	100	85	정연우	95	100
민장식	85	95	최은혜	100	100

두 자료를 그래프로 나타내 보아요.

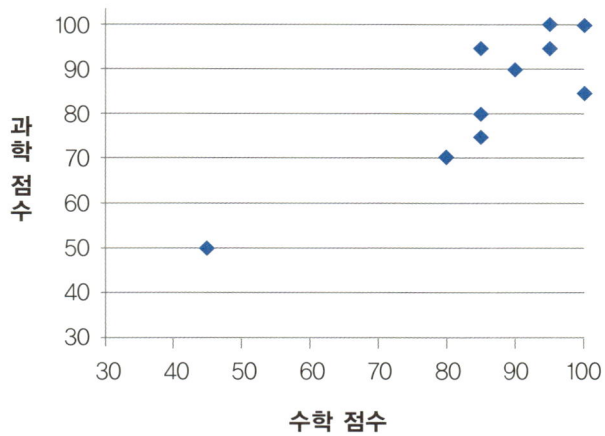

수학 점수가 증가함에 따라 과학 점수도 같이 증가하는 모습을 볼 수 있어요. 이처럼 한 자료가 증가함에 따라 다른 자료가 증가하는 관계를 양의 상관관계라고 해요. 우리 반이 아닌 우리나라 전체 초등학생을 대상으로 한다면 두 과목 사이의 상관관계를 더 명확히 알 수 있겠지요?

너무 관련 있는 인과 관계

수학과 과학 점수 말고, 이러한 것들 사이에는 상관관계가 어느 정도 있을까요?

❶ 발이 크면 키가 크다.
❷ 충분히 잠을 자면 성적이 좋다.
❸ 공부를 하면 성적이 오른다.
❹ 책을 많이 읽으면 국어 성적이 좋다.

자료를 조사해서 상관도를 그리거나, 상관관계를 알아보는 상관계수를 구하면 알 수 있어요. 통계학에서는 상관관계를 두 자료의 평균, 기댓값, 표준편차 등을 이용하여 구하는데 나중에 배울 거예요.

발이 크다고 키가 무조건 큰 것은 아니지만, 발이 클 경우 키가 큰 친구가 비교적 많지요. ❶번 주제는 상관관계가 어느 정도 있다고 볼 수 있어요.

❷ 충분히 자는 것과 성적과는 관련이 있을 수도 있고, 없을 수도 있지요. 잠 말고도 성적이 오르는 이유가 될 수 있는 것도 많을 테니까요. 이 주제는 자료를 조사해 봐야 관계를 정확히 알 수 있을 것 같네요.

❹번 주제는 책을 많이 읽는 친구들과 국어 성적의 관계를 조사하여 상관도를 그려 보면 둘 사이의 관계를 더 명확히 알 수 있어요.

잠깐! ❸번을 보세요. 공부를 하면 당연히 성적이 오르겠지요.

이처럼 상관관계에서 앞의 자료가 뒤의 자료에 100% 영향을 끼치는 경우에는 '관련이 있다'라는 설명으로는 부족하죠. 이럴 땐 '원인과 결과'로 봐야 해요.

'공부를 많이 하면 성적이 오른다'에서 공부를 많이 하는 것이 원인이 되고 성적이 오르는 것은 결과가 되는 거예요. 바로 인과관계*라고 하는 것이지요.

인과관계
한 현상은 다른 현상의 원인이 되고, 그 다른 현상은 먼저의 현상의 결과가 되는 관계

상관관계에 대해 배웠으니, 앞으로 둘 사이가 궁금하면 상관도나 상관계수를 구해 보는 지 어떨까요? 그럼 수학적으로 둘 사이의 관계를 알 수 있잖아요.

평균 말고 자료를 대표하는 값이 있나요?

- 최빈값 : 자료들 중에 가장 많이 나온 값
  (앞의 수학 점수에서는 85점이 되겠죠.)
- 중앙값 : 자료들을 순서대로 나열했을 때, 그 중앙에 오는 값. 자료의 개수가 홀수이면 중앙에 있는 값이 중앙값이고, 짝수개이면 중앙에 있는 두 값의 평균을 중앙값으로 해요. (앞의 수학 점수에서는 87.5점이에요.)

평균과 함께 최빈값과 중앙값을 알면, 자료의 성질을 잘 나타내는 대푯값을 골라 쓸 수 있어요.

초4 막대그래프, 중1 통계, 중3 대푯값과 산포도

095 확률과 통계

히스토그램은 막대그래프와 다른가요?

학교에서 막대그래프를 배웠어요. 그런데 신문에서 막대보다 더 넓은 막대그래프가 나오는 거예요. 내가 이건 막대그래프라고 했더니 누나가 아니래요. 이건 히스토그램이라고요. 히스토그램이 뭔가요? 또 막대그래프랑 뭐가 다른가요?

자료의 값을 나타내는 막대그래프

1학기 동안 현수의 수학 점수를 나타낸 표는 다음과 같아요.

현수의 수학 점수

1단원	2단원	3단원	4단원	5단원	6단원	7단원	8단원
75	80	65	85	90	95	90	85

단원별 수학 점수를 비교하기 쉽게 하기 위해서는 어떻게 나타내는 것이 좋을까요? 수학 점수를 그래프로 나타내면 쉽게 비교할 수

있어요. 그래프를 보면 가장 시험을 잘 본 단원과 가장 점수가 낮은 단원을 쉽게 찾을 수 있어요.

현수의 수학 점수

〈막대그래프 그리는 방법〉

① 가로와 세로 눈금에 나타낼 것을 정한다.

② 세로 눈금 한 칸의 크기를 정한다.

③ 조사한 수에 알맞게 막대를 그린다.

막대그래프와 닮은 히스토그램*

신체검사를 통해 우리 반의 키를 조사하였어요. 키를 쉽게 비교하기 위해서 막대그래프처럼 그래프로 나타내려고 해요.

히스토그램

히스토그램에서는 측정치가 나온 값, 즉 도수에 비례하여 면적을 나타내어요. 면적이 넓으면 그 측정값이 많이 나왔다는 것을 알 수 있어요.

우리 반 친구들의 키

현수	지영	이수	지연	민석	승원	성율	희주
132.5	130.4	136.8	142.2	143.8	157.5	151.4	140.2

그래프의 가로축과 세로축에는 어떤 것을 나타내면 좋을까요?

세로축은 학생들의 수를 비교하기 위해 학생 수를 넣으면 좋을 것 같아요. 그렇다면 가로축에는? 키를 비교하므로 키의 값을 넣는 게 좋겠어요.

가로축의 값을 앞의 막대그래프와 비교해 보세요. 막대그래프에서는 1단원, 2단원, 3단원, …처럼 각각 따로 떨어질 수 있는 값이 가로축이지만, 새로 그릴 그래프에서는 '130cm 이상~140cm 미만', '140cm 이상~150cm 미만'과 같이 연결되는 값이 가로축에 오게 되지요. 가로축에 표현되는 값을 계급, 각 계급에 해당하는 자료의 수를 도수로 하여 표로 정리하면 다음과 같아요.

계급	도수
130cm 이상~140cm 미만	3
140cm 이상~150cm 미만	3
150cm 이상~160cm 미만	2

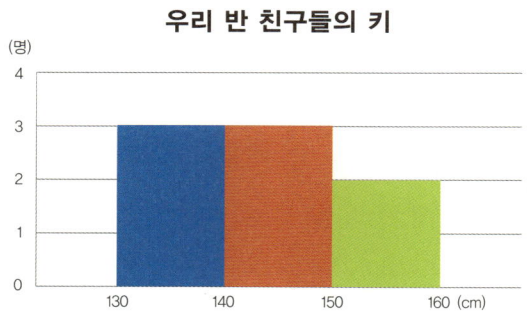

우리 반 친구들의 키

자료의 값이 각각 따로 떨어지는 경우에는 막대그래프를 그리고, 연속으로 이어지는 경우에는 히스토그램을 그린다는 사실을 잊지 마세요.

초5 자료의 표현, 중1 통계, 중3 대푯값과 산포도

우리는 하루에 숨을 몇 번 쉬나요?

096 확률과 통계

숨을 안 쉬면 살 수 없는데, 나는 하루에 몇 번 숨을 쉬는지 궁금해요. 하루에 쉬는 숨을 세기 위해서는 24시간 내가 내쉬는 숨을 다 세어 봐야 하나요? 다른 쉬운 방법이 있나요?

일부가 전체를 말한다

우리가 쉬는 숨의 전체를 다 세면 하루에 몇 번 숨을 쉬는지 정확하게 알 수 있겠지요. 하지만 24시간 동안 우리가 내쉬는 숨을 세기란 너무 어렵겠지요. 이럴 때 조사하는 방법이 있어요. 우리가 깨어 있는 시간과 잠자는 시간의 일부 동안 내쉬는 숨을 센 후에 계산을 한다면 24시간 동안 우리가 내쉬는 숨을 조사할 수 있지요.

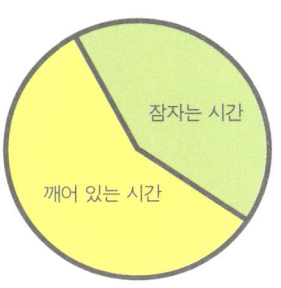

비율 2 : 1

하루 동안 우리가 내쉬는 숨

잠자는 시간	8시간	1분 동안 내쉬는 숨 : 10회	8×60×10=4800
깨어 있는 시간	16시간	1분 동안 내쉬는 숨 : 15회	16×60×15=14400

하루 동안 우리가 내쉬는 숨은 잠자는 시간에 대략 4800회, 깨어 있는 동안에 14400회이므로 약 19200회 정도예요. 물론 대략적인 값이지요.

하루 종일 내쉬는 숨을 일일이 세어 보지 않고 일부만으로 전체를 판단하는 것, 이러한 방법은 통계에서 일반적으로 쓰는 방법이에요. 이렇게 전체를 판단하기 위해 조사하는 일부를 '표본*'이라고 해요. 이 표본으로 전체를 판단해야 하므로 어떤 것을 표본으로 삼을지가 매우 중요하죠.

표본
조사 대상이 되는 전체 집단을 모집단, 분석하기 위해 모집단에서 추출하는 집단을 표본이라고 해요.

앞에서 조사한 하루 동안 우리가 숨 쉬는 것을 알아보기 위해서 잠자는 시간 1분 동안 숨 쉬는 횟수를 세어서 24시간을 조사했다면 하루 동안 우리가 내쉬는 숨은 14400이 되어 4800번 정도 오차가 생기게 되겠죠. 이처럼 어떤 표본을 선택하느냐가 매우 중요해요.

부분을 선택하는 방법

앞에서 표본에 대해서 알아봤어요. 그러면 표본이 모집단 전체를 대표하는 집단이므로 모집단을 대표할 수 있도록 잘 선택해야겠지요? 그래야만 표본으로 조사한 값이 모집단을 잘 설명할 수 있기 때문이죠. 그럼 표본을 어떻게 선택해야 할까요? 표본을 선택하는 방법은 몇 가지가 있어요.

가장 많이 사용되는 것은 무작위 선택(단순 무작위 추출)이에요. 제비뽑기처럼 무작위로 표본을 뽑아내는 것이지요. 모집단에서 모든 자료가 표본으로 뽑힐 확률은 모두 같아요. 모집단의 성질이 비교적 비슷하여 어떤 자료를 선택해도 영향이 적을 경우에 이런 무작위 선택을 하게 돼요. 또 한 자료가 선택된 것이 다른 자료에 영향이 없을 때 무작위로 선택해도 되는 것이지요.

예를 들어 볼게요. 가마니 속에 든 쌀의 품질을 검사할 때 쌀 전체를 검사할 수는 없어요. 그래서 '색대*'로 가마니를 찔러서 쌀을 조금 빼서 검사를 하지요.

> **색대**
> 섬이나 가마니에 찔러 넣어 속에 든 곡식을 조금 빼 보는 기구. 대통이나 쇠통의 끝을 비스듬하게 베어서 만든 것으로 내용물을 검사할 때 많이 써요.

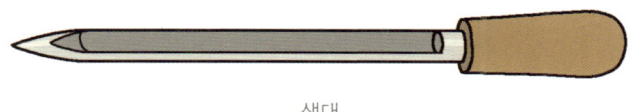

색대

두 번째로 많이 사용되는 것은 깨어 있는 시간과 잠자는 시간으로 나누어 표본을 뽑은 것처럼 성질이 비슷한 것끼리 묶은 다음 각각에서 무작위 선택으로 표본을 뽑는 것이지요. 이렇게 하면 모집단을 더 잘 대표할 수 있는 표본이 되겠지요.

097 확률과 통계

초6 비와 비율, 중2 확률과 그 기본 성질

우리 학년에서 나와 생일이 같은 학생이 꼭 있을까요?

생일이 같은 사람을 만나면 운명처럼 느껴지며 왠지 친근해지기도 해요. 우리 학급 또는 우리 학년에서 나와 생일이 같은 친구를 찾기는 쉬울까요, 어려울까요? 그런데 수학적으로 살펴보면 생일이 같은 사람을 찾기는 그리 어렵지 않다고 해요. 왜 그런가요?

나와 생일이 다른 경우로 생각해 보기

1년 365일 중에 친구랑 생일이 같기는 매우 어려운 일이에요. 그러니 얼핏 생각하면 우리 반에 생일이 나와 같은 친구가 있기도 어렵겠지요. 그러나 수학에서는 전혀 다른 일이 벌어져요.

나와 생일이 같은 친구가 적어도 한 명 있는 경우를 살펴보기 위해서는 여사건*을 이용해야 해요. 이럴 경우에는 모든 친구가 나와 생일이 다를 확률을 구해서 전체에서 빼 주면 나와 생일이 같을 친구가

여사건
어떤 사건 A에 대해 그 사건이 절대 일어나지 않을 것을 A의 여사건이라고 해요.

적어도 한 명이 있는 확률을 구할 수 있어요.

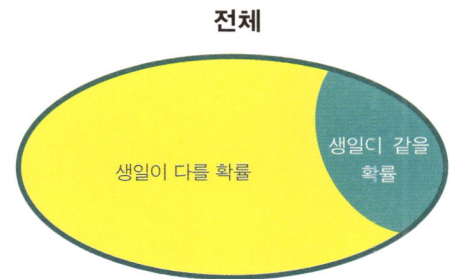

 나와 어떤 친구가 생일이 서로 다를 경우를 생각해 보면 다음과 같아요. 365일 중에 어느 날이 나의 생일이 될 경우는 $\frac{365}{365}$이고, 친구의 생일이 그날이 아닐 경우는 나의 생일을 뺀 모든 날이 가능하므로 $\frac{364}{365}$이 돼요.

따라서 나의 생일과 친구의 생일이 다를 확률은

$\frac{365}{365} \times \frac{364}{365} = \frac{364}{365} ≒ 0.997$, 즉 약 99.7%가 되지요.

그럼 나와 생일이 같을 확률은 $1 - 0.997 = 0.003$, 즉 약 0.3%가 돼요. 같은 방법으로 친구의 수를 늘려 가면서 계산하면 다음과 같아요.

학생수	확률 식	적어도 한 명의 생일이 나와 같을 확률
3	$1 - \frac{365}{365} \times \frac{364}{365} \times \frac{363}{365} ≒ 0.008$	0.8%
4	$1 - \frac{365}{365} \times \frac{364}{365} \times \frac{363}{365} \times \frac{362}{365} ≒ 0.016$	1.6%
5	$1 - \frac{365}{365} \times \frac{364}{365} \times \frac{363}{365} \times \frac{362}{365} \times \frac{361}{365} ≒ 0.027$	2.7%

학생 수가 늘어날수록 나와 생일이 같은 친구가 적어도 한 명 있을 확률은 점점 커지는데, 계속 계산해 보면 다음과 같아요.

학생 수	적어도 한 명의 생일이 같을 확률(%)	학생 수	적어도 한 명의 생일이 같을 확률(%)
3	0.8	20	41.1
4	1.6	22	47.6
5	2.7	23	50.7
8	7.4	28	65.4
12	16.7	32	75.3
16	28.4	48	96.1

우리 반 친구들이 23명이라면 나와 생일이 같은 친구가 적어도 한 명 있을 확률은 50%가 넘어요. 또 48명이라면 생일이 같은 친구가 적어도 한 명 있을 확률은 96%나 되지요.

50명이 넘는 집단에서 생일이 같은 친구를 찾기는 어렵지 않아요. 특히나 같은 학년에서 찾기는 아주 쉽겠죠? 또 생일이 같은 친구를 찾는 일이 운명이라든지 신기한 일이 아닐 거예요.

하지만 아무리 수학적으로 확률이 높다고 하더라도 나와 무엇인가 통하는 친구를 찾는 것은 언제나 설레고 기분 좋은 일임에는 틀림없을 거예요.

초6 비와 비율, 중2 확률과 그 기본 성질

친구가 실패를 뽑으면 내가 성공을 뽑을 수 있나요?

098 확률과 통계

'성공'과 '실패' 2가지 제비가 들어 있는 제비뽑기에서 한 개를 뽑을 때 성공을 뽑을 확률은 $\frac{1}{2}$, 실패를 뽑을 확률은 $\frac{1}{2}$이지요. 그런데 이런 게임에서 친구가 먼저 '실패'를 뽑았다면, 내가 성공을 뽑을 확률이 높아지나요?

뽑은 공을 다시 넣는 경우*

주머니에 다음과 같이 공이 들어 있는데 파란 공을 뽑으면 상품을 받을 수 있고, 빨간 공을 뽑으면 상품을 받지 못한다고 해요.

5명의 친구들이 차례로 공을 뽑을 때 어떻게 될까요? 여기에서 생각해 봐야 할 것이 있지요. 친구들이 뽑은 공을 다시 주머니에 넣느냐 넣지 않느냐에 따라 확률이 달라져요.

뽑은 공을 다시 넣는 경우
앞의 사건이 뒤의 사건에 영향을 주지 않으며 이런 경우를 '독립사건'이라고 해요.

확률과 통계 | 319

우선 뽑은 공을 다시 주머니에 넣을 경우를 생각해 봐요. 나를 포함하여 다섯 명이 공을 뽑는다고 해요.

뽑는 사람	뽑기 전 주머니 속의 공	파란 공을 뽑을 확률	뽑은 공
친구 1	(빨강 4, 파랑 1)	$\frac{1}{5}$	🔴
친구 2	(빨강 4, 파랑 1)	$\frac{1}{5}$	🔴
친구 3	(빨강 4, 파랑 1)	$\frac{1}{5}$	🔴
친구 4	(빨강 4, 파랑 1)	$\frac{1}{5}$	🔴
〈나〉	(빨강 4, 파랑 1)	$\frac{1}{5}$	?

뽑은 공을 다시 넣지 않는 경우
앞의 사건이 뒤의 사건에 영향을 주며, 이런 경우를 '종속사건'이라고 해요.

주머니의 공을 다시 넣을 경우 먼저 뽑은 친구들이 계속해서 빨간 공을 뽑았다고 해서 내가 파란 공을 뽑을 확률이 높아지는 것은 아니에요.

뽑은 공을 다시 넣지 않는 경우*

하지만 공을 다시 넣지 않는 경우는 사정이 달라져요. 친구들이 이렇게 계속해서 빨간 공을 뽑았다고 생각해 봐요.

뽑는 사람	뽑기 전 주머니 속의 공	파란 공을 뽑을 확률	뽑은 공
친구 1	(빨강 4개, 파랑 1개)	$\frac{1}{5}$	빨강
친구 2	(빨강 3개, 파랑 1개)	$\frac{1}{4}$	빨강
친구 3	(빨강 2개, 파랑 1개)	$\frac{1}{3}$	빨강
친구 4	(빨강 1개, 파랑 1개)	$\frac{1}{2}$	빨강
〈나〉	(파랑 1개)	1	?

뽑은 공을 다시 넣지 않을 경우 앞의 친구들이 빨간 공을 뽑았다면 내가 파란 공을 뽑을 확률은 높아져요.

우리가 내기를 할 때에는 앞에서 계속 실패를 했다면 이번에는 성공을 할 수 있을 것이라는 기대를 하게 돼요. 하지만 주머니에서 공을 뽑는 것처럼 뽑은 공을 다시 넣으면 앞의 게임이 다음 게임에 영향을 주지 않아요. 따라서 내가 내기에 이길 확률은 변하지 않고 항상 일정해요.

초5 자료의 표현, 중1 통계, 중3 대푯값과 산포도

099 확률과 통계

여론조사는 믿을 수 있나요?

부모님께서 선거 여론조사 전화를 받으셨다고 해요. 선거철만 되면 뉴스에 나오는 여론조사는 어떻게 하나요? 그리고 얼마나 정확하며, 얼마나 믿을 수 있나요?

조사 대상을 정하라

투표권을 가진 모든 사람의 의견을 조사하는 게 가장 이상적이고 정확한 방법이 되겠지만, 현실적으로 돈과 시간이 너무 많이 들어요. 그래서 전체를 대표하는 일부 '표본'의 의견을 조사하여 전체를 추측하는 것이지요.

여론조사에서 표본은 선거권을 가진 사람들을 대표할 수 있는 사람들로 뽑는데 나이, 성별, 지역에 따라 개수를 알맞게 분배해요. 예를 들어 서울·20대·여자 00명, 서울·20대·남자 00명, 경기·20

대·여자 00명, … 처럼 말이지요.

그렇다면 여론조사 할 때는 보통 몇 명의 사람을 조사할까요? 20대 여자 1명, 20대 남자 1명, 이런 식으로 10명 정도 조사해서 결과를 발표할까요? 아니면 1만 명 정도로 많은 사람을 조사해서 발표할까요?

여러분이라면 10명을 조사한 결과와 1만 명을 조사한 결과 중 어떤 결과가 더 믿음직하겠어요? 물론 1만 명이 더 좋겠지요.

하지만 앞에서도 얘기 했듯이 돈과 시간 문제를 생각하면 무한정 많이 할 수는 없지요.

그래서 적당한 수의 사람을 조사할 수밖에 없어요. 몇 명의 사람을 조사해야 하는지는 오차범위*와 신뢰 수준*에 의해 결정돼요.

오차범위
여론조사 결과가 맞지 않을 수 있는 최대 범위, 오차가 일어날 최대 범위

신뢰수준
여론 조사 결과가 오차 범위 내에 있을 확률

오차범위와 신뢰수준을 미리 정하고 그에 따른 조사할 사람의 수(표본의 크기)는 다음 공식으로 구해요.

$$n(\text{표본의 크기}) = 0.25 \times \frac{z^2}{d^2} \quad (z:\text{신뢰수준}, d:\text{오차범위})$$

식이 복잡한데 어떻게 계산하냐고요? 걱정하지 마세요. 계산한 결과가 표에 나와 있어요.

표본의 크기

(단위 : 명)

오차범위	신뢰수준	
	95%	99%
±1%	9604	16590
±2%	2401	4148
±3%	1068	1844
±4%	601	1037
±5%	385	664
±6%	267	461
±7%	196	339
±8%	151	260
±9%	119	205
±10%	97	166

표를 살펴보면 신뢰수준과 오차범위에 따라 표본의 크기, 즉 여론조사를 해야 할 사람의 수가 나와요. 보통 여론조사의 경우 95% 신뢰수준에 ±3% 오차범위를 사용하여 조사를 해요.

우리가 뉴스에서 보는 여론조사는 보통 나이, 성별, 지역에 따라 표본을 골고루 나누어 최소 1068명을 조사한 결과예요. 하지만 여론조사는 어디까지나 확률, 즉 '그럴 것이다' 정도이지 참값이 아니에요. 여론조사 결과는 참고자료로만 활용되어야 할 뿐 절대적으로 믿을 수는 없어요.

믿을까? 말까?

멘토시에 시장선거가 있어요. 1068명의 여론조사 결과가 다음과 같이 나왔어요. 누가 시장이 될까요?

두 후보 모두 지지율이 막상막하이고 오차범위 이내에 있다고 생각하면 다음과 같이 지지율을 예상할 수 있어요.

```
        북멘토                          나잘난
여론조사 지지율 : 50%          여론조사 지지율 : 49%
실제 지지율(예상) : 47~53%     실제 지지율(예상) : 46~52%
```

이럴 경우에는 오차범위 이내에 접전이 예상되므로 어떤 후보가 당선이 '유력하다'라고 말할 수 없어요. 한 후보가 다른 후보를 앞선다 하더라도, 표본이 달라지면 결과는 얼마든지 뒤바뀔 수 있기 때문이죠. 여론조사 결과는 어디까지나 확률이라는 것을 생각하고 무조건 믿어서는 안 돼요.

초4. 막대그래프, 꺾은선그래프, 초5 자료의 표현, 중1 통계

100 그래프도 거짓말을 하나요?

확률과 통계

그래프는 자료를 정리하는 방법으로 많이 사용해요. 하지만 모든 사실을 객관적으로 보여 주는 것은 아니고, 우리 눈에 착각이 들게 하기도 한다는데요. 그래프를 볼 때 주의할 점이 있나요?

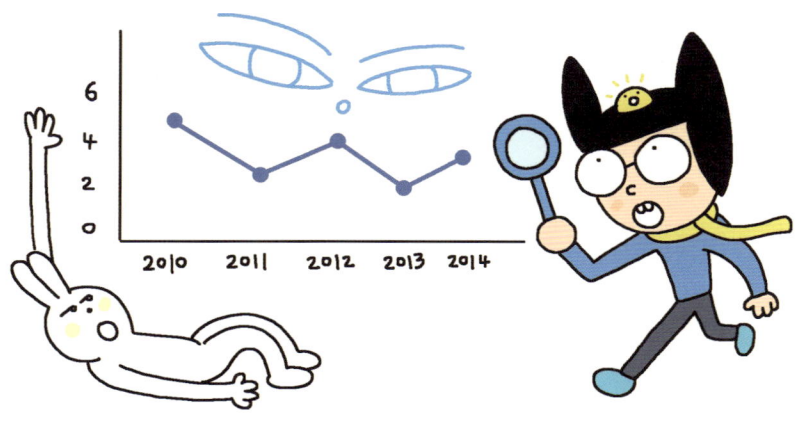

그래프를 늘리면?

요즘 너무 낮아서 사회문제가 되고 있는 출산율을 조사한 표를 보아요. 출산율이 점점 낮아지고 있음을 알 수 있어요. 그래프를 그려 보면 얼마나 낮아지고 있으며, 앞으로 어떻게 변화할지 예측하기가 쉬워요.

연도별 출산율

연도(년)	1970	1976	1982	1988	1994	2000	2006	2012
출산율(%)	4.5	3.0	3.1	2.3	2.1	2.0	1.8	1.3

연도별 출산율을 그래프로 그렸더니 출산율이 낮아지는 느낌이 별로 들지 않아요. 낮아지긴 하지만 크게 문제가 되는 건 아니잖아요? 하지만 그래프를 바꾸어 볼게요.

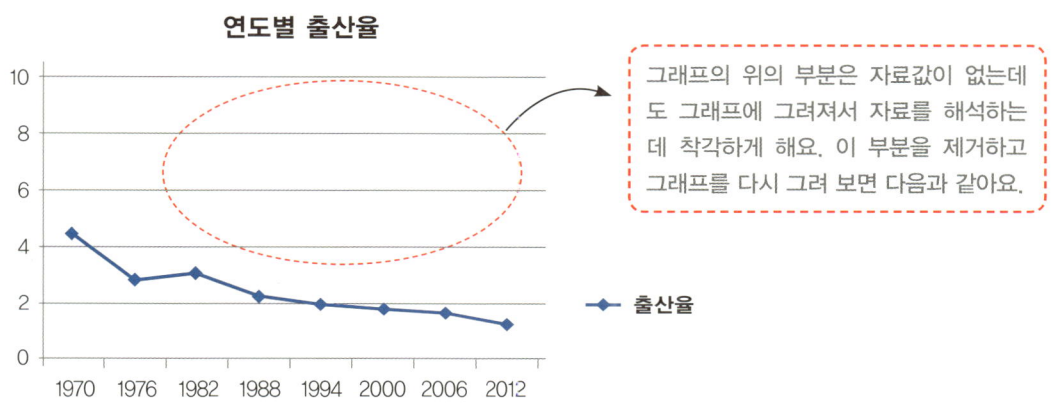

그래프의 위의 부분은 자료값이 없는데도 그래프에 그려져서 자료를 해석하는 데 착각하게 해요. 이 부분을 제거하고 그래프를 다시 그려 보면 다음과 같아요.

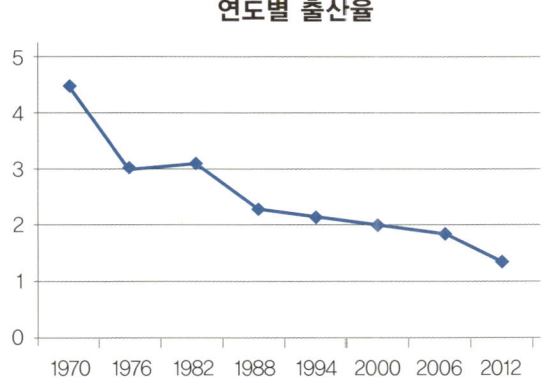

버려지는 부분 없이 그래프의 값을 나타낸 그래프예요. 출산율의 변화가 눈에 띄게 낮아지는 느낌이 들지 않나요? 같은 자료의 값이라도 세로축의 눈금의 크기, 가로축의 눈금의 크기를 어떻게 하느냐에 따라 느낌이 전혀 다를 수 있어요.

그래프를 읽고 해석할 때에는 그림 자체만 보고 판단하지 말고, 자료의 값을 그래프가 정확하게 나타내고 있는지 판단하는 능력이 필요해요. 너무 버려지는 부분이 많이 표시된 그래프나 세로축 눈금의 크기가 너무 작거나 클 경우에 정확한 눈으로 보기 어렵게 돼요.

히스토그램이나 꺾은선그래프 말고 다른 그래프도 있나요?

자료를 나타내기 위해서는 여러 가지 그래프가 쓰여요.

① 그림 그래프

② 비율 그래프 (띠그래프, 원그래프)

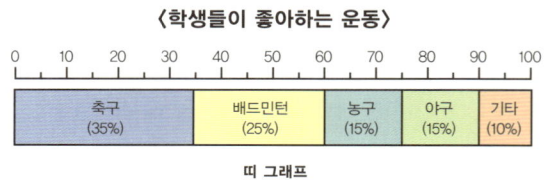

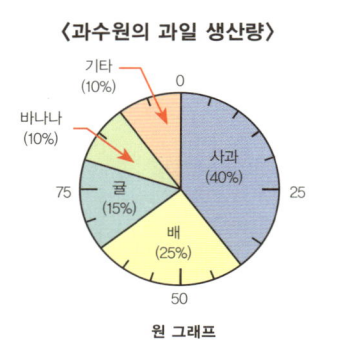

초6 비와 비율, 중2 확률과 그 기본 성질

머피의 법칙도 수학인가요?

101
확률과 통계

버스를 기다릴 때, 내가 기다리는 버스는 아예 오지를 않거나 아니면 한꺼번에 올까요? 왜 기다리는 엘리베이터는 오지 않고 다른 층에 서 있을까요? 1층이나 우리 집에서 엘리베이터가 딱 멈춰져 있는 경우는 왜 잘 없는 건가요? 저에게만 이런 일들이 벌어지는 것 같아 속상해요.

버스가 한꺼번에 몰려오는 경우

버스 회사에서는 버스를 시간표에 따라 정해진 시간에 출발하도록 해요. 그런데 왜!!, 내가 기다리는 버스는 오지 않거나 한꺼번에 몰려올까요? 이것을 수학적으로 설명하기에는 영향을 끼치는 것들이 너무 많아 정확한 설명이 어려워요.

그 시간의 교통 상황, 승객의 수, 승객 승하차에 걸리는 시간 등등 여러 가지 이유가 있겠지만 머피의 법칙*과 관련이 있어요.

머피의 법칙
하려는 일이 항상 원하지 않는 방향으로만 진행되는 현상

대표적인 예는 승객의 수예요. 앞의 버스에 승객이 많이 몰리면 그만큼 승객들이 승차하는 데 시간이 많이 걸려요. 앞의 차에 승객이 많이 탔기 때문에 다음 버스에 승차하는 승객의 수는 그리 많지 않게 되겠지요. 그럼 뒷차는 승객이 승차하는 데 시간이 적게 걸리고, 앞차는 시간이 더 걸리므로 두 차 사이의 간격은 좁아지게 돼요. 결국 버스가 몰려다니게 되지요. 버스가 2대 연속으로 올 때 앞 버스는 콩나물시루처럼 사람이 많이 탔다면 뒤의 버스는 분명 자리가 넉넉할 거예요.

수학적으로는 정해진 시간에 딱딱 맞추어 버스가 와야 하지만 교통 상황, 승객의 수, 승객 승하차에 걸리는 시간 등의 영향을 받기 때문에 정해진 시간에 오는 확률보다 정해지지 않은 시간에 오는 확률이 더 높다고 할 수 있어요.

운이 좋은 날

아침에 엘리베이터가 우리 집 문 앞에 서 있을 때 아침부터 기분이 좋았던 경험이 있을 거예요. 학교에 늦었는데, 학교 앞 횡단보도가 마침 파란 불이 되었다면 그날은 매우 기분이 좋겠지요. 하지만 이렇게 운이 좋은 날보다 운이 좋지 않은 날이 더 많을 거예요. 기다리던 엘리베이터가 20층 꼭대기에 있다든지, 내가 도착하자마자 빨간색으로 바뀌었는데 다시 초록색이 되기까지 시간이 걸려 지각을 했다든지 말이지요. 왜 이렇게 나에게만 안 좋은 일이 벌어질까 속상했지요? 하지만, 이런 일들은 나에게만 일어나는 것은 아니에요.

우선 엘리베이터가 7층인 우리 집 앞에 서 있을 확률보다 1~20층

사이에 서 있을 확률이 더 높겠지요. 수학적으로 생각해 보면 1~20층이 있는 아파트의 경우 7층에 엘리베이터가 서 있을 확률은 $\frac{1}{20}$이고, 다른 층에 서 있을 확률은 $\frac{19}{20}$가 돼요. 그러니 다른 층에 서 있는 것이 당연하고 우리 집 앞에 서 있었다면 그날은 $\frac{1}{20}$이 당첨된 아주 운이 좋은 날이라고 할 수 있겠지요.

마찬가지로 신호등도 초록색, 빨간색, 노란색, 좌회전 신호가 있고, 그중에 자동차 신호의 빨간색일 경우 횡단보도에 초록색이 켜져요. 그렇다면 횡단보도의 초록불이 켜질 확률은 단순히 계산하면 $\frac{1}{4}$이 되는 것이지요.

수학으로 생각하니 내가 운이 없는 것이 아니라는 생각이 들지 않나요? 또 우연히 나에게 일어난 일이 얼마나 낮은 확률이 일어난 것인지 고맙지 않나요? 이렇듯 수학은 우리의 생활을 해석하는 데 도움을 준답니다.

학년별 교과 연계표

전체

전체 060 수학자들의 올림픽이 있다고요?
전체 061 조선시대에도 수학자가 있었나요?

초1

9까지의 수 016 숫자 7에 어떤 비밀이 숨어 있나요?
9까지의 수 017 일주일은 왜 7일이 되었나요?
100까지의 수 001 옛날 사람들은 어떻게 수를 세었나요?
100까지의 수 002 매듭으로도 수를 셀 수 있나요?
100까지의 수 003 옛날 사람들은 숫자를 어떻게 썼나요?
100까지의 수 004 숫자 '0'은 어떻게 발명되었나요?
100까지의 수 005 숫자 '0'에는 특별한 의미가 있나요?
100까지의 수 006 사람들은 왜 십진법을 사용하나요?
덧셈과 뺄셈 011 사칙연산 기호는 누가 만들었나요?
덧셈과 뺄셈 012 구구단을 못 외워도 곱셈을 할 수 있나요?
시계 보기 049 해시계는 왜 30분 느린가요?
시계 보기 080 시계 속에는 어떤 수학이 숨어 있나요?

초2

곱셈 009 옛날에도 구구단을 외웠나요?
곱셈 010 구구단을 쉽게 외우는 방법은 없나요?
곱셈 011 사칙연산 기호는 누가 만들었나요?
곱셈 012 구구단을 못 외워도 곱셈을 할 수 있나요?
곱셈 013 곱셈을 하는 방법도 여러 가지가 있나요?
곱셈구구 009 옛날에도 구구단을 외웠나요?
곱셈구구 010 구구단을 쉽게 외우는 방법은 없나요?
곱셈구구 012 구구단을 못 외워도 곱셈을 할 수 있나요?
곱셈구구 013 곱셈을 하는 방법도 여러 가지가 있나요?

규칙 찾기 016 숫자 7에 어떤 비밀이 숨어 있나요?
규칙 찾기 019 숫자로 마술을 할 수 있나요?
규칙 찾기 052 달력은 해마다 다른가요?
규칙 찾기 062 게임에서 항상 이길 수 있는 방법이 있다면서요?
규칙 찾기 066 달력이 없어도 요일을 맞힐 수가 있다고요?
규칙 찾기 072 우리 집 욕실 타일에도 수학이 담겨 있다고요?
규칙 찾기 073 사다리타기를 하면 왜 겹치지 않나요?
규칙 찾기 074 파스칼 삼각형은 파스칼이 만들었나요?
길이재기 039 수학에서 단위가 왜 중요한가요?
길이재기 040 미터(m)가 모든 단위의 기초라고요?
세 자리 수 001 옛날 사람들은 어떻게 수를 세었나요?
세 자리 수 002 매듭으로도 수를 셀 수 있나요?
세 자리 수 003 옛날 사람들은 숫자를 어떻게 썼나요?
세 자리 수 004 숫자 '0'은 어떻게 발명되었나요?
세 자리 수 005 숫자 '0'에는 특별한 의미가 있나요?
세 자리 수 006 사람들은 왜 십진법을 사용하나요?
네 자리 수 001 옛날 사람들은 어떻게 수를 세었나요?
네 자리 수 002 매듭으로도 수를 셀 수 있나요?
네 자리 수 003 옛날 사람들은 숫자를 어떻게 썼나요?
네 자리 수 004 숫자 '0'은 어떻게 발명되었나요?
네 자리 수 005 숫자 '0'에는 특별한 의미가 있나요?
네 자리 수 006 사람들은 왜 십진법을 사용하나요?
덧셈과 뺄셈 011 사칙연산 기호는 누가 만들었나요?
덧셈과 뺄셈 012 구구단을 못 외워도 곱셈을 할 수 있나요?
분류하기 057 고등어는 왜 한 손에 두 마리인가요?
시각과 시간 017 일주일은 왜 7일이 되었나요?
시각과 시간 048 그림자로 시간을 알 수 있어요?
시각과 시간 050 물도 시계가 될 수 있나요?
시각과 시간 051 1시간은 왜 60분인가요?
시각과 시간 052 달력은 해마다 다른가요?
시각과 시간 080 시계 속에는 어떤 수학이 숨어 있나요?
여러 가지 도형 022 점과 선도 도형인가요?
여러 가지 도형 023 삼각형으로 팔각형을 만들 수 있나요?
여러 가지 도형 024 세 개의 선분만 있으면 삼각형을 만들 수 있나요?
여러 가지 도형 025 건물은 왜 대부분 사각형 모양인가요?
여러 가지 도형 026 가장 완전한 도형은 무엇인가요?
여러 가지 도형 027 직선보다 더 긴 곡선이 더 빠를 수도 있나요?

여러 가지 도형 028 사이클로이드를 생활에서 볼 수 있나요?
여러 가지 도형 029 모든 도형은 연필을 종이에서 떼지 않고 한 번에 그릴 수 있나요?

초3

곱셈 011 사칙연산 기호는 누가 만들었나요?
곱셈 012 구구단을 못 외워도 곱셈을 할 수 있나요?
곱셈 013 곱셈을 하는 방법도 여러 가지가 있나요?
나눗셈 014 0으로 나누면 왜 안 되나요?
나눗셈 066 달력이 없어도 요일을 맞힐 수가 있다고요?
들이와 무게 039 수학에서 단위가 왜 중요한가요?
들이와 무게 041 물은 왜 100°C에서 끓나요?
들이와 무게 042 1mm보다 짧은 길이는 어떻게 재나요?
들이와 무게 056 부피와 들이는 어떻게 다른가요?
분수와 소수 007 분수는 어떻게 만들어졌나요?
분수와 소수 008 소수는 어떻게 만들어졌나요?
시간과 길이 040 미터(m)가 모든 단위의 기초라고요?
시간과 길이 043 지구둘레의 길이는 어떻게 구하나요?
시간과 길이 044 TV 화면 크기는 왜 인치 단위로 나타내나요?
시간과 길이 045 나무에 올라가지 않고 높이를 잴 수 있나요?
시간과 길이 048 그림자로 시간을 알 수 있어요?
시간과 길이 049 해시계는 왜 30분 느린가요?
시간과 길이 050 물도 시계가 될 수 있나요?
시간과 길이 051 1시간은 왜 60분인가요?
시간과 길이 052 달력은 해마다 다른가요?
시간과 길이 059 세종대왕이 거리를 측정하는 수레도 만들었나요?
시간과 길이 080 시계 속에는 어떤 수학이 숨어 있나요?
원 026 가장 완전한 도형은 무엇인가요?
원 027 직선보다 더 긴 곡선이 더 빠를 수도 있나요?
원 028 사이클로이드를 생활에서 볼 수 있나요?
원 029 모든 도형은 연필을 종이에서 떼지 않고 한 번에 그릴 수 있나요?
원 053 원의 넓이를 직사각형의 넓이로 바꿀 수 있나요?
자료의 정리 081 두 번 모두 높았는데 더하면 왜 낮아져요?
자료의 정리 088 옷을 골라 입는 것도 수학과 관계가 있나요?
평면도형 022 점과 선도 도형인가요?
평면도형 023 삼각형으로 팔각형을 만들 수 있나요?

평면도형 024 세 개의 선분만 있으면 삼각형을 만들 수 있나요?
평면도형 025 건물은 왜 대부분 사각형 모양인가요?
평면도형 026 가장 완전한 도형은 무엇인가요?
평면도형 027 직선보다 더 긴 곡선이 더 빠를 수도 있나요?
평면도형 028 사이클로이드를 생활에서 볼 수 있나요?
평면도형 029 모든 도형은 연필을 종이에서 떼지 않고 한 번에 그릴 수 있나요?
평면도형 063 일곱 개의 다리를 한 번에 건널 수 있는 방법이 있나요?
평면도형 064 4가지 색깔로 지도를 칠할 수 있나요?
평면도형 075 직선이 모여 곡선을 만들 수도 있나요?
평면도형 076 수가 도형이 될 수도 있나요?
평면도형 079 중요한 것에는 왜 별표를 하나요?

초4

각도와 삼각형 022 점과 선도 도형인가요?
각도와 삼각형 023 삼각형으로 팔각형을 만들 수 있나요?
각도와 삼각형 024 세 개의 선분만 있으면 삼각형을 만들 수 있나요?
각도와 삼각형 025 건물은 왜 대부분 사각형 모양인가요?
각도와 삼각형 027 직선보다 더 긴 곡선이 더 빠를 수도 있나요?
각도와 삼각형 043 지구 둘레의 길이는 어떻게 구하나요?
곱셈과 나눗셈 011 사칙연산 기호는 누가 만들었나요?
곱셈과 나눗셈 012 구구단을 못 외워도 곱셈을 할 수 있나요?
곱셈과 나눗셈 014 0으로 나누면 왜 안 되나요?
곱셈과 나눗셈 015 옛날에도 계산기가 있었나요?
곱셈과 나눗셈 071 쌀 한 톨로 부자가 되었다고요?
규칙과 대응 020 페르마의 마지막 정리가 뭔가요?
규칙과 대응 062 게임에서 항상 이길 수 있는 방법이 있다면서요?
규칙과 대응 066 달력이 없어도 요일을 맞힐 수가 있다고요?
규칙과 대응 067 로마 숫자는 몇 개만 외우면 되나요?
규칙과 대응 068 바코드에는 어떤 비밀이 숨어 있나요?
규칙과 대응 069 원판을 다 옮기면 지구의 종말이 온다고요?
규칙과 대응 070 자연을 닮은 수가 있다고요?
규칙과 대응 071 쌀 한 톨로 부자가 되었다고요?
규칙과 대응 072 우리 집 욕실 타일에도 수학이 담겨 있다고요?
규칙과 대응 073 사다리타기를 하면 왜 겹치지 않나요?
규칙과 대응 074 파스칼 삼각형은 파스칼이 만들었나요?

규칙과 대응 076 수가 도형이 될 수도 있나요?
규칙과 대응 077 60갑자가 무엇인가요?
규칙과 대응 078 마방진을 빨리 푸는 방법이 있나요?
꺾은선그래프 100 그래프도 거짓말을 하나요?
다각형 025 건물은 왜 대부분 사각형 모양인가요?
다각형 027 직선보다 더 긴 곡선이 더 빠를 수도 있나요?
다각형 029 모든 도형은 연필을 종이에서 떼지 않고 한 번에 그릴 수 있나요?
다각형 031 정다면체의 종류는 5개뿐인가요?
다각형 032 우주가 정다면체라고요?
다각형 033 빙글빙글 팽이의 축은 어느 곳으로 해야 하나요?
다각형 034 물건이 저절로 거슬러 올라가는 길이 있다고요?
다각형 035 안과 밖의 구분이 없는 띠가 있나요?
다각형 079 중요한 것에는 왜 별표를 하나요?
막대그래프 095 히스토그램은 막대그래프와 다른가요?
막대그래프 100 그래프도 거짓말을 하나요?
분수의 덧셈과 뺄셈 007 분수는 어떻게 만들어졌나요?
소수의 덧셈과 뺄셈 008 소수는 어떻게 만들어졌나요?
어림하기 058 어림하기도 수학인가요?
큰 수 001 옛날 사람들은 어떻게 수를 세었나요?
큰 수 002 매듭으로도 수를 셀 수 있나요?
큰 수 003 옛날 사람들은 숫자를 어떻게 썼나요?
큰 수 004 숫자 '0'은 어떻게 발명되었나요?
큰 수 005 숫자 '0'에는 특별한 의미가 있나요?
큰 수 006 사람들은 왜 십진법을 사용하나요?
큰 수 015 옛날에도 계산기가 있었나요?
큰 수 018 세상에서 가장 큰 수가 무엇인가요?
큰 수 021 무한히 방이 많은 호텔이 있다고요?
큰 수 067 로마 숫자는 몇 개만 외우면 되나요?
혼합계산 011 사칙연산 기호는 누가 만들었나요?

초5

다각형의 넓이 020 페르마의 마지막 정리가 뭔가요?
다각형의 넓이 033 빙글빙글 팽이의 축은 어느 곳으로 해야 하나요?
다각형의 넓이 044 TV 화면 크기는 왜 인치 단위로 나타내나요?
다각형의 넓이 046 넓이가 같은데 둘레가 다를 수 있나요?

다각형의 넓이 047 A4용지 이름에는 왜 영어알파벳과 숫자가 붙었나요?
다각형의 넓이 054 산의 넓이를 헥타르(ha)로 나타내는 이유는 뭔가요?
분수와 소수 007 분수는 어떻게 만들어졌나요?
분수의 곱셈 007 분수는 어떻게 만들어졌나요?
분수의 곱셈 065 '도레미파솔라시도'에도 수학의 비밀이 숨겨져 있다고요?
분수의 나눗셈 007 분수는 어떻게 만들어졌나요?
소수의 곱셈 008 소수는 어떻게 만들어졌나요?
소수의 나눗셈 008 소수는 어떻게 만들어졌나요?
약수와 배수 080 시계 속에는 어떤 수학이 숨어 있나요?
자료의 표현 093 평균이 높으면 공부를 잘하나요?
자료의 표현 094 수학을 잘하면 과학도 잘하나요?
자료의 표현 096 우리는 하루에 숨을 몇 번 쉬나요?
자료의 표현 099 여론조사는 믿을 수 있나요?
자료의 표현 100 그래프도 거짓말을 하나요?
직육면체 031 정다면체의 종류는 5개뿐인가요?
직육면체 036 안과 밖의 구분이 없는 병도 있나요?
직육면체 037 정다면체끼리도 짝꿍이 있나요?
직육면체 038 아르키메데스가 사랑한 입체도형은 무엇인가요?
합동과 대칭 034 물건이 저절로 거슬러 올라가는 길이 있다고요?
합동과 대칭 035 안과 밖의 구분이 없는 띠가 있나요?

초6

각기둥과 각뿔 031 정다면체의 종류는 5개뿐인가요?
각기둥과 각뿔 032 우주가 정다면체라고요?
각기둥과 각뿔 035 안과 밖의 구분이 없는 띠가 있나요?
각기둥과 각뿔 036 안과 밖의 구분이 없는 병도 있나요?
각기둥과 각뿔 037 정다면체끼리도 짝꿍이 있나요?
각기둥과 각뿔 038 아르키메데스가 사랑한 입체도형은 무엇인가요?
분수의 나눗셈 007 분수는 어떻게 만들어졌나요?
분수의 나눗셈 065 '도레미파솔라시도'에도 수학의 비밀이 숨겨져 있다고요?
비례식과 비례배분 013 곱셈을 하는 방법도 여러 가지가 있나요?
비례식과 비례배분 043 지구 둘레의 길이는 어떻게 구하나요?
비례식과 비례배 045 나무에 올라가지 않고 높이를 잴 수 있나요?
비례식과 비례배분 065 '도레미파솔라시도'에도 수학의 비밀이 숨겨져 있다고요?
비례식과 비례배분 079 중요한 것에는 왜 별표를 하나요?

비와 비율 047 A4용지 이름에는 왜 영어 알파벳과 숫자가 붙었나요?
비와 비율 081 두 번 모두 높았는데 더하면 왜 낮아져요?
비와 비율 083 가능한 것과 불가능한 것을 구별하는 것도 수학인가요?
비와 비율 084 주사위를 여섯 번 굴리면 2는 꼭 한 번 나오나요?
비와 비율 085 바꾸면 후회하지 않을까요?
비와 비율 086 비가 올 확률이 50%이면, 우산을 들고 가야 하나요?
비와 비율 087 단짝 친구와 같은 반이 될 수 있을까요?
비와 비율 089 타율은 왜 할푼리로 읽나요?
비와 비율 090 모나 윷은 왜 잘 나오지 않나요?
비와 비율 091 나뭇가지 그림이 무엇인가요?
비와 비율 092 월드컵에서 축구 경기는 모두 몇 번 열리나요?
비와 비율 097 우리 학년에서 나와 생일이 같은 학생은 꼭 있나요?
비와 비율 098 친구가 실패를 뽑으면 내가 성공을 뽑을 수 있나요?
비와 비율 101 머피의 법칙도 수학인가요?
비율그래프 082 도박에서 수학이 생겨났다고요?
비율그래프 084 주사위를 여섯 번 굴리면 2는 꼭 한 번 나오나요?
소수의 나눗셈 008 소수는 어떻게 만들어졌나요?
원기둥, 원뿔, 구 030 어떤 모양의 기둥이 가장 튼튼한가요?
원기둥, 원뿔, 구 036 안과 밖의 구분이 없는 병도 있나요?
원기둥, 원뿔, 구 037 정다면체끼리도 짝꿍이 있나요?
원기둥, 원뿔, 구 038 아르키메데스가 사랑한 입체도형은 무엇인가요?
원기둥, 원뿔, 구 055 사과의 겉넓이도 구할 수 있나요?
원의 넓이 053 원의 넓이를 직사각형의 넓이로 바꿀 수 있나요?
정비례와 반비례 094 수학을 잘하면 과학도 잘하나요?
직육면체의 겉넓이와 부피 055 사과의 겉넓이도 구할 수 있나요?
직육면체의 겉넓이와 부피 056 부피와 들이는 어떻게 다른가요?

중1

도형의 기초 022 점과 선도 도형인가요?
도형의 기초 024 세 개의 선분만 있으면 삼각형을 만들 수 있나요?
도형의 기초 027 직선보다 더 긴 곡선이 더 빠를 수도 있나요?
도형의 기초 075 직선이 모여 곡선을 만들 수도 있나요?
입체도형 030 어떤 모양의 기둥이 가장 튼튼한가요?
입체도형 031 정다면체의 종류는 5개뿐인가요?
입체도형 032 우주가 정다면체라고요?

입체도형 035 안과 밖의 구분이 없는 띠가 있나요?
입체도형 036 안과 밖의 구분이 없는 병도 있나요?
입체도형 037 정다면체끼리도 짝꿍이 있나요?
입체도형 038 아르키메데스가 사랑한 입체도형은 무엇인가요?
작도와 합동 022 점과 선도 도형인가요?
작도와 합동 023 삼각형으로 팔각형을 만들 수 있나요?
작도와 합동 024 세 개의 선분만 있으면 삼각형을 만들 수 있나요?
작도와 합동 029 모든 도형은 연필을 종이에서 떼지 않고 한 번에 그릴 수 있나요?
정수와 유리수 005 숫자 '0'에는 특별한 의미가 있나요?
정수와 유리수 006 사람들은 왜 십진법을 사용하나요?
정수와 유리수 018 세상에서 가장 큰 수가 무엇인가요?
정수와 유리수 019 숫자로 마술을 할 수 있나요?
정수와 유리수 021 무한히 방이 많은 호텔이 있다고요?
정수와 유리수 069 원판을 다 옮기면 지구의 종말이 온다고요?
정수와 유리수 070 자연을 닮은 수가 있다고요?
정수와 유리수 071 쌀 한 톨로 부자가 되었다고요?
정수와 유리수 074 파스칼 삼각형은 파스칼이 만들었나요?
정수와 유리수 076 수가 도형이 될 수도 있나요?
정수와 유리수 077 60갑자가 무엇인가요?
정수와 유리수 078 마방진을 빨리 푸는 방법이 있나요?
통계 093 평균이 높으면 공부를 잘하나요?
통계 094 수학을 잘하면 과학도 잘하나요?
통계 095 히스토그램은 막대그래프와 다른가요?
통계 096 우리는 하루에 숨을 몇 번 쉬나요?
통계 099 여론조사는 믿을 수 있나요?
통계 100 그래프도 거짓말을 하나요?
평면도형 022 점과 선도 도형인가요?
평면도형 023 삼각형으로 팔각형을 만들 수 있나요?
평면도형 024 세 개의 선분만 있으면 삼각형을 만들 수 있나요?
평면도형 025 건물은 왜 대부분 사각형 모양인가요?
평면도형 026 가장 완전한 도형은 무엇인가요?
평면도형 027 직선보다 더 긴 곡선이 더 빠를 수도 있나요?
평면도형 028 사이클로이드를 생활에서 볼 수 있나요?
평면도형 029 모든 도형은 연필을 종이에서 떼지 않고 한 번에 그릴 수 있나요?
평면도형 033 빙글빙글 팽이의 축은 어느 곳으로 해야 하나요?
평면도형 034 물건이 저절로 거슬러 올라가는 길이 있다고요??
평면도형 063 일곱 개의 다리를 한 번에 건널 수 있는 방법이 있나요?

평면도형 064 4가지 색깔로 지도를 칠할 수 있나요?
함수 073 사다리타기를 하면 왜 겹치지 않나요?

중2

도형의 닮음 043 지구 둘레의 길이는 어떻게 구하나요?
도형의 닮음 045 나무에 올라가지 않고 높이를 잴 수 있나요?
도형의 닮음 047 A4용지 이름에는 왜 영어 알파벳과 숫자가 붙었나요?
확률과 그 기본 성질 063 일곱 개의 다리를 한 번에 건널 수 있는 방법이 있나요?
확률과 그 기본 성질 064 4가지 색깔로 지도를 칠할 수 있나요?
확률과 그 기본 성질 082 도박에서 수학이 생겨났다고요?
확률과 그 기본 성질 083 가능한 것과 불가능한 것을 구별하는 것도 수학인가요?
확률과 그 기본 성질 084 주사위를 여섯 번 굴리면 2는 꼭 한 번 나오나요?
확률과 그 기본 성질 085 바꾸면 후회하지 않을까요?
확률과 그 기본 성질 086 비가 올 확률이 50%이면, 우산을 들고 가야 하나요?
확률과 그 기본 성질 087 단짝 친구와 같은 반이 될 수 있을까요?
확률과 그 기본 성질 088 옷을 골라 입는 것도 수학과 관계가 있나요?
확률과 그 기본 성질 089 타율은 왜 할푼리로 읽나요?
확률과 그 기본 성질 090 모나 윷은 왜 잘 나오지 않나요?
확률과 그 기본 성질 091 나뭇가지 그림이 무엇인가요?
확률과 그 기본 성질 092 월드컵에서 축구 경기는 모두 몇 번 열리나요?
확률과 그 기본 성질 097 우리 학년에서 나와 생일이 같은 학생이 꼭 있을까요?
확률과 그 기본 성질 098 친구가 실패를 뽑으면 내가 성공을 뽑을 수 있나요?
확률과 그 기본 성질 101 머피의 법칙도 수학인가요?

중3

대푯값과 산포도 093 평균이 높으면 공부를 잘 하나요?
대푯값과 산포도 094 수학을 잘하면 과학도 잘 하나요?
대푯값과 산포도 095 히스토그램은 막대그래프와 다른가요?
대푯값과 산포도 096 우리는 하루에 숨을 몇 번 쉬나요?
대푯값과 산포도 099 여론조사는 믿을 수 있나요?
피타고라스 정리 020 페르마의 마지막 정리가 뭔가요?

찾아보기

3차 마방진 254, 255, 256
4색 문제 204, 205, 206
4차 마방진 255, 256
5차 마방진 253, 256
60갑자 250, 251, 252
60진법 21, 29, 30
8진법 32
QR코드 89, 220

ㄱ

각기둥 101, 175
거듭제곱 32, 48, 65, 229, 230
겉넓이 175, 176, 177
결승문자 18
결합법칙 51
경우의 수 275, 276, 278, 285, 286, 287, 289, 293, 294, 295, 296, 298, 301
계산패 58, 59
곡면 242, 295
곡선 79, 93, 94, 95, 96, 97, 113, 242, 243, 244, 245
곱셈구구 43
곱셈법 47, 48, 49, 50, 51, 52, 59
공리 67
구 108, 123, 124, 125
구골 67
구골플렉스 67
구구단 39, 40, 41, 42, 47
균형 상태 199
그림그래프 328
극 66
기본도형 83
기본수 16, 31

길이를 나타내는 단위 30
깎인정이십면체 108
꼭짓점 62, 78, 100, 103, 104, 105, 106, 107, 108, 109, 110, 112, 122, 206, 257
끼인각 85

ㄴ

나뭇가지 그림 296, 297, 298
내림차순 43
넓이 51, 80, 91, 92, 95, 128, 129, 130, 131, 132, 143, 144, 149, 150, 153, 160, 161, 155, 158, 171, 172, 173, 174, 175, 176, 177, 186
네이피어 막대 58, 59
님게임 196, 197, 198, 199

ㄷ, ㄹ

단위분수 34, 35
달력 18, 150, 159, 167, 168, 169, 170, 212
닮음비 148
대각선 51, 92, 110, 111, 144, 145, 240, 248, 253, 254, 255, 257
대칭 91, 109, 111, 239
대칭이동 233
대푯값 309
도형수 247
독립사건 319
띠그래프 328
로마 숫자 22, 215, 216, 217

ㅁ

마방진 191, 192, 253, 254, 255, 256
막대그래프 310, 311, 312
머피의 법칙 329
면의 중심 120, 121, 122
모서리 108, 206
모집단 314, 315
몬티홀 문제 281
뫼비우스의 띠 115, 116, 117, 118

무게를 나타내는 단위 30
무게중심 109, 110, 111
무량수 66, 67
무작위 선택 315
무한대 66
미끄러짐 반사 233

ㅂ

바빌로니아 숫자 20, 21
바코드 218, 219, 220
반직선 80, 81
배수 37, 48, 61, 220, 275
변 62, 72, 78, 81, 84, 85, 86, 90, 92, 110, 111, 148, 171, 172, 174, 244
부피 123, 124, 125, 129, 131, 132, 133, 178, 179, 180, 183
분배법칙 51
분수 33, 34, 35, 36, 37, 46, 210, 267, 290, 291
불균형 상태 199
비율 그래프 328
빗변 72, 148

ㅅ

사각기둥 101
사각수 248, 249
사각형 51, 78, 81, 82, 87, 88, 92, 98, 109, 258, 259
사이클로이드 93, 94, 95, 96, 97
사칙연산 44
산가지 58
삼각기둥 101
삼각수 246, 247, 248, 249
삼각형 81, 82, 83, 84, 85, 86, 92, 98, 109, 148, 175, 246, 247
삼각형의 결정 조건 84
삼등분 117
삼십이면체 108
상관관계 306, 307, 308, 309
선분 62, 80, 81, 82, 84, 109, 113, 120, 121, 202, 243, 244, 258
선수판 22

세계달력 169
소수 36, 37, 38, 258, 290, 291
수직선 274
수학적 확률 277, 281, 284
수형도 297
순정률 210
스트링아트 243, 244, 245
시어핀스키 삼각형 241
신뢰수준 323, 324
심슨의 패러독스 265, 267
십진법 16, 26, 29, 31, 32, 47, 50, 69, 145, 165, 219
쌍대다면체 120, 121, 122

ㅇ

약수 29, 262, 263, 264
여론조사 322, 323, 324, 325
여사건 316
역연산 54
오름차순 43
오일러의 정리 201
오차범위 323, 324, 325
원그래프 328
원기둥 101, 102, 115, 123, 124, 125, 175
원뿔 109, 123, 124, 125
원의 중심 90, 91, 92, 109
위상수학 203
위치적 기수법 23, 24, 31
육각기둥 101
이상고 뼈 15
이진법 26, 47, 69, 70, 219
이집트 숫자 21
인도-아라비아 숫자 14, 20, 21, 23, 26, 47, 57
입체도형 101, 103, 104, 105, 106, 108, 123, 175
잉카 제국 17, 19

ㅈ

자릿수 21, 42, 43, 53, 58, 220
작도 62
정다각형 62, 110, 111
정다면체 103, 104, 105, 106, 108, 120, 122

정사각형 62, 89, 90, 103, 104, 105, 110, 114, 132, 160, 161, 171, 172, 173, 174, 232, 233, 254, 255, 284
정사면체 104, 105, 121, 122
정삼각형 62, 90, 103, 104, 105, 108, 110, 232, 233
정십이면체 104, 106, 107, 108, 121, 122
정오각형 62, 103, 110, 232, 257
정육각형 62, 106, 108, 110, 232, 233
정육면체 104, 105, 107, 120, 121, 122, 132, 133, 176, 276
정이십면체 104, 105, 107, 108, 121, 122
정칠각형 62, 106
정팔면체 104, 105, 107, 120, 121, 122, 176
종속사건 320
중국 숫자 23
중선 110
중심각 30, 62, 141
중앙값 309
지수귀문도 192
직선 53, 62, 79, 80, 81, 82, 91, 93, 94, 96, 114, 242, 243, 245
짝수 28, 30, 31, 41, 58, 75, 99, 201, 220, 241
짝수점 99, 100, 201, 202
쪽매맞춤 232

ㅊ, ㅋ, ㅌ, ㅍ

최빈값 309
클라인 병 118, 119
키푸 18
테셀레이션 261, 232, 233, 234
통계적 확률 277, 278
파스칼의 삼각형 238, 239, 240, 241, 248
팔각형 81, 82, 83, 87, 88, 111, 112
페르마의 마지막 정리 71, 72, 73
평균 142, 159, 186, 230, 267, 283, 284, 303, 304, 305, 306, 307, 308, 309
평면도형 78, 81, 104, 175
평행선 114
평행이동 233
표본 314, 315, 323, 324, 325
표본의 크기 323, 324
프톨레마이오스 음계 211

피보나치 수열 225, 226, 227, 240
피타고라스 음계 209, 210
피타고라스 정리 71, 72

ㅎ

하노이 탑 221, 222
한붓그리기 98, 99, 100, 200, 201, 202
할푼리 290, 291
함수 237
항등식 51
항하사 66, 67
형상수 247
홀수 28, 30, 49, 58, 75, 99, 110, 201, 202, 220, 241, 248, 249, 254, 255
홀수점 99, 100, 201, 202, 203
확률 270, 271, 272, 273, 274, 275, 277, 278, 280, 281, 282, 283, 284, 285, 286, 291, 294, 295, 302, 315, 316, 317, 318, 319, 320, 321, 323, 324, 325, 330, 331
황금비 226, 253, 259, 260
회전이동 233
히스토그램 310, 311, 312, 328
힐베르트 호텔 74

그림 심차섭

1992년 제2회 서울국제만화전에서 은상을 수상하면서 카툰 작가로 데뷔했습니다. 1993년 제3회 서울국제만화전 동상, 1998년 유니텔 사이버 만화 공모전 대상, 1998년 서울문화사 주최 신인만화 공모전 동상 등을 수상했으며 지금도 카툰 작가로 활발하게 활동하고 있습니다. 대표작품으로는 《심차섭의 카툰에세이》, 《두지야, 나랑 놀자》, 《카툰 필》, 《별별이야기》 등이 있습니다. www.imageufo.com

수학선생님도 궁금한
101가지 초등 수학 질문사전

1판 1쇄 발행일 2015년 3월 30일 • 1판 5쇄 발행일 2021년 1월 14일
글 김남준 김잔디 김혜임 이재영 정연숙 최미라 • 그림 심차섭
펴낸곳 (주)도서출판 북멘토 • **펴낸이** 김태완 • **편집주간** 이은아 • **책임편집** 장종진 • **편집** 김정숙, 조정우
디자인 구화정 김지희 page9, 안상준 • **마케팅** 최창호, 민지원 • **사진제공** 인천경제자유구역청, 위키피디아
출판등록 제6-800호(2006. 6. 13.) • **주소** 03990 서울시 마포구 월드컵북로6길 69, IK빌딩 3층
전화 02-332-4885 • **팩스** 02-6021-4885 • **이메일** bookmentorbooks@hanmail.net
인스타그램 https://www.instagram.com/bookmentorbooks_ _
페이스북 https://facebook.com/bookmentorbooks

ⓒ 김남준 김잔디 김혜임 이재영 정연숙 최미라, 2015

※ 잘못된 책은 바꾸어 드립니다.
※ 이 책은 저작권법에 따라 보호를 받는 저작물이므로 무단전재와 무단복제를 금합니다.
    이 책의 전부 또는 일부를 쓰려면 반드시 저작권자와 출판사의 허락을 받아야 합니다.
※ 책값은 뒤표지에 있습니다.

ISBN 978-89-6319-078-5 73410
       978-89-6319-075-4 14000 세트

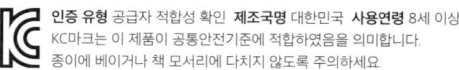
인증 유형 공급자 적합성 확인 **제조국명** 대한민국 **사용연령** 8세 이상
KC마크는 이 제품이 공통안전기준에 적합하였음을 의미합니다.
종이에 베이거나 책 모서리에 다치지 않도록 주의하세요.